国家级职业教育规划教材
人力资源社会保障部职业能力建设司推荐

全国职业院校汽车类专业新形态**工作手册式教材**
全国技工院校汽车类专业**工学一体化教材**

汽车电气设备检测与维修

中德诺浩汽车职业教育研究院　组织编写
主编　吕丕华

中国劳动社会保障出版社

内容简介

本书是全国职业院校汽车类专业新形态工作手册式教材 / 全国技工院校汽车类专业工学一体化教材，由中德诺浩汽车职业教育研究院组织开发。全书共包含 5 个学习情境、24 个学习任务，内容涵盖基本电路故障检修、照明与信号系统故障检修、车身电气系统故障检修、电源系统故障检修、起动系统故障检修等内容。

本书可作为全国职业院校与技工院校汽车类专业教学用书，也可作为汽车售后服务企业相关技术人员与社会人士培训参考用书。

本套教材由吕丕华主编，本书由温江杰负责编写。

图书在版编目（CIP）数据

汽车电气设备检测与维修 / 吕丕华主编. -- 北京：中国劳动社会保障出版社，2023

全国职业院校汽车类专业新形态工作手册式教材　全国技工院校汽车类专业工学一体化教材

ISBN 978-7-5167-5962-2

Ⅰ. ①汽…　Ⅱ. ①吕…　Ⅲ. ①汽车－电气设备－检修－职业教育－教材　Ⅳ. ①U472.41

中国国家版本馆 CIP 数据核字（2023）第 107406 号

中国劳动社会保障出版社出版发行

（北京市惠新东街 1 号　邮政编码：100029）

*

北京市白帆印务有限公司印刷装订　　新华书店经销

880 毫米 ×1230 毫米　16 开本　13.5 印张　331 千字

2023 年 9 月第 1 版　　2023 年 9 月第 1 次印刷

定价：43.00 元

营销中心电话：400-606-6496

出版社网址：http://www.class.com.cn

http://jg.class.com.cn

序

当前，我国正在加快实施“中国制造 2025”计划，处于由制造大国向制造强国、由人力资源大国向人力资源强国发展的重要时期，党和国家为此制定了一系列科教兴国、人才强国的战略措施。

在人才队伍中，工作在生产一线的技能型人才是重要基础。高素质技能型人才队伍是推动经济社会发展的重要保障，职业教育是培养高素质技能型人才的主要渠道。尽管世界各国国情不同，发展职业教育的条件、政策和具体措施各异，但无论发达国家还是新兴工业化国家，均普遍重视职业教育在培养高素质技能型人才中的重要作用，把发展职业教育作为人力资源开发、振兴经济、增强国力的战略选择。

德国的职业教育水平处于世界领先地位。德国经济在世界金融危机中之所以依然稳健发展，与其因职业教育发达而拥有大量的高素质技能型人才是分不开的。完备的法律制度和各方面的高度重视，为德国的职业教育发展提供了有力保障。德国的双元制职业教育制度将劳动人事制度与教育制度有机地结合在一起。学校和企业都是培养人才的主体，并承担相应责任，学校和企业的教学计划、形式和内容虽各有侧重，但又相互联系，且均以工作任务为教学载体，将技能学习和训练、理论学习和运用有机结合，充分发挥学生在教学中的主体作用，着力培养学生承担社会责任的能力、独立发现和解决问题的能力、在实践中自主学习的能力。

改革开放以来，我国在借鉴国外先进职业教育经验方面取得了可喜成就。我国职业教育的对外交流与合作就是从借鉴和学习德国经验开始的，中德诺浩（北京）教育投资股份有限公司为此做了积极而有效的探索。

长期以来，该公司致力于引进德国的汽车职业教育资源，与德国手工业协会合作，在国内与以德国品牌为主的汽车合资企业和各类职业院校共同开展教育工作。经过多年的探索，结合我国国情，该公司成功地引进德国汽车职业教育的课程体系、教学素材和教学方法，并结合互联网手段进行了全方位本土化，在此基础上与 300 多所职业院校联手，为我国汽车维修企业培养了大批优秀人才。与此同时，该公司组织中德两国的汽车技术专家、经验丰富的维修技师和职业教育专家，共同编写了职业院校汽车类专业新形态工作手册式教材。这套教材以培养高技能人才为目标，内容选自实际操作，既“原汁原味”地吸纳了德国经验，又结合我国实际情况充实了教学内容，推动我国汽车维修技能型人才的培养与世界接轨。我期待其在我国培养国际标准汽车高技能人才方面发挥出重要作用，在中国由汽车大国向汽车强国迈进的征程中做出应有的贡献。

唐天标

（本序作者系第十一届全国人大常委会委员、第十一届全国人大教科文卫委员会副主任委员，原中国人民解放军总政治部副主任，上将军衔）

前言

职业教育是国民教育体系和人力资源开发的重要组成部分，肩负着培养多样化人才、传承技术技能、促进就业创业的重要职责。随着新型工业化的推进和科学技术的发展，现代职业教育体系越来越成为国家竞争力的重要支撑。为贯彻落实全国职业教育大会精神，推动现代职业教育高质量发展，加快构建现代职业教育体系，建设技能型社会，弘扬工匠精神，培养更多高素质技术技能人才、能工巧匠、大国工匠，满足我国汽车产业迅猛发展对高端技术技能型汽车人才的需求，中德诺浩在总结多年来将德国汽车职业教育中国本土化经验的基础上，编写了这套职业院校汽车类专业新形态工作手册式教材。

本套教材将理论基础和实践应用有机结合，在引领学生学习汽车专业知识的同时培养学生实际操作技能，具有以下特点：

（1）以企业一线任务为引导，将理论知识与实践技能进行完美结合。

（2）集图、文、声、像于一体，为学生提供多种形式的学习素材。

（3）采用四色印刷，版面简洁清晰、主题明确、色彩清新。

（4）本套教材配有丰富的数字化教学资源，学生可通过扫描每本书专属的封面二维码进行浏览和自学。

本套教材由中德诺浩汽车职业教育研究院组织编写，编写方式充分发挥了学生的主体地位，优化了课堂设计，便于调动学生的学习积极性和主动性，还可培养学生的创新意识和创新能力。

本套教材是职业院校汽车类专业核心课程教材，同时也可供从事汽车研究、设计、制造、使用和维修的工程技术人员学习和参考。

由于时间紧、任务重，本书内容难免有不恰当和错误之处，敬请广大读者批评指正！

编者

2022 年 10 月

目录

CONTENTS

情境一　基本电路故障检修…… 001

任务一　汽车基本电路认知 …… 003

任务二　电路测量 …… 016

任务三　基本电路故障检查 …… 027

情境二　照明与信号系统故障检修…… 035

任务四　制动灯不亮检查与修理（一）…… 037

任务五　制动灯不亮检查与修理（二）…… 046

任务六　近光灯故障检查与修理（一）…… 053

任务七　近光灯故障检查与修理（二）…… 065

任务八　近光灯故障检查与修理（三）…… 072

任务九　近光灯故障检查与修理（四）…… 079

任务十　远光灯故障检查与修理（一）…… 086

任务十一　远光灯故障检查与修理（二）…… 097

任务十二　远光灯故障检查与修理（三）…… 104

任务十三　远光灯故障检查与修理（四）…… 111

任务十四　转向灯故障诊断与维修（一）…………………………………… 118
任务十五　转向灯故障诊断与维修（二）…………………………………… 125

情境三　车身电气系统故障检修…………………………………… 131

任务十六　雨刮故障诊断与维修（一）…………………………………… 133
任务十七　雨刮故障诊断与维修（二）…………………………………… 142

情境四　电源系统故障检修…………………………………… 149

任务十八　蓄电池故障检查 …………………………………… 151
任务十九　发电机拆装与分解 …………………………………… 161
任务二十　发电机电路故障检查（一）…………………………………… 170
任务二十一　发电机电路故障检查（二）…………………………………… 177

情境五　起动系统故障检修…………………………………… 183

任务二十二　起动机拆卸与检查 …………………………………… 185
任务二十三　起动机电路故障检查（一）…………………………………… 196
任务二十四　起动机电路故障检查（二）…………………………………… 202

情境一

基本电路故障检修

任务一　汽车基本电路认知

<table>
<tr><th colspan="8">汽车基本电路认知任务工单</th></tr>
<tr><td>客户信息</td><td>姓名</td><td colspan="3"></td><td>职业</td><td colspan="2"></td></tr>
<tr><td rowspan="2">车辆信息</td><td colspan="2">车型</td><td colspan="3">VIN 码</td><td colspan="2">行驶里程</td></tr>
<tr><td colspan="2"></td><td colspan="3"></td><td colspan="2"></td></tr>
<tr><td>客户描述</td><td colspan="7">制动灯不亮 □　近光灯不亮 □　远光灯不亮 □　转向灯不亮 □
雾灯不亮 □　发动机加速无力 □　发动机无法启动 □　轮胎气压不足 □
制动跑偏 □　制动液液位偏低 □　蓄电池亏电 □　蓄电池充不上电 □
发电机不发电 □　基本电路故障 □　变光开关损坏 □　玻璃升降器不工作 □
雨刮不工作 □　充电指示灯异常点亮 □
其他：</td></tr>
<tr><th colspan="3">车辆外观检查</th><th colspan="5">车辆内部检查</th></tr>
<tr><td>凹凸 □
划痕 □
石击 □
油漆 □</td><td colspan="2">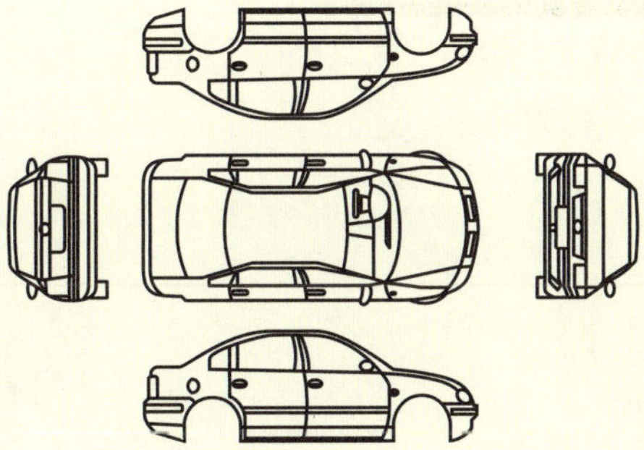</td><td>污渍 □
破损 □
色斑 □
变形 □</td><td colspan="4">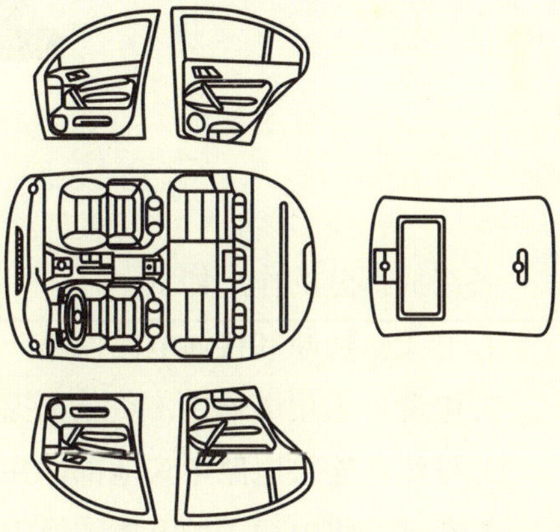</td></tr>
<tr><td>明确具体工作任务</td><td colspan="7"></td></tr>
<tr><td>任务目标</td><td colspan="7">● 能够识别并绘制汽车基本电路</td></tr>
<tr><td>任务内容</td><td colspan="7">● 电路的定义及组成、电气元件的连接
● 电路图的定义，电路图的绘制方法
● 串联电路、并联电路、混联电路
● 电路的简化画法</td></tr>
</table>

续表

任务重点	● 汽车电路图的识别
任务难点	● 汽车电路简图的绘制

一、知识讲解

（一）电路的定义及组成

电路是由各种元器件（或电气设备）按一定方式连接起来的总体，为电流的流通提供路径。电路的组成如图 1–1 所示。

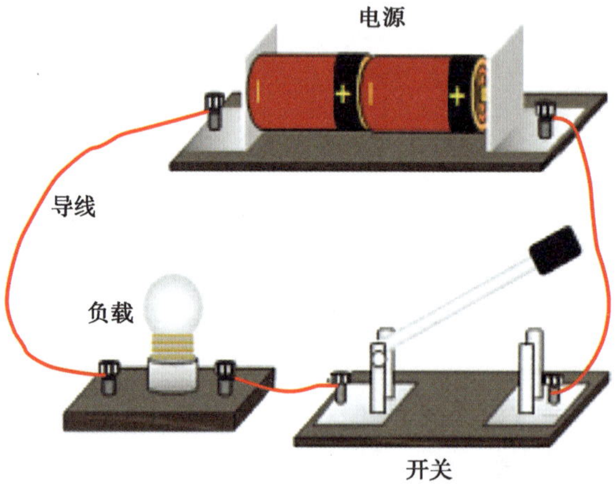

图 1–1　电路的组成

各组成部分的作用如下。

1. 开关：切断和接通电路回路。

2. 电源：为用电器件（负载）提供电能。

3. 导线：连接电路中其他部件并使整个电路组成回路。

4. 负载：将电源中的电能转换为光能、热能和动能等其他形式的能量并释放。

（二）电气元件的连接

在电路中，电气元件之间靠导线连接。为了实现电路的快速组建，且保证用电安全，所有电气元件都采用插接器或接线柱等方式连接在一起。导线的两端安装有快速接头，并采用绝缘体将接头保护在内，防止连接好之后的金属部位裸露在表面。若需将两根导线连接在一起，应将导线连接好后缠裹绝缘胶布或热缩管等绝缘材料。

（三）电路图的定义

电路图是用图形符号并按连接顺序排列，详细表示电路中各个设备或设备装置的基本组成和连接关系，而不考虑其实际位置的一种图形，如图 1–2 所示。

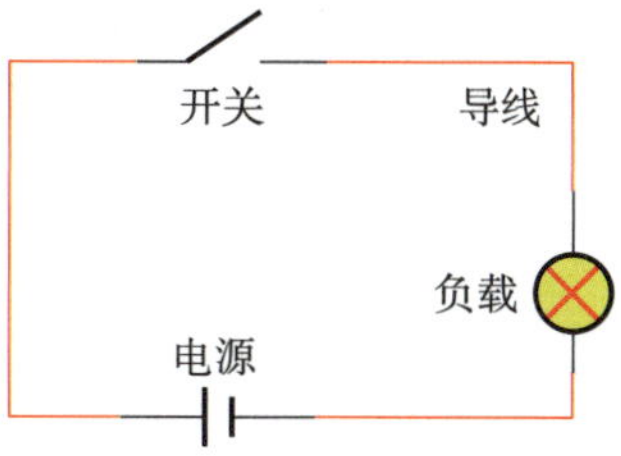

图 1-2 电路图

常见电气元件及导线的实物图和符号见表 1-1。

表 1-1 常见电气元件及导线的实物图和符号

电源		导线		开关	
实物	符号	实物	符号	实物	符号
	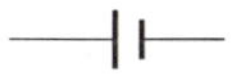	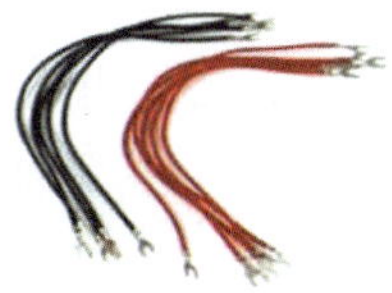			
灯泡		电阻		可变电阻	
实物	符号	实物	符号	实物	符号
	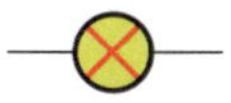				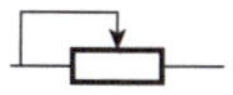

（四）电路图的绘制方法

首先应确定电路中的电气元件及类型，然后根据其连接关系使用横平竖直的直线线条，将代表这些电气元件的符号连接起来。

绘制电路图时，应遵循以下原则。

1. 完整、准确地反映电路的组成。

2. 使用统一规定的元器件符号。

3. 电路图画得简洁、工整。通常使用横平竖直的直线线条代表连接导线，转弯处一般取直角，整个电路呈长方形。

4. 元器件符号位置安排合理，分布均匀。不要将元器件符号画在电路图拐弯处。另外，绘制完成的电路图应清楚、美观。

5. 导线与元器件符号连接处不能断开。

6. 交叉相连的导线上要画上实心圆点（主要体现在并联或混联电路中）。

7. 在电路图中，所有电气元件的图形、文字符号应采用国家规定的统一标准。

（五）串联电路

串联电路就是将电路中所有的负载用导线首尾相连，串接在一起并与电源组成回路的电路，如

图 1-3 所示。串联电路的特点是电路中的用电器件有一个损坏，电路就会断开。

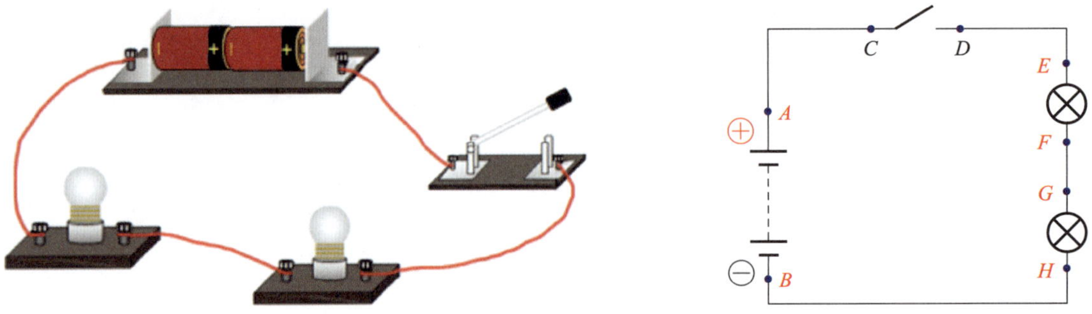

串联电路连接图　　串联电路图

图 1-3　串联电路

（六）并联电路

并联电路是将电路中的所有用电器件并列连接在一起之后再连接到电源正极和负极之间的线路中，如图 1-4 所示。在并联电路中，当其中一个负载损坏时，电路其他用电器件仍能工作，因此，汽车及日常生活中大多数都采用这种形式的电路。

并联电路连接图　　并联电路图

图 1-4　并联电路

为了方便对用电器件进行单独控制，还可以在电路的每一个用电器件组成的支路中安装一个开关，单独对此用电器件进行控制，如图 1-5 所示。

（七）混联电路

混联电路就是在电路连接中既有串联形式又有并联形式的电路。

（八）电路的简化画法

在电路中涉及多种用电器件时，为了方便理解用电器件之间的关系，可采用更为简略的电路画法。以串联电路为例，用电路图中最上面的一条直线代表电源正极，电路图中最下面的一条直线代表电源负极，将电路中除电源以外的所有用电器件符号画在这两条直线中间，以便找出它们的连接关系，如图 1-6 所示。

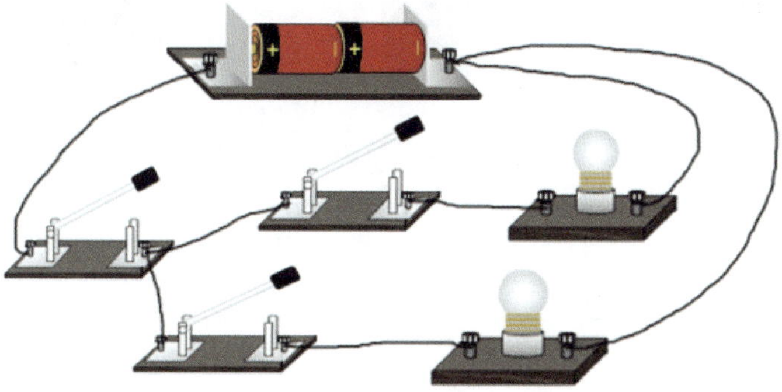

带单独开关控制的并联电路连接图

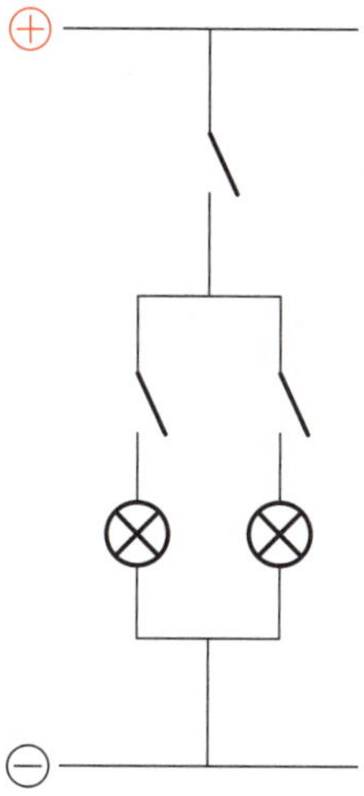

带单独开关控制的并联电路图

图 1-5 带单独开关控制的并联电路

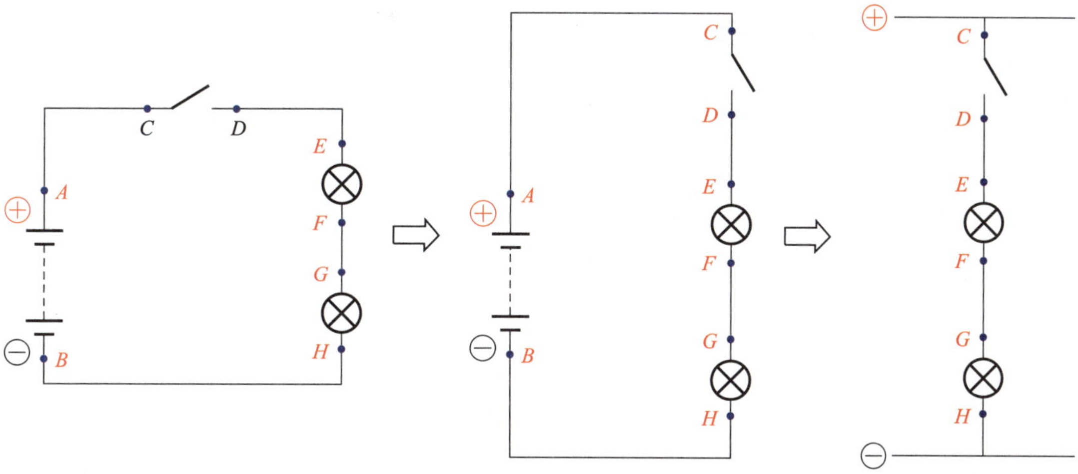

图 1-6 电路图简化画法的演变

二、任务准备

在下列图片中勾选出完成本任务所需的工具、设备、资料等。

	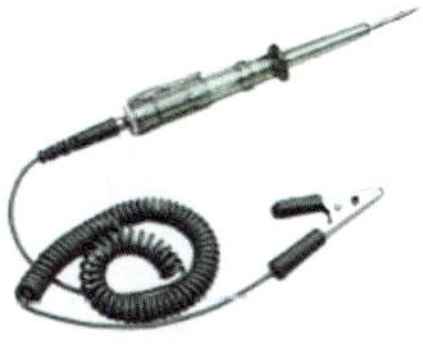		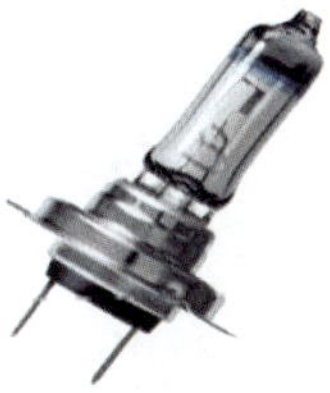	
铅笔、纸、橡皮	测电笔	蓄电池	灯泡	开关

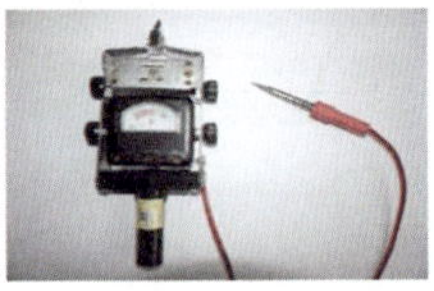			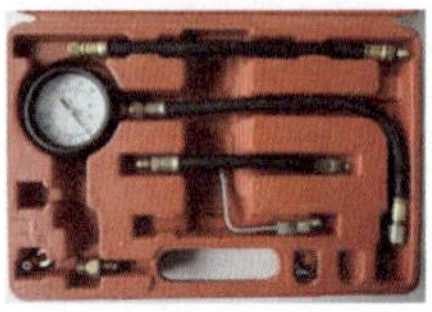
干荷式电池放电器	导线	万用表	压力表

三、防护措施

（一）个人安全防护

1. 维修操作人员必须身穿工作服、工作鞋，戴工作帽、手套；工作服拉链及皮带扣应藏于衣服内侧，袖口、领口、裤脚扣紧；女生长发要盘起藏在工作帽内。

2. 维修操作人员在进入车间时不应戴手表、戒指、项链等金属饰品。

3. 维修操作人员在进行车辆维修时，应防止脚部被车轮轧伤，手部被车门夹伤或被热的发动机烫伤、被发动机传动带绞伤。

4. 在搬运重物及尖锐器物时应注意动作和姿势，防止扭伤腰部、砸伤脚部或划伤手部。

（二）车辆 / 台架等设备安全

1. 车辆进入车间内，应停放至指定地点，熄灭发动机，将变速器置于空挡位置，并拉紧驻车制动器，台架应将滑轮锁死或用木块固定。

2. 维修操作前，应铺设三件套。发动机启动前应确保其他无关人员远离车辆。

3. 操作电气设备时应注意用电安全。作业结束后，应及时切断一切用电设备的电源。

4. 操作前应熟读维修手册中的操作标准和台架、仪器、设备的使用标准，并做好日常维护工作。

（三）车间场地安全防护

1. 车间应配有干粉灭火器及相应的消防设施，易燃油品应存放在密封的金属罐中。

2. 应时刻注意将车间内的所有工具、零部件、设备、车辆等摆放整齐，工作结束后将其摆放于指定地点保管。

3. 车间内设备或车辆周围的人行道及工作区域必须保证足够的安全空间。

4. 操作过程中应做到油品、工具、配件三不落地，作业完毕应及时清理车间工作场地，做好现场 6 S 管理。

四、任务分配（见表 1-2）

表 1-2 任务分配表

职务	代码	姓名	工作内容
组长	A		
组员	B		
	C		
	D		
	E		
	F		

五、任务实施

（一）操作步骤

1. 根据电路连接图搭建基本电路并完成表 1-3 的填写。

表 1-3 操作步骤

步骤	项目	顺序	工作内容
1	准备工作		准备刀开关、负载（小灯泡）、电源、导线若干
2	搭建基本电路	1	将蓄电池正极用导线连接在开关 K1 中间的正极（红色）接线柱上
		2	
		3	
		4	
		5	对照电路连接图，按顺序将整个接线线路检查一遍，确认无误后闭合开关 K1

2. 根据电路连接图搭建串联电路并完成表 1-4 的填写。

表 1-4 操作步骤

步骤	项目	顺序	工作内容
1	准备工作		准备刀开关、负载（小灯泡）、电源、导线若干
2	搭建串联电路	1	
		2	将开关 K1 的闸刀放置在左侧位置，并将开关 K1 右侧的负极（黑色）接线柱用导线连接在熔断器的正极（红色）接线柱上
		3	
		4	
		5	
		6	对照电路连接图，按顺序将整个接线线路检查一遍，确认无误后闭合开关 K1

3. 根据电路连接图搭建并联电路并完成表 1-5 的填写。

表 1-5　操作步骤

步骤	项目	顺序	工作内容
1	准备工作		准备刀开关、负载（小灯泡）、电源、导线若干
2	搭建并联电路	1	
		2	
		3	使用两根导线将熔断器负极（黑色）接线柱分别连接在开关 K2 与 K3 中间的正极（红色）接线柱上
		4	
		5	
		6	
		7	
		8	对照电路连接图，按顺序将整个接线线路检查一遍，确认无误后，先闭合开关 K1，再分别闭合开关 K2 和 K3

4. 根据电路连接图搭建混联电路并完成表 1-6 的填写。

表 1-6　操作步骤

步骤	项目	顺序	工作内容
1	准备工作		准备刀开关、负载（小灯泡）、电源、导线若干
2	搭建混联电路	1	将蓄电池正极用导线连接在开关 K1 中间的正极（红色）接线柱上
		2	
		3	再使用一根导线将熔断器负极（黑色）接线柱连接在灯泡 L1 的正极（红色）接线柱上
		4	
		5	
		6	
		7	
		8	
		9	对照电路连接图，按顺序将整个接线线路检查一遍，确认无误后，先闭合开关 K1，再分别闭合开关 K2 和 K3

5. 绘制基本电路图并完成表 1-7 的填写。

表 1-7 操作步骤

步骤	项目	顺序	工作内容
1	准备工作		准备铅笔、尺子、纸、橡皮
2	绘制基本电路图	1	
		2	
		3	
		4	
		5	

绘制完成的基本电路图如图 1-7 所示。

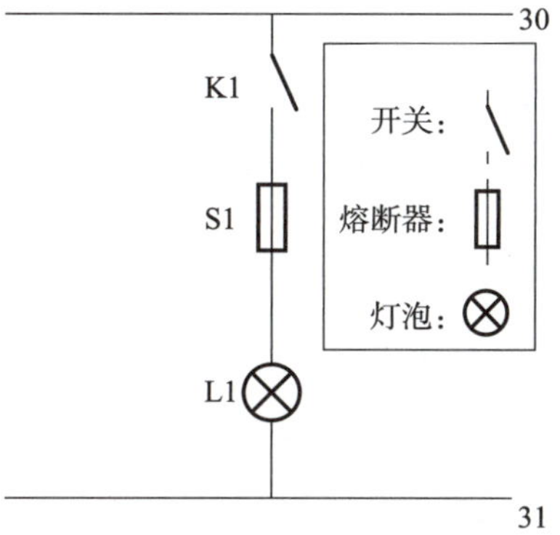

图 1-7 基本电路图

6. 绘制串联电路图并完成表 1-8 的填写。

表 1-8 操作步骤

步骤	项目	顺序	工作内容
1	准备工作		准备铅笔、尺子、纸、橡皮
2	绘制串联电路图	1	先在绘图纸上方画一条直线代表电源正极
		2	
		3	
		4	
		5	
		6	在电路中的 L2 灯泡符号下方画一条短垂线，然后画一条与短垂线垂直的横直线代表蓄电池负极

绘制完成的串联电路图如图 1-8 所示。

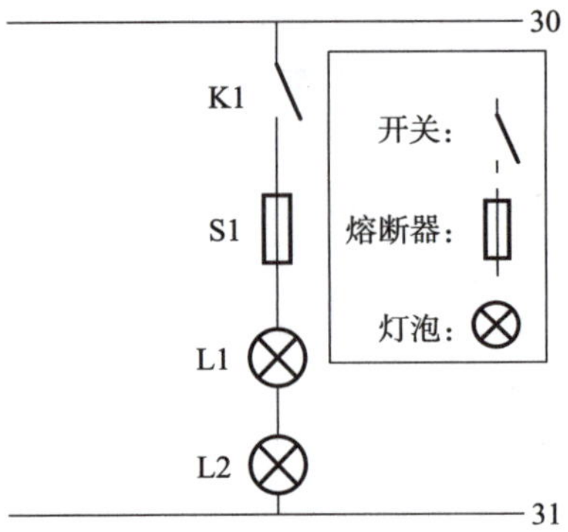

图 1-8　串联电路图

7. 绘制并联电路图并完成表 1-9 的填写。

表 1-9　操作步骤

步骤	项目	顺序	工作内容
1	准备工作		准备铅笔、尺子、纸、橡皮
2	绘制并联电路图	1	先在绘图纸上方画一条直线代表电源正极
		2	
		3	
		4	
		5	在短直线的两个端点各向下再画一条短垂线，并分别放置一个开关符号，标注为 K2 和 K3
		6	
		7	
		8	
		9	在电路中的 L3 灯泡符号下方画一条短垂线，与代表蓄电池负极的横直线相交

绘制完成的并联电路图如图 1-9 所示。

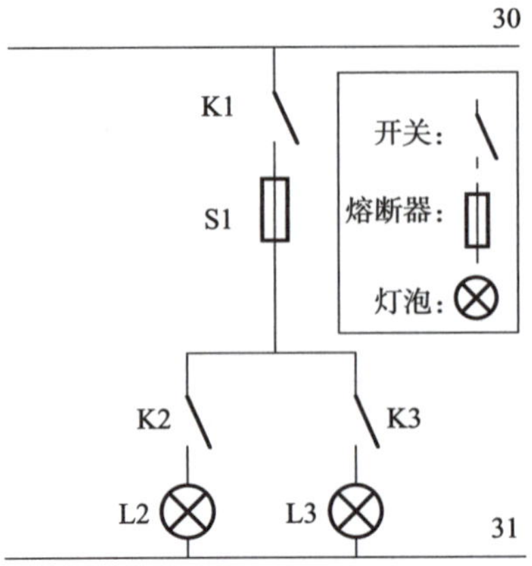

图 1-9　并联电路图

8. 绘制混联电路图并完成表 1-10 的填写。

表 1-10 操作步骤

步骤	项目	顺序	工作内容
1	准备工作		准备铅笔、尺子、纸、橡皮
2	绘制混联电路图	1	先在绘图纸上方画一条直线代表电源正极
		2	
		3	
		4	
		5	在电路图中 L1 灯泡符号下方画一条短垂线，并在短垂线尽头画一条向两边延伸的短横直线
		6	在短横直线的两个端点各向下再画一条短垂线，并分别放置一个开关符号，标注为 K2 和 K3
		7	
		8	
		9	
		10	

绘制完成的混联电路图如图 1-10 所示。

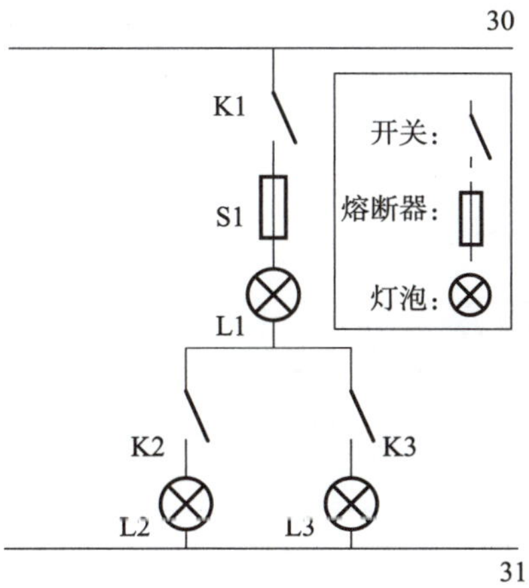

图 1-10 混联电路图

（二）实施记录

结合实施过程，对照表 1-11 的检查项目，勾选实际的检查结果。

表 1-11 实施记录

序号	项目	检查结果	备注
1	检查导线连接接触是否良好	良好 □ 接触不良 □	
2	基本电路连接完毕工作是否正常	正常 □ 不正常 □	

续表

序号	项目	检查结果	备注
3	串联电路连接完毕工作是否正常	正常 □　不正常 □	
4	并联电路连接完毕工作是否正常	正常 □　不正常 □	
5	混联电路连接完毕工作是否正常	正常 □　不正常 □	
6	检查电源符号绘制是否正确	正确 □　错误 □	
7	检查开关符号绘制是否正确	正确 □　错误 □	
8	检查灯泡符号绘制是否正确	正确 □　错误 □	
9	检查导线绘制是否规范（横平竖直）	规范 □　不规范 □	

六、检查

（一）自检

结合本组任务操作过程，对任务执行过程中的操作规范性进行检查，检查操作过程中是否存在以下问题，分析讨论应如何避免并总结规范的操作方法（见表 1–12）。

表 1–12　自检

检查项目	结果
搭建的基本电路工作是否正常	是 □　否 □
搭建的串联电路工作是否正常	是 □　否 □
搭建的并联电路工作是否正常	是 □　否 □
搭建的混联电路工作是否正常	是 □　否 □
基本电路图绘制是否正确	是 □　否 □
串联电路图绘制是否正确	是 □　否 □
并联电路图绘制是否正确	是 □　否 □
混联电路图绘制是否正确	是 □　否 □

（二）互检

组与组之间相互进行任务操作过程及结果检查，并把检查结果填写在表 1–13 中。

表 1–13　互检

检查项目	结果
搭建的基本电路工作是否正常	是 □　否 □
搭建的串联电路工作是否正常	是 □　否 □
搭建的并联电路工作是否正常	是 □　否 □
搭建的混联电路工作是否正常	是 □　否 □

续表

检查项目	结果
基本电路图绘制是否正确	是□ 否□
串联电路图绘制是否正确	是□ 否□
并联电路图绘制是否正确	是□ 否□
混联电路图绘制是否正确	是□ 否□

七、课堂小结

任务二　电路测量

<table>
<tr><th colspan="4">电路测量任务工单</th></tr>
<tr><td>客户信息</td><td>姓名</td><td></td><td>职业</td></tr>
<tr><td rowspan="2">车辆信息</td><td>车型</td><td>VIN 码</td><td>行驶里程</td></tr>
<tr><td></td><td></td><td></td></tr>
<tr><td>客户描述</td><td colspan="3">制动灯不亮 □　近光灯不亮 □　远光灯不亮 □　转向灯不亮 □
雾灯不亮 □　发动机加速无力 □　发动机无法启动 □　轮胎气压不足 □
制动跑偏 □　制动液液位偏低 □　蓄电池亏电 □　蓄电池充不上电 □
发电机不发电 □　基本电路故障 □　变光开关损坏 □　玻璃升降器不工作 □
雨刮不工作 □　充电指示灯异常点亮 □
其他：</td></tr>
<tr><th colspan="2">车辆外观检查</th><th colspan="2">车辆内部检查</th></tr>
<tr><td>凹凸 □
划痕 □
石击 □
油漆 □</td><td>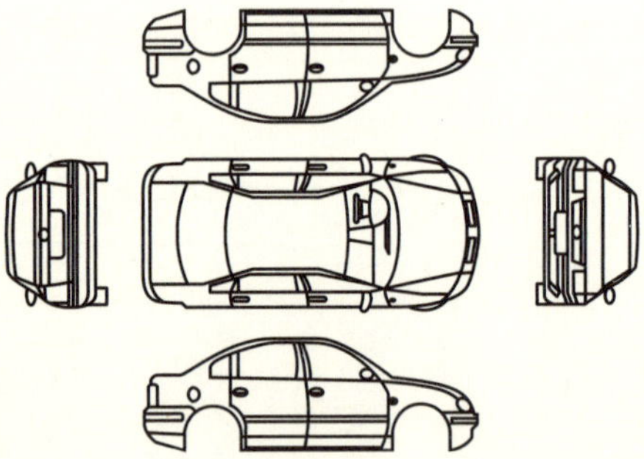</td><td>污渍 □
破损 □
色斑 □
变形 □</td><td>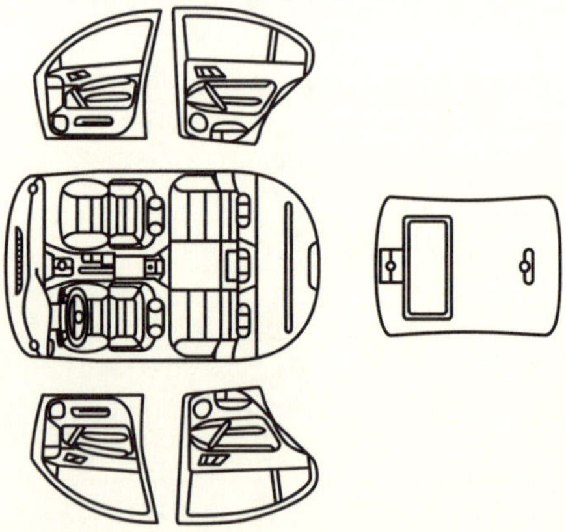</td></tr>
<tr><td>明确具体工作任务</td><td colspan="3"></td></tr>
</table>

任务目标

- 能够正确使用检测仪器检测电路中的电压、电流和电阻

任务内容

- 电压、电流和电阻的定义
- 电路中电压、电流和电阻的关系
- 万用表的作用与分类，数字式万用表挡位说明
- 电压、电流和电阻的测量方法

续表

任务重点	● 电压、电流和电阻的测量方法
任务难点	● 万用表的使用方法

一、知识讲解

（一）电压、电流和电阻的定义

电路中包括三个主要参数——电压、电流和电阻，称为电学三要素。电压是形成电流的原因，用字母“U”表示。它的单位是伏特，简称伏，用字母“V”表示。电流是表示电荷流量大小的物理量，用字母“I”表示。它的单位是安培，简称安，用字母“A”表示。电阻是导体本身的一种性质，表示导体对电流阻碍作用的大小，用字母“R”表示。它的单位是欧姆，简称欧，用符号“Ω”表示。

（二）电路中电压、电流和电阻的关系

电路中电压、电流和电阻之间的关系称为欧姆定律。它的定义为：在一个闭合电路中，流过导体的电流与导体两端的电压成正比，与导体的电阻成反比。其表达式为：

$$I=U/R$$

下面用一个形象的例子来对欧姆定律进行说明，如图 2-1 所示。电池就好比两个蓄水池 *A* 和 *B*，由于存在一定高度差，所以 *A* 与 *B* 之间形成水压，这就好比电路中电池的电压一样。连接 *A* 与 *B* 的水管好比是导线，下方的涡轮好比是负载。流过水管和涡轮的水流大小就像是电路中的电流。阀门则相当于电路中的开关。

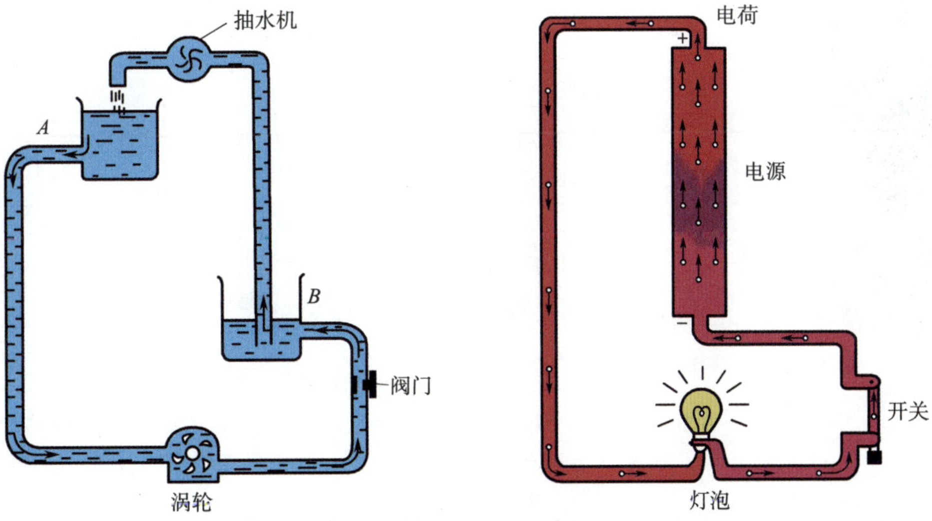

图 2-1　电压、电流和电阻的关系

从图中不难看出，当涡轮大小不变时（负载不变），蓄水池 *A* 和 *B* 的高度差越大，则在 1 s 内流过水管和涡轮的水流量就越大。这就像电路中负载不变，电压越大，电流就越大一样。

当蓄水池 *A* 和 *B* 的高度差不变时（压力不变），涡轮越大，水流速度就越慢。这就像在电路中电压不变，电阻越大，电流就越小一样。

除此之外，水管的大小和粗细也对水流的大小有影响。越细长的水管，水流速度就越慢。在电路中也是这个道理，导线的粗细会限制流过负载的电流大小。

（三）万用表的作用与分类

万用表是日常修理过程中最常用到的一种测量工具，它能够测量电路中的电流、电压及用电器件的电阻，方便人们通过测量数据来判断故障原因和故障点。

万用表分为两种：一种是指针式万用表，其特点是能够直观地反映出所测数值的大小并进行对比，但其测量结果不够精确；另一种是数字式万用表，它的测量结果比指针式万用表更精确和直观，广泛应用于电器与电子维修行业，如图 2-2 所示。

图 2-2　数字式万用表

（四）数字式万用表挡位说明

数字式万用表虽然种类繁多，但其使用方法和功能大同小异，现以其中一款数字式万用表为例，说明数字式万用表的挡位与功能（见表 2-1）。

表 2-1　数字式万用表的挡位与功能

	旋钮挡位	说明
 数字式万用表	OFF	关闭挡：不使用万用表时，将万用表旋钮旋至此位置
	V⎓	直流电压挡：用于测量直流电的电压。测量时，为保证测量精度，应根据被测电压选择测量量程，如测量汽车电压 10 ~ 14.7 V，应选择 20 V 挡位
	V~	交流电压挡：用于测量交流电的电压。交流电压挡位选择与直流电压挡位选择相同
	Ω	欧姆挡：用于测量电路负载和导线的电阻。测量时也需根据被测元件阻值大小选用合适的量程
	▶|·))	二极管挡：用于测量二极管是否正常。若二极管被击穿，万用表会发出蜂鸣声。维修过程中，也可使用二极管挡检查导线的通断，但不可代替欧姆挡使用。确定导线故障时，还需使用欧姆挡
	A⎓	直流电流挡：用于测量直流电路中的电流大小。测量时也应根据被测电流大小选择合适的量程。若不知道被测电流的大小时，应先从最大量程开始测量，防止万用表损坏。当选择 10 A 挡时，应将红色表笔插在“10 A”孔位置；选择其他电流挡位时，应将红色表笔插在“VΩmA”孔位置

（五）电压、电流和电阻的测量方法

数字式万用表可以测量的参数类型很多，但在汽车维修及日常生活中应用较多的是电压、电阻和电流的测量，因此，本任务只针对数字式万用表在这三个参数上的测量方法进行初步认识和学习。

1. 测量电压

首先，根据被测电压的大小选择合适的量程，将万用表红色表笔插入 VΩmA 孔内，黑色表笔插入 COM 孔内，将万用表选择旋钮旋至 V⎓部分，如图 2-3 所示。

图 2-3 测量电压

2. 测量电阻

进行电阻测量时，万用表表笔所放插孔位置与测量电压时相同，将万用表选择旋钮旋至 Ω 部分，并预估被测电阻阻值的大小，选择合适量程对电阻进行测量。测量时将万用表两表笔分别连接在被测元器件的两端，检测其阻值大小，如图 2-4 所示。注意，不能在电路中对元器件的电阻阻值进行检测，检测时必须将元器件从电路中分离。

量程的选择和转换：如果量程选小了，显示屏上会显示“1”，此时应换用较大的量程；如果量程选大了，显示屏上会显示一个接近于“0”的数，此时应换用较小的量程。显示屏上显示的数字加上挡位选择的单位就是它的读数。

3. 测量电流

进行电流测量时，首先应根据欧姆定律预估出被测电路中的电流，然后将万用表选择旋钮旋至 A⎓部分，将万用表黑色表笔插入 COM 孔内，红色表笔插入 VΩmA 孔内，并将万用表两表笔串联在被检测线路中进行测量，如图 2-5 所示。

图 2-4 测量阻值

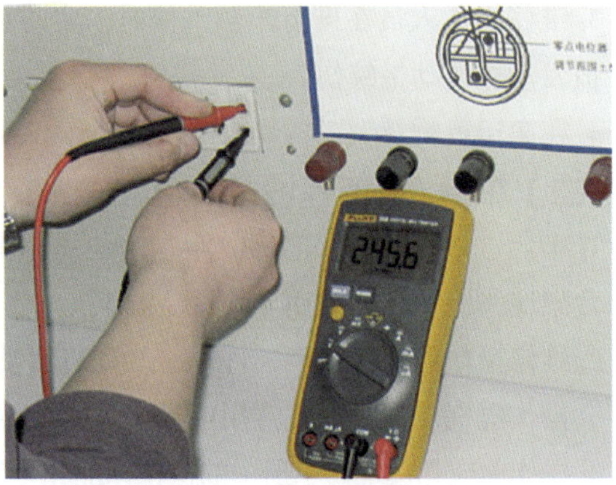

图 2-5 测量电流

二、任务准备

在下列图片中勾选出完成本任务所需的工具、设备、资料等。

	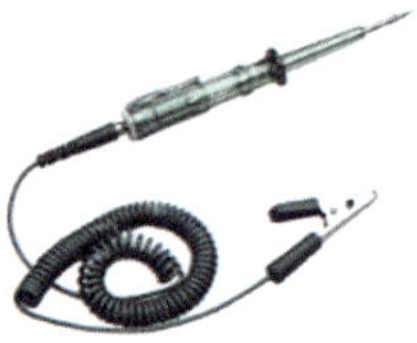		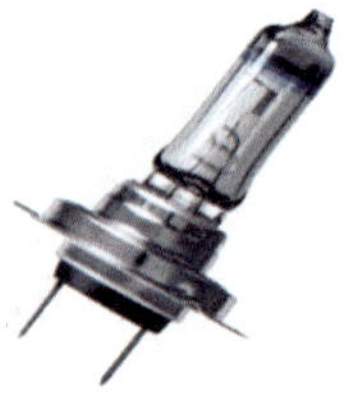	
电阻	测电笔	蓄电池	灯泡	开关

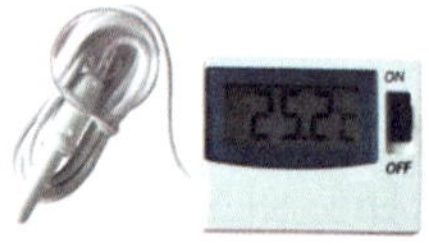	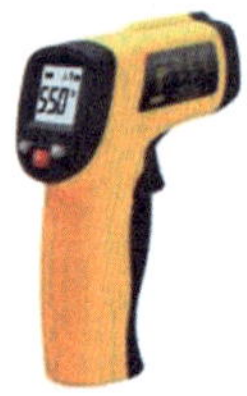		
数字电子温度计	红外测温仪	导线	万用表

三、防护措施

（一）个人安全防护

1. 维修操作人员必须身穿工作服、工作鞋，戴工作帽、手套；工作服拉链及皮带扣应藏于衣服内侧，袖口、领口、裤脚扣紧；女生长发要盘起藏在工作帽内。

2. 维修操作人员在进入车间时不应戴手表、戒指、项链等金属饰品。

3. 维修操作人员在进行车辆维修时，应防止脚部被车轮轧伤，手部被车门夹伤或被热的发动机烫伤、被发动机传动带绞伤。

4. 在搬运重物及尖锐器物时应注意动作和姿势，防止扭伤腰部、砸伤脚部或划伤手部。

（二）车辆 / 台架等设备安全

1. 车辆进入车间内，应停放至指定地点，熄灭发动机，将变速器置于空挡位置，并拉紧驻车制动器，台架应将滑轮锁死或用木块固定。

2. 维修操作前，应铺设三件套。发动机启动前应确保其他无关人员远离车辆。

3. 操作电气设备时应注意用电安全。作业结束后，应及时切断一切用电设备的电源。

4. 操作前应熟读维修手册中的操作标准和台架、仪器、设备的使用标准，并做好日常维护工作。

（三）车间场地安全防护

1. 车间应配有干粉灭火器及相应的消防设施，易燃油品应存放在密封的金属罐中。

2. 应时刻注意将车间内的所有工具、零部件、设备、车辆等摆放整齐，工作结束后将其摆放于指定地点保管。

3. 车间内设备或车辆周围的人行道及工作区域必须保证足够的安全空间。

4. 操作过程中应做到油品、工具、配件三不落地，作业完毕应及时清理车间工作场地，做好现场 6 S 管理。

四、任务分配（见表 2-2）

表 2-2　任务分配表

职务	代码	姓名	工作内容
组长	A		
组员	B		
	C		
	D		
	E		
	F		

五、任务实施

（一）操作步骤

1. 搭建基本电路并完成表 2-3 的填写。

表 2-3　操作步骤

步骤	项目	顺序	工作内容
1	准备工作		准备刀开关、负载（小灯泡）、电源、导线若干
2	搭建基本电路	1	将蓄电池正极用导线连接在开关 K1 中间的正极（红色）接线柱上
		2	
		3	
		4	
		5	对照电路图，按顺序将整个接线线路检查一遍，确认无误后闭合开关 K1

2. 测量基本电路并完成表 2-4 的填写。

表 2-4　操作步骤

步骤	项目		顺序	工作内容
1	准备工作			准备万用表
2	测量基本电路	灯泡 L1 电压、电阻	1	将万用表调整到直流电压挡，将红色表笔搭在灯泡 L1 正极接线柱上，将黑色表笔搭在灯泡 L1 负极接线柱上，接通开关 K1，测量灯泡 L1 两端电压并记录，然后断开开关 K1
			2	
		电路电流	1	
			2	

3. 分解基本电路元器件。

断开开关 K1，依次拆卸元器件之间的连接线束。

4. 搭建串联电路并完成表 2–5 的填写。

表 2-5　操作步骤

步骤	项目	顺序	工作内容
1	准备工作		准备刀开关、负载（小灯泡）、电源、导线若干
2	搭建串联电路	1	将蓄电池正极用导线连接在开关 K1 中间的正极（红色）接线柱上
		2	
		3	
		4	
		5	
		6	对照电路图，按顺序将整个接线线路检查一遍，确认无误后闭合开关 K1

5. 测量串联电路并完成表 2–6 的填写。

表 2-6　操作步骤

步骤	项目		顺序	工作内容
1	准备工作			准备万用表
2	测量串联电路	灯泡 L1 电压、电阻	1	将万用表调整到直流电压挡，将红色表笔搭在灯泡 L1 正极接线柱上，将黑色表笔搭在灯泡 L1 负极接线柱上，接通开关 K1，测量灯泡 L1 两端电压并记录，然后断开开关 K1
			2	
		灯泡 L2 电压、电阻	1	
			2	
		电路电流	1	
			2	断开灯泡 L2 负极线，将万用表调整到直流电流挡，将万用表红色表笔与黑色表笔沿电流走向串联在灯泡 L2 下端的电路中，接通开关 K1，读取电路中电流并记录，然后断开开关 K1

6. 分解串联电路元器件。

断开开关 K1，依次拆卸元器件之间的连接线束。

7. 搭建并联电路并完成表 2–7 的填写。

表 2–7 操作步骤

步骤	项目	顺序	工作内容
1	准备工作		准备刀开关、负载（小灯泡）、电源、导线若干
2	搭建并联电路	1	将蓄电池正极用导线连接在开关 K1 中间的正极（红色）接线柱上
		2	
		3	
		4	
		5	
		6	使用导线连接灯泡 L1 的负极（黑色）接线柱与灯泡 L2 的负极（黑色）接线柱
		7	使用导线连接灯泡 L2 的负极（黑色）接线柱与蓄电池负极
		8	

8. 测量并联电路并完成表 2–8 的填写。

表 2–8 操作步骤

步骤	项目		顺序	工作内容
1	准备工作			准备万用表
2	测量并联电路	灯泡 L1 电压、电阻	1	将万用表调整到直流电压挡，将红色表笔搭在灯泡 L1 正极接线柱上，将黑色表笔搭在灯泡 L1 负极接线柱上，接通开关 K1，测量灯泡 L1 两端电压并记录，然后断开开关 K1
			2	
		灯泡 L2 电压、电阻	1	
			2	断开所有开关，将万用表调整到 200 Ω 挡，将红色表笔搭在灯泡 L2 正极接线柱上，将黑色表笔搭在灯泡 L2 负极接线柱上，测量灯泡 L2 两端电阻并记录
		电路电流	1	断开灯泡 L1 负极线，将万用表调整到直流电流挡，将万用表红色表笔与黑色表笔沿电流走向串联在灯泡 L1 下端的电路中，接通开关 K1，读取电路中电流并记录，然后断开开关 K1
			2	
			3	

9. 分解并联电路元器件。

断开开关 K1，依次拆卸元器件之间的连接线束。

10. 搭建混联电路并完成表 2–9 的填写。

表 2-9　操作步骤

步骤	项目	顺序	工作内容
1	准备工作		准备刀开关、负载（小灯泡）、电源、导线若干
2	搭建混联电路	1	将蓄电池正极用导线连接在开关 K1 中间的正极（红色）接线柱上
		2	
		3	再使用一根导线将熔断器负极（黑色）接线柱连接在灯泡 L1 的正极（红色）接线柱上
		4	
		5	
		6	
		7	
		8	使用导线连接灯泡 L3 负极（黑色）接线柱与蓄电池负极
		9	

11. 测量混联电路并完成表 2–10 的填写。

表 2-10　操作步骤

步骤	项目		顺序	工作内容
1	准备工作			准备万用表
2	测量混联电路	灯泡 L1 电压、电阻、电流	1	将万用表调整到直流电压挡，将红色表笔搭在灯泡 L1 正极接线柱上，将黑色表笔搭在灯泡 L1 负极接线柱上，接通开关 K1，测量灯泡 L1 两端电压并记录，然后断开开关 K1
			2	
			3	
		灯泡 L2 电压、电阻、电流	1	将万用表调整到直流电压挡，将红色表笔搭在灯泡 L2 正极接线柱上，将黑色表笔搭在灯泡 L2 负极接线柱上，接通开关 K1，测量灯泡 L2 两端电压并记录，然后断开开关 K1
			2	
			3	断开灯泡 L2 负极线，将万用表调整到直流电流挡，将万用表红色表笔与黑色表笔沿电流走向串联在灯泡 L2 下端的电路中，接通开关 K1，读取电路中电流并记录，然后断开开关 K1
		灯泡 L3 电压、电阻、电流	1	
			2	
			3	断开灯泡 L3 负极线，将万用表调整到直流电流挡，将万用表红色表笔与黑色表笔沿电流走向串联在灯泡 L3 下端的电路中，接通开关 K1，读取电路中电流并记录，然后断开开关 K1

12. 分解混联电路元器件。

断开开关 K1，依次拆卸元器件之间的连接线束。

（二）实施记录

结合实施过程，对照表 2-11 的检查项目，填写实际的检查结果。

表 2-11 实施记录

序号	测量电路类型	项目	检查结果	备注
1	基本电路	灯泡 L1 电压	电压值________V	
		灯泡 L1 电阻	阻值________Ω	
		电路电流	电流值________A	
2	串联电路	灯泡 L1 电压	电压值________V	
		灯泡 L1 电阻	阻值________Ω	
		灯泡 L2 电压	电压值________V	
		灯泡 L2 电阻	阻值________Ω	
		电路电流	电流值________A	
3	并联电路	灯泡 L1 电压	电压值________V	
		灯泡 L1 电阻	阻值________Ω	
		灯泡 L2 电压	电压值________V	
		灯泡 L2 电阻	阻值________Ω	
		灯泡 L1 支路电流	电流值________A	
		灯泡 L2 支路电流	电流值________A	
		开关 K1 支路电流	电流值________A	
4	混联电路	灯泡 L1 电压	电压值________V	
		灯泡 L1 电阻	阻值________Ω	
		灯泡 L1 电流	电流值________A	
		灯泡 L2 电压	电压值________V	
		灯泡 L2 电阻	阻值________Ω	
		灯泡 L2 电流	电流值________A	
		灯泡 L3 电压	电压值________V	
		灯泡 L3 电阻	阻值________Ω	
		灯泡 L3 电流	电流值________A	

六、检查

（一）自检

结合本组任务操作过程，对任务执行过程中的操作规范性进行检查，检查操作过程中是否存在以下问题，分析讨论应如何避免并总结规范的操作方法（见表 2–12）。

表 2–12　自检

检查项目	结果
电压测量方法是否正确	是 □　否 □
电阻测量方法是否正确	是 □　否 □
电流测量方法是否正确	是 □　否 □

（二）互检

组与组之间相互进行任务操作过程及结果检查，并把检查结果填写在表 2–13 中。

表 2–13　互检

检查项目	结果
电压测量方法是否正确	是 □　否 □
电阻测量方法是否正确	是 □　否 □
电流测量方法是否正确	是 □　否 □

七、课堂小结

任务三　基本电路故障检查

基本电路检查任务工单				
客户信息	姓名		职业	
车辆信息	车型	VIN 码	行驶里程	
客户描述	制动灯不亮 □ 雾灯不亮 □ 制动跑偏 □ 发动机不发电 □ 雨刮不工作 □	近光灯不亮 □ 发动机加速无力 □ 制动液液位偏低 □ 基本电路故障 □ 充电指示灯异常点亮 □	远光灯不亮 □ 发动机无法启动 □ 蓄电池亏电 □ 变光开关损坏 □	转向灯不亮 □ 轮胎气压不足 □ 蓄电池充不上电 □ 玻璃升降器不工作 □
	其他：			

车辆外观检查		车辆内部检查	
凹凸 □ 划痕 □ 石击 □ 油漆 □	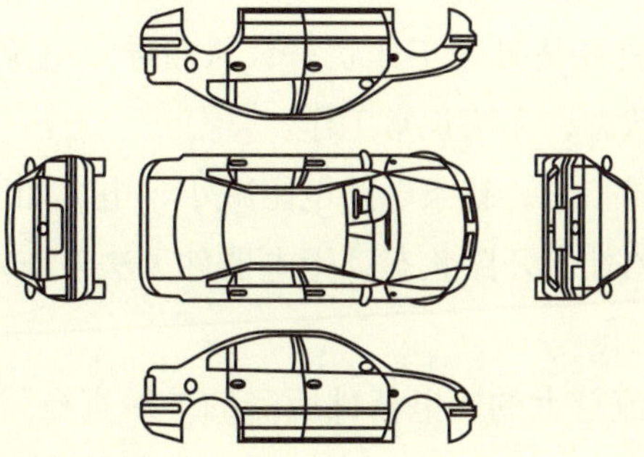	污渍 □ 破损 □ 色斑 □ 变形 □	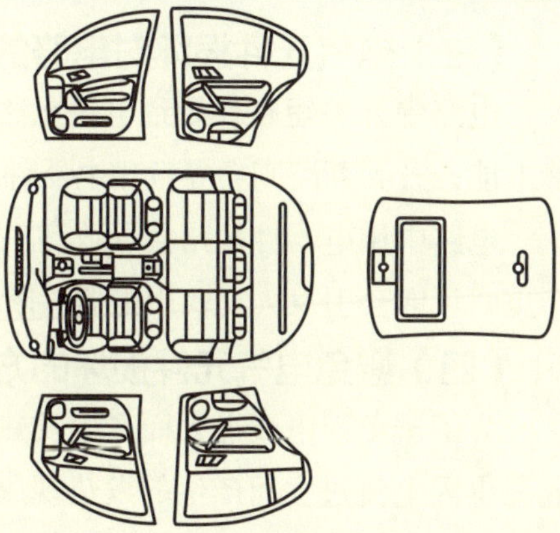

明确具体工作任务	

任务目标

- 能够检查、判断电路中出现的故障

任务内容

- 电路故障的主要形式、短路或断路对电路的影响
- 电气元件损坏对电路的影响
- 避免电气元件损坏的方法
- 电路故障的检查方法

续表

任务重点	● 电路故障判断
任务难点	● 电路故障验证

一、知识讲解

（一）电路故障的主要形式

电路故障的形式主要有三种：线路短路、线路断路和电气元件损坏。线路短路是指在电路中不经过电气元件直接与其他线路或电源负极相连。线路断路是指电路开关没有闭合，导线没有连接好，用电器件烧坏或没安装好等情况，即整个电路在某处断开。电气元件损坏是指电路中的电气元件不能正常工作所导致的故障，例如，开关不能正常控制电路闭合和断开，灯泡不能点亮或者电动机不能正常运转等。

（二）短路或断路对电路的影响

当电路中出现短路故障时，若是开关被短路，则可能导致用电器件始终处于工作状态；若是用电器件被短路，则会导致流过用电器件的电流直接通过短路导线，从而使用电器件中没有电流经过，使其不能工作，严重情况下会导致电路中的电流直接从电源正极流向电源负极，烧毁导线甚至使电源爆炸。

当电路中任何一处存在断路故障时，都会使电路处于开路状态，导致电路中的用电器件无法正常工作。

（三）电气元件损坏对电路的影响

电路中开关短路会导致电路无法断开，用电器件始终处于工作状态，从而导致电源消耗过大，浪费电能；开关断路则会导致用电器件始终处于开路状态，无法正常工作。

电路中用电器件短路会导致其工作不正常或不能工作，整条电路电阻减小，电流加大，导线过热，严重时可能会引发火灾；用电器件断路则会导致电路处于开路状态，用电器件无法工作。

（四）避免电气元件损坏的方法

为了避免因电流过大而产生发热现象，流经电流越大的用电器件所需的导线直径就越大，这样才能减少因电流过大而产生的发热现象。同时，为了防止电路中因电流过大而导致导线发热，甚至发生火灾的情况，电路中应串联相应的熔断器，一旦电路中的电流超过熔断器的额定电流，熔断器便会熔断，防止导线因电流过大而起火。

（五）电路故障的检查方法

在电路中，一般导线在没有受到机械损伤（如挤压、折断）的情况下很难出现断路故障。因此，较容易出现故障的位置一般是在线路的连接点或用电器件上。

当电路中出现断路故障时，应断开电路开关，并断开蓄电池负极连接线，使用万用表欧姆挡分别测量各电气元件和导线的阻值。当检测到某个电气元件或某段导线的阻值为无穷大时，说明该用电器件或导线出现断路故障，应维修或更换。

当电路中出现短路故障时，应断开电源负极，并断开用电器件开关，分别检测各电气元件之间的阻值。若阻值为零或小于该电气元件规定的阻值，说明该电气元件出现短路故障。同时，应断开所用电气元件插接器，使用万用表最大欧姆挡测量线束中各导线是否存在短路现象。

二、任务准备

在下列图片中勾选出完成本任务所需的工具、设备、资料等。

	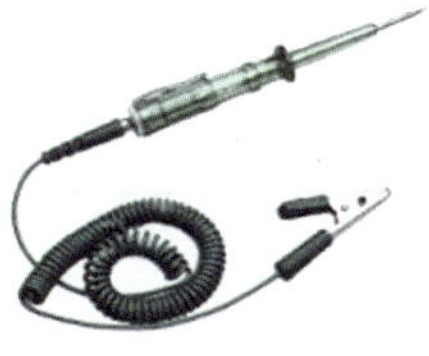	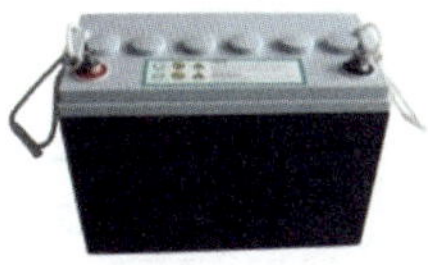	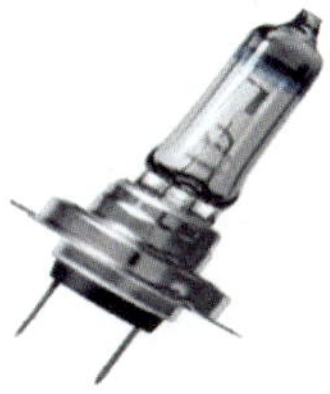	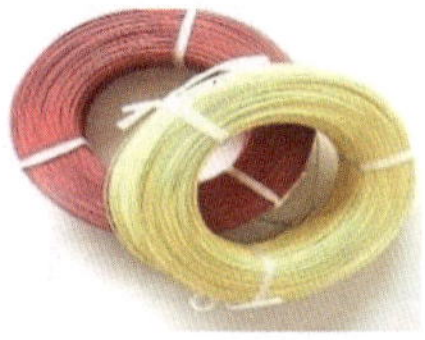
铅笔、纸、橡皮	测电笔	蓄电池	灯泡	导线

		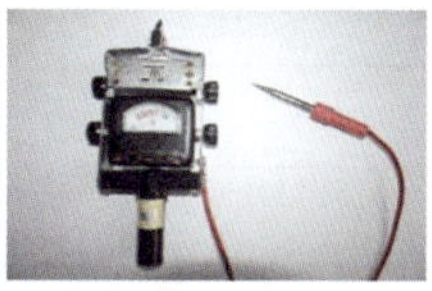	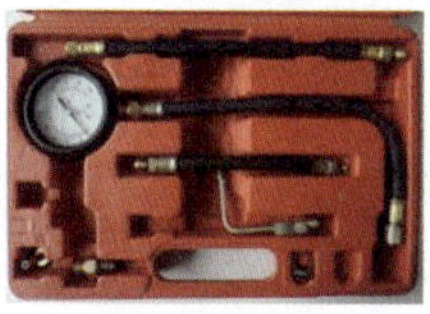
万用表	开关	干荷式电池放电器	压力表

三、防护措施

（一）个人安全防护

1. 维修操作人员必须身穿工作服、工作鞋，戴工作帽、手套；工作服拉链及皮带扣应藏于衣服内侧，袖口、领口、裤脚扣紧；女生长发要盘起藏在工作帽内。

2. 维修操作人员在进入车间时不应戴手表、戒指、项链等金属饰品。

3. 维修操作人员在进行车辆维修时，应防止脚部被车轮轧伤，手部被车门夹伤或被热的发动机烫伤、被发动机传动带绞伤。

4. 在搬运重物及尖锐器物时应注意动作和姿势，防止扭伤腰部、砸伤脚部或划伤手部。

（二）车辆 / 台架等设备安全

1. 车辆进入车间内，应停放至指定地点，熄灭发动机，将变速器置于空挡位置，并拉紧驻车制动器，台架应将滑轮锁死或用木块固定。

2. 维修操作前，应铺设三件套。发动机启动前应确保其他无关人员远离车辆。

3. 操作电气设备时应注意用电安全。作业结束后，应及时切断一切用电设备的电源。

4. 操作前应熟读维修手册中的操作标准和台架、仪器、设备的使用标准，并做好日常维护工作。

（三）车间场地安全防护

1. 车间应配有干粉灭火器及相应的消防设施，易燃油品应存放在密封的金属罐中。

2. 应时刻注意将车间内的所有工具、零部件、设备、车辆等摆放整齐，工作结束后将其摆放于指定地点保管。

3. 车间内设备或车辆周围的人行道及工作区域必须保证足够的安全空间。

4. 操作过程中应做到油品、工具、配件三不落地，作业完毕应及时清理车间工作场地，做好现场 6 S 管理。

四、任务分配（见表 3-1）

表 3-1　任务分配表

职务	代码	姓名	工作内容
组长	A		
组员	B		
	C		
	D		
	E		
	F		

五、任务实施

（一）操作步骤

1. 检测基本电路故障并完成表 3-2 的填写。

表 3-2　操作步骤

步骤	项目	顺序	工作内容
1	L1 本身损坏	1	接通开关 K1，检查故障现象。如发现灯泡 L1 不亮，首先检查灯泡 L1 本身，检查其阻值是否正常
		2	
		3	
2	线路断路（任意位置）	1	如灯泡 L1 阻值正常（汽车灯泡阻值一般为 0.3 Ω 左右），则检查线路。用万用表蜂鸣挡测量电源正极至开关正极接线柱之间的阻值，如阻值为∞，说明此处线路断路，检查并连接线路
		2	
		3	
		4	
		5	用万用表蜂鸣挡测量熔断器两端接线柱之间的阻值，如阻值为∞，说明熔丝断路，检查并更换熔丝

2. 检测串联电路故障并完成表 3-3 的填写。

表 3-3 操作步骤

步骤	项目	顺序	工作内容
1	L1 短路、本身损坏；L2 短路、本身损坏	1	接通开关 K1，检查故障现象。如发现灯泡 L1 不亮，首先检查灯泡 L1 本身，检查其阻值是否正常
		2	
		3	
		4	
2	线路故障（任意位置）	1	如灯泡 L1 阻值正常，则检查线路。用万用表蜂鸣挡测量电源正极至开关正极接线柱之间的阻值，如阻值为∞，说明此处线路断路，检查并连接线路
		2	
		3	
		4	
		5	
		6	用万用表蜂鸣挡测量熔断器两端接线柱之间的阻值，如阻值为∞，说明熔丝断路，检查并更换熔丝

3. 检测并联电路故障并完成表 3-4 的填写。

表 3-4 操作步骤

步骤	项目	顺序	工作内容
1	L1 或 L2 不亮	1	接通开关 K1、K2、K3，检查故障现象。如发现仅灯泡 L1 不亮，首先检查灯泡 L1 本身，检查其阻值是否正常
		2	
		3	
		4	
		5	如仅 L2 不亮，检查方法同上
2	线路断路故障	1	如检查灯泡 L1、L2 阻值均正常，则应检查所有线路的连接情况。用万用表蜂鸣挡测量电源正极至开关正极接线柱之间的阻值，如阻值为∞，说明此处线路断路，检查并连接线路
		2	
		3	
		4	用万用表蜂鸣挡测量灯泡 L1 负极接线柱至电源负极接线柱之间的阻值，如阻值为∞，说明此处线路断路，检查并连接线路
		5	
		6	
		7	用万用表蜂鸣挡测量熔断器两端接线柱之间的阻值，如阻值为∞，说明熔丝断路，检查并更换熔丝
3	线路短路故障	1	接通开关 K1、K2、K3，检查故障现象。如发现仅灯泡 L1 亮，接通开关 K3 后，灯泡 L1 与灯泡 L2 都不亮，首先检查灯泡 L2 的阻值
		2	
		3	
		4	
		5	

4. 检测混联电路故障并完成表 3-5 的填写。

表 3-5　操作步骤

步骤	项目	顺序	工作内容
1	L1 不亮	1	接通开关 K1、K2、K3，检查故障现象。如发现仅灯泡 L1 不亮，首先检查灯泡 L1 本身，检查其阻值是否正常
		2	
		3	
		4	断开所有开关，测量灯泡 L1 两端阻值，如阻值为 0，说明灯泡 L1 线路短路，检查并更换线路
2	L2 或 L3 不亮	1	
		2	
		3	
		4	
		5	用万用表蜂鸣挡测量灯泡 L2 负极接线柱至电源负极接线柱之间的阻值，如阻值为 ∞，说明此处线路断路，检查并连接线路。如仅 L3 不亮，检查方法同上
		6	接通开关 K1、K2、K3，检查故障现象。如发现仅灯泡 L1 亮，首先检查灯泡 L2 与 L3 两端阻值，检查其阻值是否为 0
		7	
		8	
		9	
3	L1、L2、L3 都不亮	1	如测量发现三个灯泡阻值均正常，则检查线路。用万用表蜂鸣挡测量电源正极至开关 K1 正极接线柱之间的阻值，如阻值为 ∞，说明此处线路断路，检查并连接线路
		2	
		3	
		4	
		5	
		6	
		7	用万用表蜂鸣挡测量灯泡 L3 负极接线柱至电源负极接线柱之间的阻值，如阻值为 ∞，说明此处线路断路，检查并连接线路

（二）实施记录

结合实施过程，对照表 3-6 的检查项目，填写实际的检查结果。

表 3-6　实施记录

序号	测量电路类型	项目	检查结果	备注
1	基本电路	测量灯泡 L1 的电阻	阻值________ Ω	正常阻值________ Ω
		用万用表蜂鸣挡测量开关负极接线柱至熔断器正极接线柱之间的电阻	阻值________ Ω	
		用万用表蜂鸣挡测量熔断器负极接线柱至灯泡正极接线柱之间的电阻	阻值________ Ω	

续表

序号	测量电路类型	项目	检查结果	备注
1	基本电路	用万用表蜂鸣挡测量灯泡负极接线柱至电源负极接线柱之间的电阻	阻值______Ω	
		用万用表蜂鸣挡测量熔断器两端接线柱之间的电阻	阻值______Ω	
2	串联电路	测量灯泡 L1 的电阻	阻值______Ω	正常阻值______Ω
		用万用表蜂鸣挡测量电源正极接线柱至开关正极接线柱之间的电阻	阻值______Ω	
		用万用表蜂鸣挡测量开关负极接线柱至熔断器正极接线柱之间的电阻	阻值______Ω	
		用万用表蜂鸣挡测量熔断器负极接线柱至灯泡 L1 正极接线柱之间的电阻	阻值______Ω	
		用万用表蜂鸣挡测量灯泡 L1 负极接线柱至灯泡 L2 正极接线柱之间的电阻	阻值______Ω	
		用万用表蜂鸣挡测量灯泡 L2 负极接线柱至电源负极接线柱之间的电阻	阻值______Ω	
		用万用表蜂鸣挡测量熔断器两端接线柱之间的电阻	阻值______Ω	
3	并联电路	测量灯泡 L1 的电阻	阻值______Ω	正常阻值______Ω
		用万用表蜂鸣挡测量熔断器负极接线柱至灯泡 L1 正极接线柱之间的电阻	阻值______Ω	
		用万用表蜂鸣挡测量灯泡 L1 负极接线柱至电源负极接线柱之间的电阻	阻值______Ω	
		测量灯泡 L2 的电阻	阻值______Ω	正常阻值______Ω
		用万用表蜂鸣挡测量熔断器负极接线柱至灯泡 L2 正极接线柱之间的电阻	阻值______Ω	
		用万用表蜂鸣挡测量灯泡 L2 负极接线柱至电源负极接线柱之间的电阻	阻值______Ω	
		用万用表蜂鸣挡测量开关 K1 负极接线柱至熔断器工极接线柱之间的电阻	阻值______Ω	
		用万用表蜂鸣挡测量熔断器两端接线柱之间的电阻	阻值______Ω	
4	混联电路	测量灯泡 L1 的电阻	阻值______Ω	正常阻值______Ω
		测量灯泡 L2 的电阻	阻值______Ω	正常阻值______Ω
		测量灯泡 L3 的电阻	阻值______Ω	正常阻值______Ω
		用万用表蜂鸣挡测量电源正极接线柱至开关 K1 正极接线柱之间的电阻	阻值______Ω	
		用万用表蜂鸣挡测量开关 K1 负极接线柱至熔断器正极接线柱之间的电阻	阻值______Ω	

续表

序号	测量电路类型	项目	检查结果	备注
4	混联电路	用万用表蜂鸣挡测量熔断器负极接线柱至灯泡 L1 正极接线柱之间的电阻	阻值______Ω	
		用万用表蜂鸣挡测量灯泡 L1 负极接线柱至灯泡 L2 正极接线柱之间的电阻	阻值______Ω	
		用万用表蜂鸣挡测量灯泡 L2 负极接线柱至电源负极接线柱之间的电阻	阻值______Ω	
		用万用表蜂鸣挡测量灯泡 L1 负极接线柱至灯泡 L3 正极接线柱之间的电阻	阻值______Ω	
		用万用表蜂鸣挡测量灯泡 L3 负极接线柱至电源负极接线柱之间的电阻	阻值______Ω	

六、检查

（一）自检

结合本组任务操作过程，对任务执行过程中的操作规范性进行检查，检查操作过程中是否存在以下问题，分析讨论应如何避免并总结规范的操作方法（见表 3–7）。

表 3–7　自检

检查项目	结果
线路导通情况测量方法是否正确	是 □　否 □
负载阻值测量方法是否正确	是 □　否 □
是否能够通过测量负载阻值判断负载短路、断路故障	是 □　否 □

（二）互检

组与组之间相互进行任务操作过程及结果检查，并把检查结果填写在表 3–8 中。

表 3–8　互检

检查项目	结果
线路导通情况测量方法是否正确	是 □　否 □
负载阻值测量方法是否正确	是 □　否 □
是否能够通过测量负载阻值判断负载短路、断路故障	是 □　否 □

七、课堂小结

____

____

____

情境二

照明与信号系统故障检修

任务四　制动灯不亮检查与修理（一）

制动灯不亮检查与修理任务工单——制动灯电路图拆画					
客户信息	姓名		职业		
车辆信息	车型		VIN 码		行驶里程

客户描述：

制动灯不亮 □	近光灯不亮 □	远光灯不亮 □	转向灯不亮 □
雾灯不亮 □	发动机加速无力 □	发动机无法启动 □	轮胎气压不足 □
制动跑偏 □	制动液液位偏低 □	蓄电池亏电 □	蓄电池充不上电 □
发电机不发电 □	基本电路故障 □	变光开关损坏 □	玻璃升降器不工作 □
雨刮不工作 □	充电指示灯异常点亮 □		

其他：

车辆外观检查		车辆内部检查	
凹凸 □	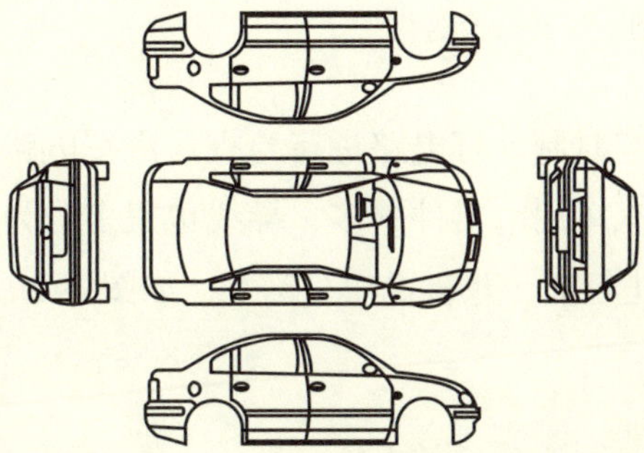	污渍 □	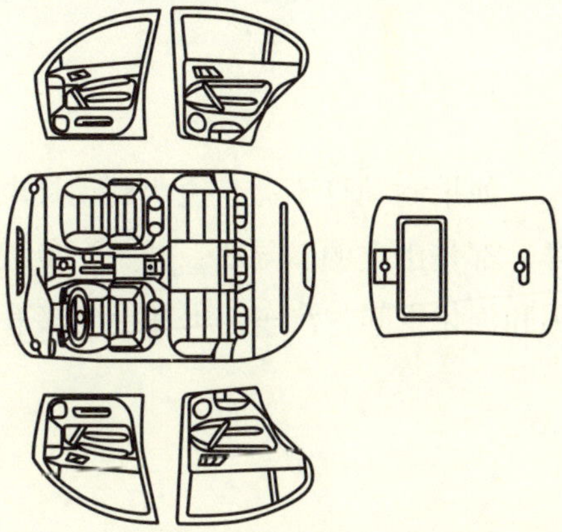
划痕 □		破损 □	
石击 □		色斑 □	
油漆 □		变形 □	

明确具体工作任务

任务目标

- 能够识别制动灯电路图
- 能够拆画制动灯电路图

任务内容

- 制动灯不亮故障电路图拆画
- 电路常见符号
- 横坐标式电路图的特点
- 电路图的识读与拆画方法

续表

任务重点	● 电路图的识读方法
任务难点	● 汽车制动灯电路图的拆画

一、知识讲解

（一）制动灯不亮故障电路图拆画

汽车制动灯安装在车辆后部，左右各一个，同时还配有一个高位制动灯，如图 4-1 所示。汽车制动灯和高位制动灯都是为了便于后面行驶的车辆发现前方车辆制动，从而防止追尾事故的发生。

图 4-1 制动灯安装位置

如果制动灯不亮，说明制动灯电路出现问题，应对制动灯电路进行检查。汽车电路与普通电路一样，都是由电源、导线、开关、负载等组成。但是汽车用电器件繁多，导线也很多，为了更合理地利用和优化空间，汽车上所有导线都采用线束方式捆扎起来，并布置在车辆上，如图 4-2 所示。

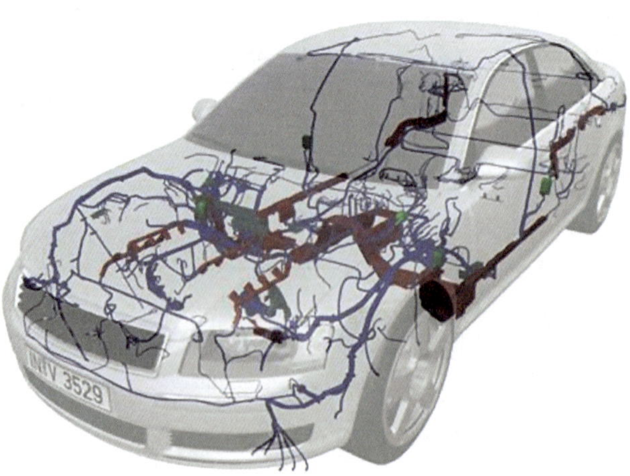

图 4-2 汽车线束在车辆上的布置

理论上，每个用电器件都需要使用两根导线来连接电源与用电器件之间的电路，但为了节约成本和合理化利用空间，汽车上都采用单线制，即所有的用电器件回路都通过车身这根“导线”连接到蓄电池负极，如图 4–3 所示。

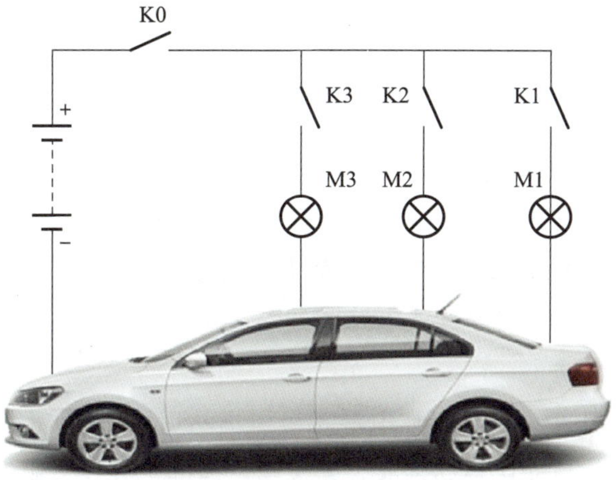

图 4–3　汽车电路的特点——单线制

（二）电路常见符号

电路常见符号见表 4–1。

表 4–1　电路常见符号

符号	说明	图示
	插接器（T4 表示此插接器有 4 个端子，2 表示此端子为第 2 个）	
	熔断器，S26 表示此熔断器为熔断器架上的第 26 号，10 A 表示此熔断器额定电流为 10 A	
	连接线或连接点，表示很多线在此连接。为表达清楚，将所有连接线平行画出。连接点用细直线代替，表示连接在一起。18 为说明编号，电路图下方有详细注释	
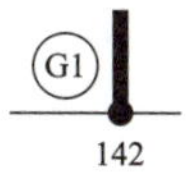	搭铁点，其安装位置在电路图注释中有详细说明	

续表

符号	说明	图示
2.5 sw/ro	导线直径与导线颜色	

（三）横坐标式电路图的特点

横坐标式电路图主要以德系车为主（我国自主品牌奇瑞车系也采用该方式），其特点是纵向平行排列，不走折线，图上不出现导线交叉，在电路图最下端通过编号坐标来标注图中各线路的位置，每条线路都对准下框线上的一个编号。横坐标式电路图如图 4–4 所示。

（四）电路图的识读方法

由于汽车电路中用电器件较多，且都从电源正极引出然后再分流，因此，不能采用电流走向的方法来分析、辨别制动灯电路，只能从制动灯泡开始采用“逆推”寻找电源的方式来识读制动灯电路。

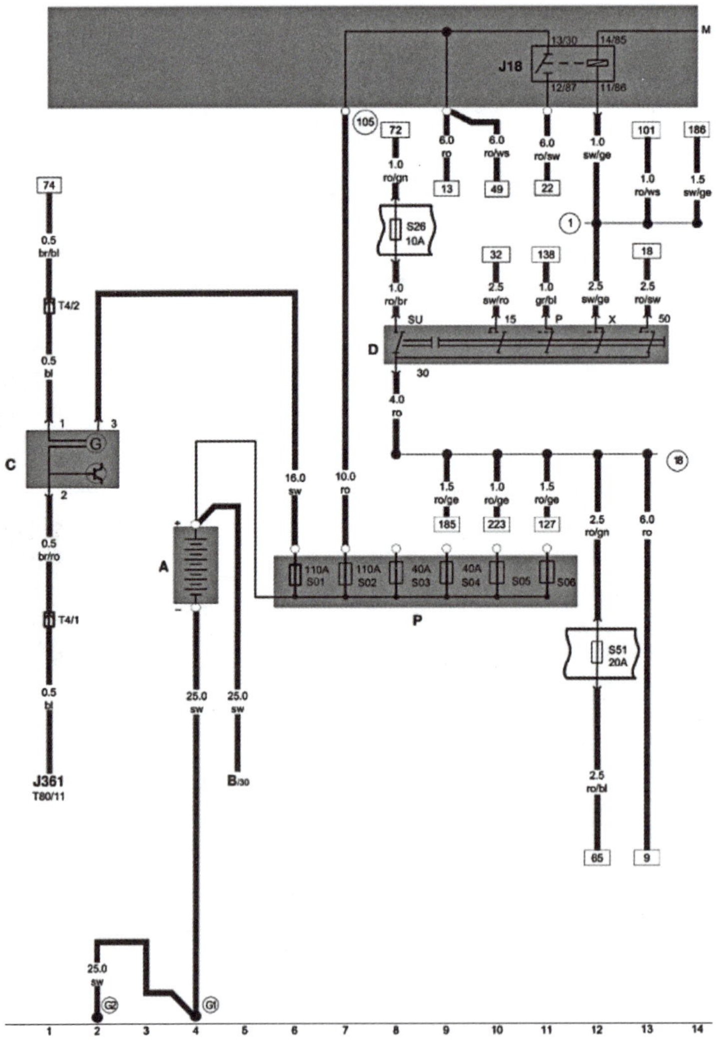

a）

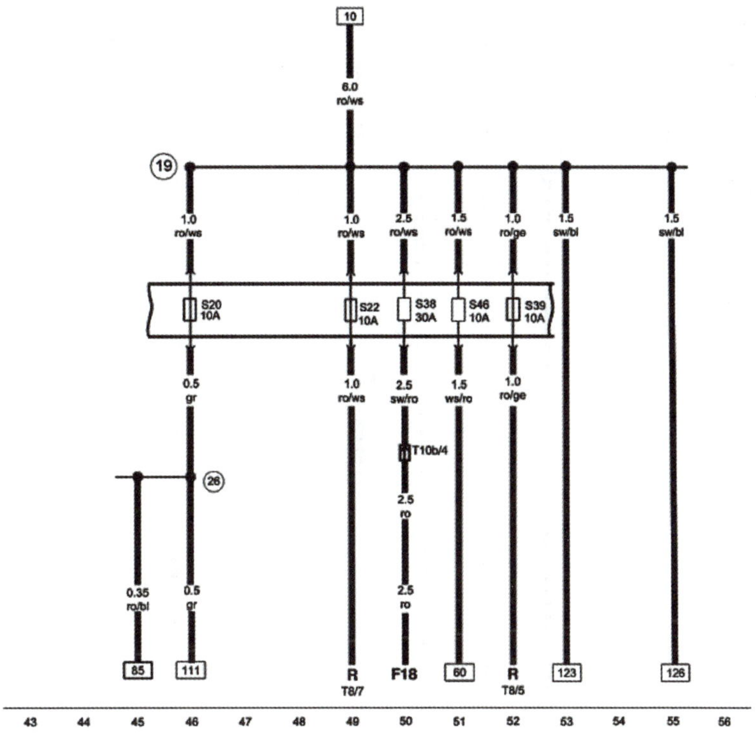

10
6.0 ro/ws
19
1.0 ro/ws
1.0 ro/ws
2.5 ro/ws
1.5 ro/ws
1.0 ro/ge
1.5 sw/bl
1.5 sw/bl
S20 10A
S22 10A
S38 30A
S46 10A
S39 10A
0.5 gr
1.0 ro/ws
2.5 sw/ro
1.5 ws/ro
1.0 ro/ge
T10b/4
26
2.5 ro
0.35 ro/bl
0.5 gr
2.5 ro
85
111
R T8/7
F18
60
R T8/5
123
126
43 44 45 46 47 48 49 50 51 52 53 54 55 56

b）

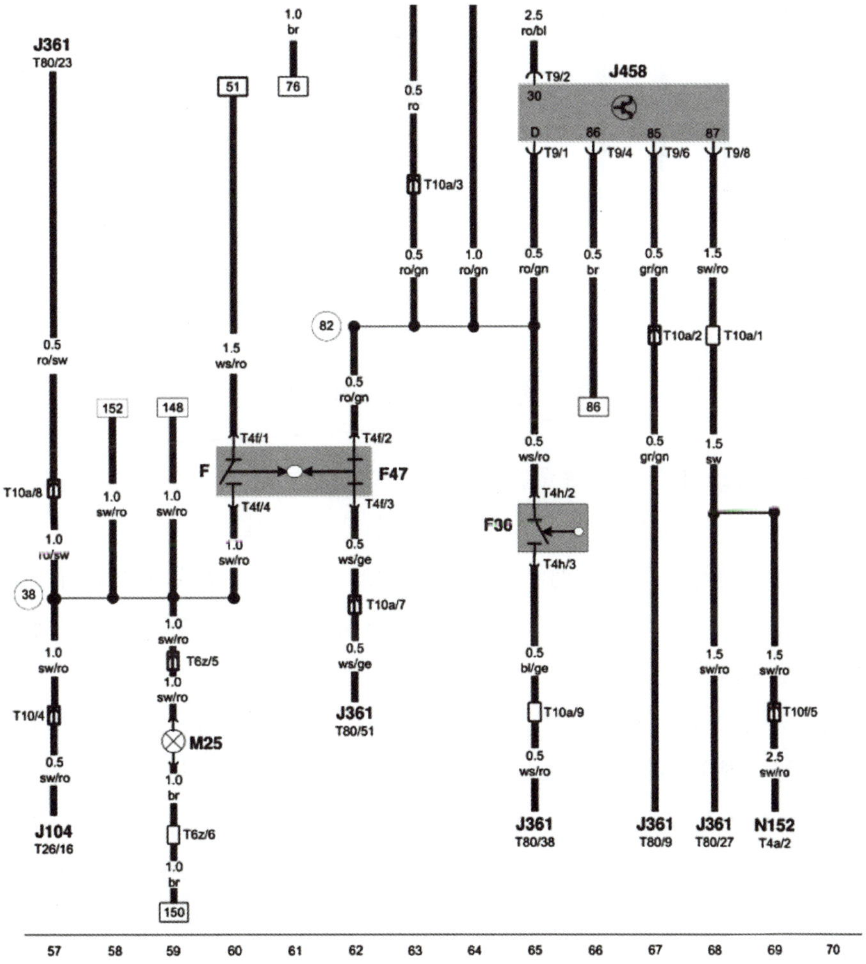

J361 T80/23
1.0 br
51
76
0.5 ro
T10a/3
2.5 ro/bl
T9/2
J458
30
D 86 85 87
T9/1 T9/4 T9/6 T9/8
0.5 ro/gn
1.0 ro/gn
0.5 ro/gn
0.5 br
0.5 gr/gn
1.5 sw/ro
T10a/2
T10a/1
82
0.5 ro/sw
1.5 ws/ro
0.5 ro/gn
86
152
148
T4f/1
T4f/2
F
F47
T4f/4
T4f/3
0.5 ws/ro
0.5 gr/gn
1.5 sw
T10a/8
1.0 sw/ro
1.0 sw/ro
T4h/2
F36
T4h/3
1.0 ro/sw
1.0 sw/ro
0.5 ws/ge
38
T10a/7
1.0 sw/ro
1.0 sw/ro
T6z/5
0.5 ws/ge
0.5 bl/ge
1.5 sw/ro
1.5 sw/ro
T10/4
1.0 sw/ro
J361 T80/51
T10a/9
T10f/5
M25
0.5 sw/ro
1.0 br
0.5 ws/ro
2.5 sw/ro
J104 T26/16
T6z/6
J361 T80/38
J361 T80/9
J361 T80/27
N152 T4a/2
1.0 br
150
57 58 59 60 61 62 63 64 65 66 67 68 69 70

c）

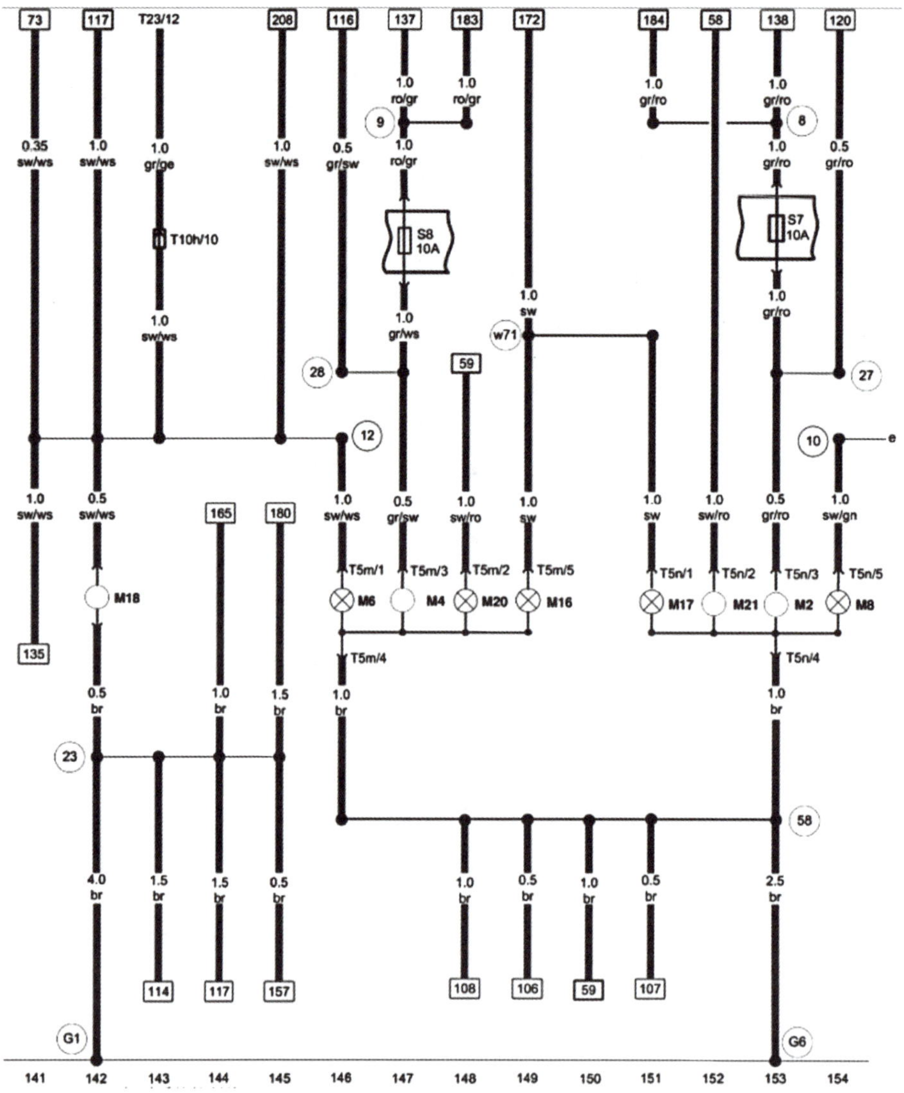

d）

图 4-4 横坐标式电路图

1. 先找到电路图中制动灯泡的位置（在图 4-4 中横坐标 148 和 152 上方，分别为 M20 和 M21）。在 M20 和 M21 下方看到它们先通过连接点 58 后又经搭铁点 G6 搭铁。

2. 根据汽车电路单线制的特点，分别沿着 M20 与 M21 上方的电路找到两个断口标注 59 和 58。断口标注 59 下方所对应的横坐标为 148，断口标注 58 下方所对应的横坐标为 152，则应该在横坐标 58、59 的上方寻找断口坐标 148 和 152。

3. 在横坐标 58、59 上方找到对应的断口标注，发现这两根导线通过连接点 38 连接在一起，而且该连接点上还有其他导线相连，而所有的导线中只有最右端的 1.0 黑红色导线是连接在制动灯开关 F 上的，因此，这应该是电源的源头。

4. 顺着制动灯开关 F 向上又有一个断口标注指向横坐标 51，在横坐标 51 处找到与此相连的断口标注 60，继续向上到达熔断器 S46（10 A），再向上到达正极连接点 19。通过多次查找发现所有向下的导线都是通向用电器件；另外，对比导线直径，可发现直径为 6.0 的红白色导线才可能是电源正极出来的总电源线，于是继续向上查找。

5. 在横坐标 10 上方找到断口标注为 49 的导线连接，继续向上查找不难发现，该级路经连接点 105 后，又经蓄电池上方熔断器架上的熔断器 S02 与蓄电池正极相连。

（五）电路图的拆画方法

首先，在纸张最上端和最下端画两条代表电源和搭铁的直线。

然后，将电路中涉及的所有电气元件按电流顺序自上向下一一画出，依次为熔断器、开关、灯泡等。

最后，参照电路图将这些元器件用代表导线的直线连接起来，注意要标明每个插接器的插脚符号，以便对电路进行分析。拆画完的电路图如图 4–5 所示。

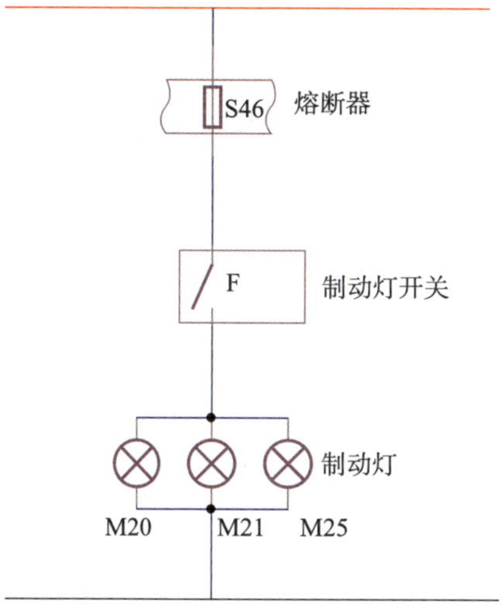

图 4–5 拆画完的制动灯电路图

二、任务准备

在下列图片中勾选出完成本任务所需的工具、设备、资料等。

	Jetta FLIII 2010 ▸ 电路图
铅笔、纸、橡皮	电路图

三、防护措施

（一）个人安全防护

1. 维修操作人员必须身穿工作服、工作鞋，戴工作帽、手套；工作服拉链及皮带扣应藏于衣服内侧，袖口、领口、裤脚扣紧；女生长发要盘起藏在工作帽内。

2. 维修操作人员在进入车间时不应戴手表、戒指、项链等金属饰品。

3. 维修操作人员在进行车辆维修时，应防止脚部被车轮轧伤，手部被车门夹伤或被热的发动机烫伤、被发动机传动带绞伤。

4. 在搬运重物及尖锐器物时应注意动作和姿势，防止扭伤腰部、砸伤脚部或划伤手部。

（二）车辆 / 台架等设备安全

1. 车辆进入车间内，应停放至指定地点，熄灭发动机，将变速器置于空挡位置，并拉紧驻车制动器，台架应将滑轮锁死或用木块固定。

2. 维修操作前，应铺设三件套。发动机启动前应确保其他无关人员远离车辆。

3. 操作电气设备时应注意用电安全。作业结束后，应及时切断一切用电设备的电源。

4. 操作前应熟读维修手册中的操作标准和台架、仪器、设备的使用标准，并做好日常维护工作。

（三）车间场地安全防护

1. 车间应配有干粉灭火器及相应的消防设施，易燃油品应存放在密封的金属罐中。

2. 应时刻注意将车间内的所有工具、零部件、设备、车辆等摆放整齐，工作结束后将其摆放于指定地点保管。

3. 车间内设备或车辆周围的人行道及工作区域必须保证足够的安全空间。

4. 操作过程中应做到油品、工具、配件三不落地，作业完毕应及时清理车间工作场地，做好现场 6 S 管理。

四、任务分配（见表 4-2）

表 4-2　任务分配表

职务	代码	姓名	工作内容
组长	A		
组员	B		
	C		
	D		
	E		
	F		

五、任务实施

（一）操作步骤

将表 4–3 中的工作内容补充完整。

表 4-3　操作步骤

步骤	项目	顺序	工作内容
1	准备工作		准备铅笔、纸、橡皮、电路图
2	拆画电路图	1	
		2	
		3	
		4	
		5	
		6	
		7	结合电路图草稿，按照电路图绘制要求和标准，完成电路图的拆画

（二）实施记录

结合实施过程，对照表 4–4 的检查项目，勾选实际的检查结果。

表 4–4 实施记录

序号	项目	检查结果	备注
1	制动灯符号绘制是否正确	正确 □ 错误 □	
2	制动灯开关 F 绘制是否正确	正确 □ 错误 □	
3	熔断器 S46 绘制是否正确	正确 □ 错误 □	
4	电源线绘制是否正确	正确 □ 错误 □	
5	电路各元器件连接顺序是否正确	正确 □ 错误 □	

六、检查

（一）自检

结合本组任务操作过程，对任务执行过程中的操作规范性进行检查，检查操作过程中是否存在以下问题，分析讨论应如何避免并总结规范的操作方法（见表 4–5）。

表 4–5 自检

检查项目	结果
电路图电路走向识别是否正确	是 □ 否 □
电路图各电气元件符号绘制是否正确	是 □ 否 □
电路中各元器件连接顺序是否正确	是 □ 否 □
电路图拆画是否符合标准	是 □ 否 □

（二）互检

组与组之间相互进行任务操作过程及结果检查，并把检查结果填写在表 4–6 中。

表 4–6 互检

检查项目	结果
电路图电路走向识别是否正确	是 □ 否 □
电路图各电气元件符号绘制是否正确	是 □ 否 □
电路中各元器件连接顺序是否正确	是 □ 否 □
电路图拆画是否符合标准	是 □ 否 □

七、课堂小结

任务五 制动灯不亮检查与修理（二）

制动灯不亮检查与修理任务工单——制动灯电路检修				
客户信息	姓名		职业	
车辆信息	车型	VIN 码	行驶里程	

客户描述

制动灯不亮 □	近光灯不亮 □	远光灯不亮 □	转向灯不亮 □
雾灯不亮 □	发动机加速无力 □	发动机无法启动 □	轮胎气压不足 □
制动跑偏 □	制动液液位偏低 □	蓄电池亏电 □	蓄电池充不上电 □
发电机不发电 □	基本电路故障 □	变光开关损坏 □	玻璃升降器不工作 □
雨刮不工作 □	充电指示灯异常点亮 □		

其他：

____

____

____

车辆外观检查		车辆内部检查	
凹凸 □	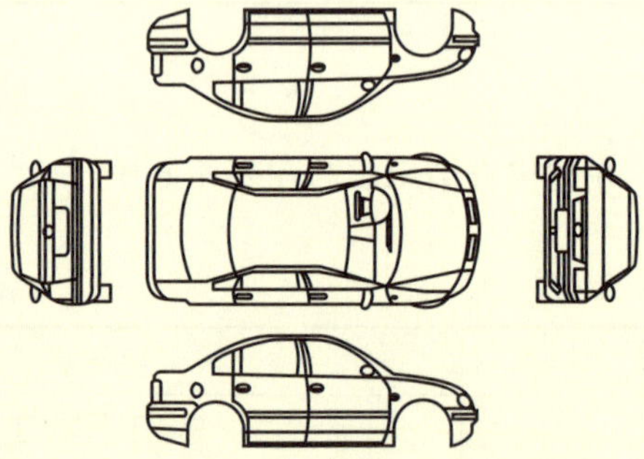	污渍 □	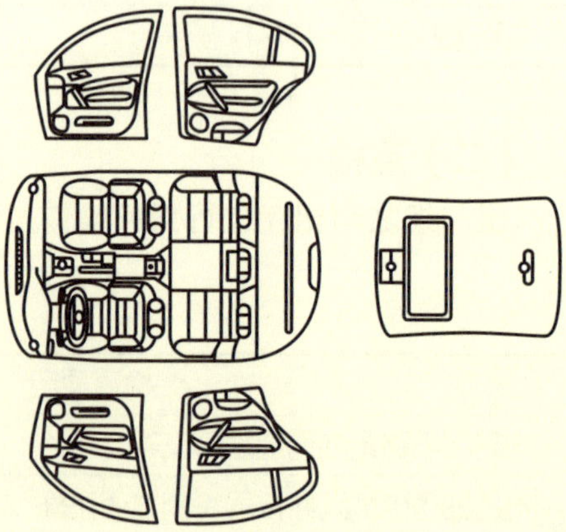
划痕 □		破损 □	
石击 □		色斑 □	
油漆 □		变形 □	

明确具体工作任务

____

____

____

任务目标

- 能够对制动灯的常见故障进行检查与修理
- 能够向客户解释制动灯损坏的原因

任务内容

- 制动灯不亮时的检查部位
- 制动灯不亮的实车排故检查流程

续表

任务重点	● 制动灯不亮的实车排故检查流程
任务难点	● 制动灯各元器件故障验证

一、知识讲解

（一）制动灯不亮时的检查部位

当制动灯不亮时，应根据制动灯电路图（图 5-1），结合电流走向，分析制动灯不亮的故障原因。可能的损坏部位有蓄电池、熔断器 S46、制动灯开关 F、灯泡、搭铁点、连接导线等。

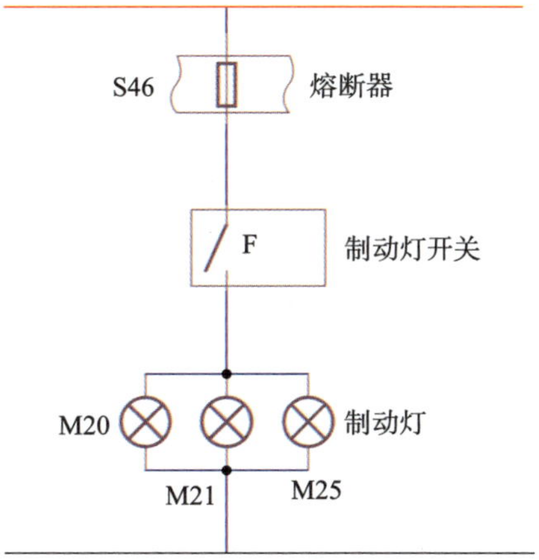

图 5-1 制动灯电路图

1. 熔断器

在熔断器架上找到制动灯熔断器，将其拔下后，目视熔断器内部是否熔断，或使用万用表的欧姆挡检查其通断。若万用表显示“1”，说明熔断器熔丝熔断，应更换新的熔断器。

2. 制动灯开关

拆下制动灯开关插头，使用万用表欧姆挡测量其 1 号针脚与 4 号针脚之间的阻值。踏下制动踏板时，其阻值应小于 0.5 Ω；松开制动踏板时，万用表应显示“1”。

3. 灯泡

拆下后制动灯灯架，取下制动灯灯泡，检查灯泡灯丝是否熔断，或使用万用表测量制动灯灯丝阻值。若万用表显示“1”，说明制动灯灯丝熔断，应更换制动灯灯泡。

4. 搭铁点

拆下后制动灯灯架上的连接插头，用万用表测量插头的 T5m/4 或 T5n/4 号针脚与车辆任一搭铁点之间的阻值应小于 0.5 Ω。若万用表显示“1”或阻值大于 0.5 Ω，说明搭铁线路断开或搭铁不良。

（二）所有制动灯均不亮的实车排故检查流程

所有制动灯均不亮的实车排故检查流程如图 5-2 所示。

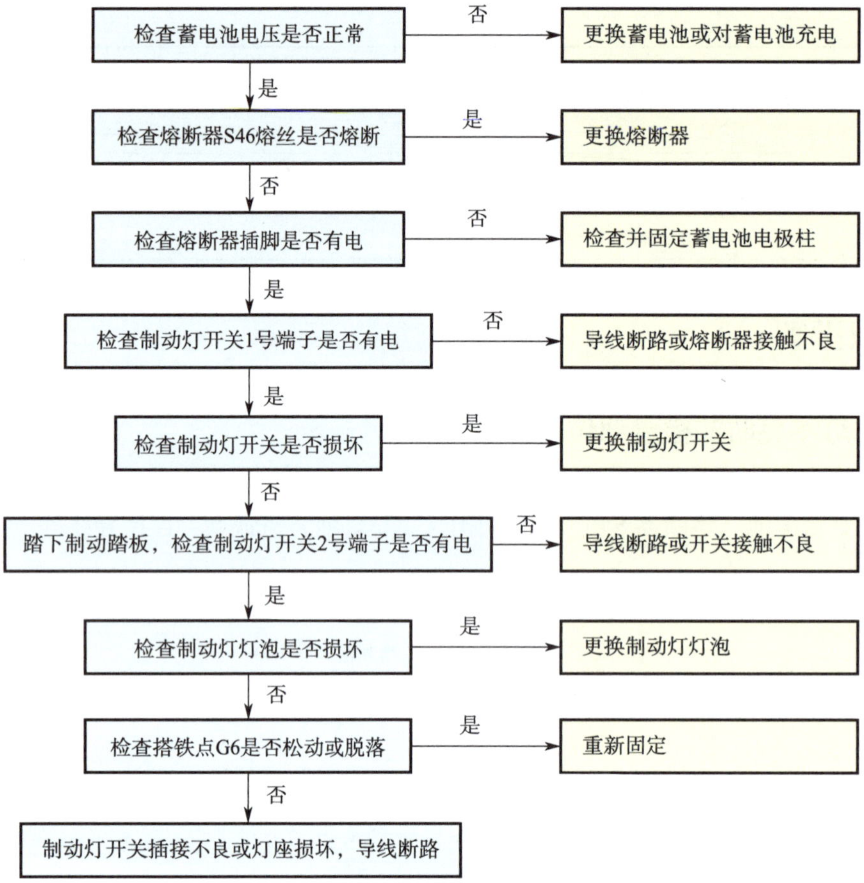

图 5-2　所有制动灯均不亮的实车排故检查流程

二、任务准备

在下列图片中勾选出完成本任务所需的工具、设备、资料等。

		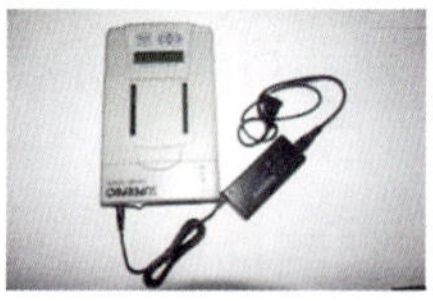	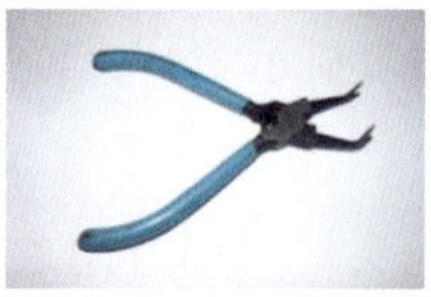	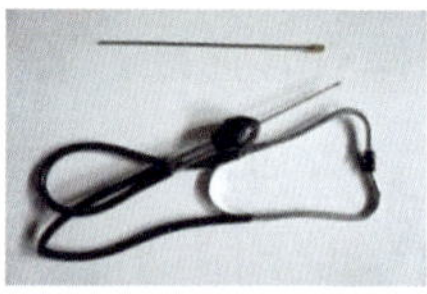
工具车	测电笔	编程器	卡簧钳	听诊器
		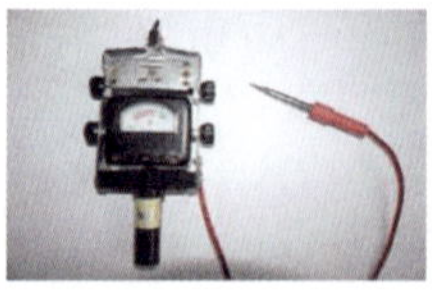	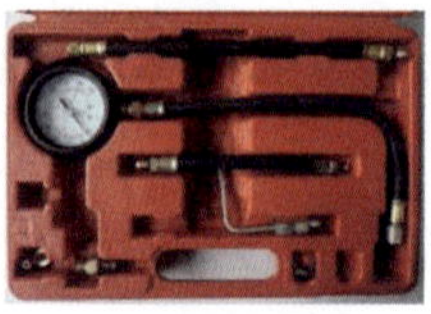	
万用表	手电筒	干荷式电池放电器	压力表	实训整车

Jetta FLIII 2010► 电路图	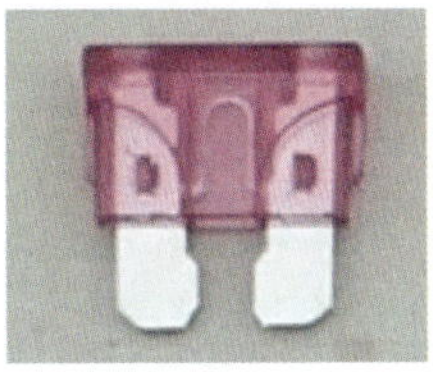			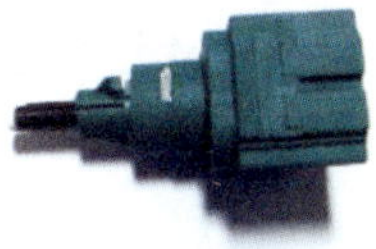
电路图	熔断器	开关	蓄电池	制动灯开关

跨接线	灯泡

三、防护措施

（一）个人安全防护

1. 维修操作人员必须身穿工作服、工作鞋，戴工作帽、手套；工作服拉链及皮带扣应藏于衣服内侧，袖口、领口、裤脚扣紧；女生长发要盘起藏在工作帽内。

2. 维修操作人员在进入车间时不应戴手表、戒指、项链等金属饰品。

3. 维修操作人员在进行车辆维修时，应防止脚部被车轮轧伤，手部被车门夹伤或被热的发动机烫伤、被发动机传动带绞伤。

4. 在搬运重物及尖锐器物时应注意动作和姿势，防止扭伤腰部、砸伤脚部或划伤手部。

（二）车辆 / 台架等设备安全

1. 车辆进入车间内，应停放至指定地点，熄灭发动机，将变速器置于空挡位置，并拉紧驻车制动器，台架应将滑轮锁死或用木块固定。

2. 维修操作前，应铺设三件套。发动机启动前应确保其他无关人员远离车辆。

3. 操作电气设备时应注意用电安全。作业结束后，应及时切断一切用电设备的电源。

4. 操作前应熟读维修手册中的操作标准和台架、仪器、设备的使用标准，并做好日常维护工作。

（三）车间场地安全防护

1. 车间应配有干粉灭火器及相应的消防设施，易燃油品应存放在密封的金属罐中。

2. 应时刻注意将车间内的所有工具、零部件、设备、车辆等摆放整齐，工作结束后将其摆放于指定地点保管。

3. 车间内设备或车辆周围的人行道及工作区域必须保证足够的安全空间。

4. 操作过程中应做到油品、工具、配件三不落地，作业完毕应及时清理车间工作场地，做好现场 6 S 管理。

四、任务分配（见表 5-1）

表 5-1　任务分配表

职务	代码	姓名	工作内容
组长	A		
组员	B		
	C		
	D		
	E		
	F		

五、任务实施

（一）操作步骤

将表 5-2 中的工作内容补充完整。

表 5-2　操作步骤

步骤	项目	顺序	工作内容
1	安全防护与工作准备	1	铺设三件套
		2	用吹尘枪简单清洁发动机舱
		3	
2	制动灯开关电路检查	1	拔下熔断器 S46，检查熔丝有无熔断，若熔断则更换熔丝，若熔丝正常则进行下一步检查
		2	
		3	拆下仪表板下方装饰板，拔下制动灯开关插接器，使用万用表或测电笔检查制动灯开关 1 号端子有无 12 V 电压，若无 12 V 电压，说明熔断器与制动灯开关之间的导线断路或熔断器插接不良
		4	使用跨接线将制动灯开关 1 号端子和 4 号端子引出，踏下制动踏板，并使用万用表最小欧姆挡检查 1 号端子与 4 号端子之间是否导通。若两端子之间不导通，说明制动灯开关损坏，应更换制动灯开关；若导通，插回制动灯开关插接器，进行下一步检查
		5	
3	制动灯灯座及灯泡检查	1	拆下制动灯灯座，检查制动灯灯泡有无损坏。若灯泡损坏，应进行更换；若灯泡正常，则进行下一步检查
		2	
		3	

（二）实施记录

结合实施过程，对照表 5–3 的检查项目，勾选或填写实际的检查结果。

表 5–3 实施记录

序号	项目	检查结果	备注
1	测量蓄电池电压	电压值________V	
2	检查熔断器 S46	正常 □ 熔断 □	
3	测量熔断器 S46 插脚电压	电压值________V	
4	拔下制动灯开关插接器，使用万用表或测电笔检查制动灯开关 1 号端子有无 12 V 电压	有 □ 无 □	
5	踏下制动踏板，并使用万用表最小欧姆挡检查制动灯开关 1 号端子与 4 号端子之间是否导通	导通 □ 不导通 □	
6	按下制动灯开关，使用万用表或测电笔检查制动灯开关 2 号端子有无 12 V 电压	有 □ 无 □	
7	检查制动灯灯泡	正常 □ 损坏 □	
8	检查搭铁点 G6	接触良好 □ 接触不良 □	
9	检查制动灯开关 4 号端子与搭铁点 G6 是否导通	导通 □ 不导通 □	

六、检查

（一）自检

结合本组任务操作过程，对任务执行过程中的操作规范性进行检查，检查操作过程中是否存在以下问题，分析讨论应如何避免并总结规范的操作方法（见表 5–4）。

表 5–4 自检

检查项目	结果
熔断器检查方法是否正确	是 □ 否 □
熔断器插脚电压检查方法是否正确	是 □ 否 □
制动灯开关检查方法是否正确	是 □ 否 □
制动灯灯泡检查方法是否正确	是 □ 否 □
搭铁点检查方法是否正确	是 □ 否 □
线路导通情况检查方法是否正确	是 □ 否 □

（二）互检

组与组之间相互进行任务操作过程及结果检查，并把检查结果填写在表 5–5 中。

表 5-5　互检

检查项目	结果
熔断器检查方法是否正确	是 □　否 □
熔断器插脚电压检查方法是否正确	是 □　否 □
制动灯开关检查方法是否正确	是 □　否 □
制动灯灯泡检查方法是否正确	是 □　否 □
搭铁点检查方法是否正确	是 □　否 □
线路导通情况检查方法是否正确	是 □　否 □

七、课堂小结

任务六　近光灯故障检查与修理（一）

近光灯故障检查与修理任务工单——近光灯电路图拆画				
客户信息	姓名		职业	

车辆信息	车型	VIN 码	行驶里程

客户描述				
	制动灯不亮 □	近光灯不亮 □	远光灯不亮 □	转向灯不亮 □
	雾灯不亮 □	发动机加速无力 □	发动机无法启动 □	轮胎气压不足 □
	制动跑偏 □	制动液液位偏低 □	蓄电池亏电 □	蓄电池充不上电 □
	发电机不发电 □	基本电路故障 □	变光开关损坏 □	玻璃升降器不工作 □
	雨刮不工作 □	充电指示灯异常点亮 □		
	其他：			

车辆外观检查		车辆内部检查	
凹凸 □	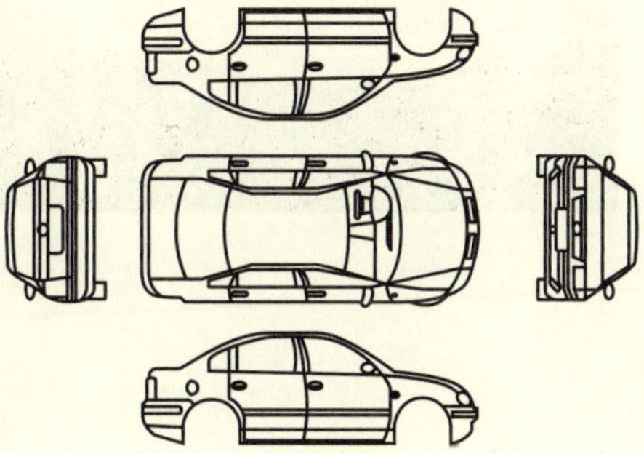	污渍 □	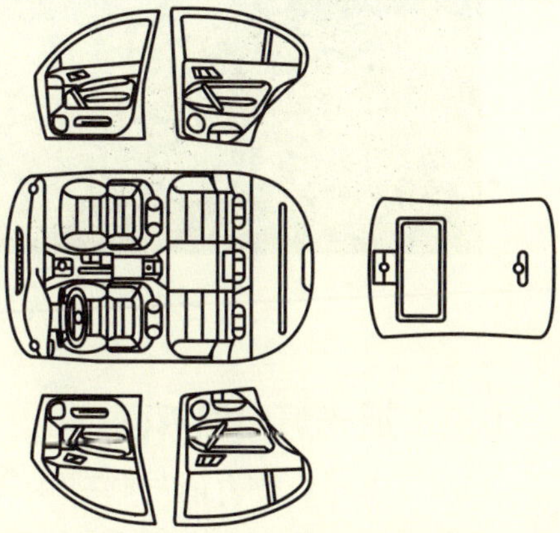
划痕 □		破损 □	
石击 □		色斑 □	
油漆 □		变形 □	

明确具体工作任务	

任务目标

- 能够对近光灯常见故障进行检查与修理
- 能够向客户解释近光灯故障的原因

任务内容

- 近光灯的作用、安装位置、电路拆画方法和控制原理
- 近光灯电路、前照灯继电器近光灯部分的检查方法
- 前照灯旋钮开关、点火开关的检查方法
- 变光开关、近光灯灯泡的检查方法

续表

任务重点	● 近光灯电路的检查方法
任务难点	● 近光灯电路故障排除

一、知识讲解

（一）近光灯的作用

近光灯是夜间行车时前方照明灯的一种，它的主要作用是用来照亮前方道路和行人车辆，保证夜间行车安全，如图 6–1 所示。

（二）近光灯的安装位置

近光灯与行车灯、远光灯及转向灯等信号灯一起安装在前照灯灯罩中，前照灯灯罩安装在车辆前方的发动机舱盖与保险杠之间，左右各一个，如图 6–2 所示。

图 6–1　近光灯

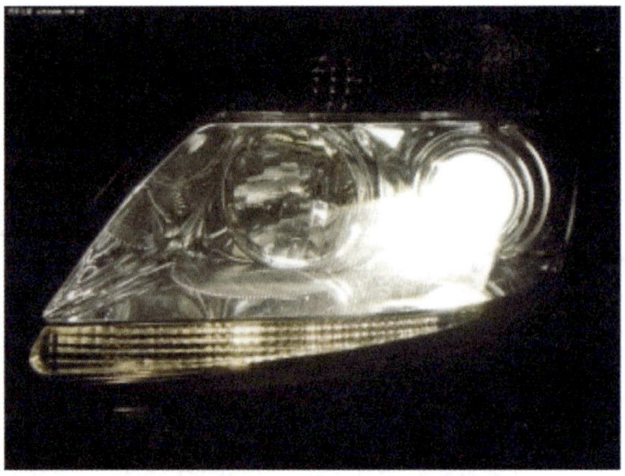

图 6–2　近光灯的安装位置

（三）近光灯电路拆画

近光灯电路拆画方法与制动灯类似，先从近光灯灯泡开始，找到近光灯的电路回路。唯一不同的是，在近光灯电路中，控制近光灯工作的不再是普通的开关，而是继电器。所以在拆画近光灯电路时，还应将继电器电路一并拆画出来。具体步骤如下。

1. 在电路图《基本装备目录》中找到近光灯，绘制近光灯符号。

2. 通过对近光灯电路“顺藤摸瓜”找出近光灯的搭铁点 G1 和 G10，绘制搭铁点 G1、G10。

3. 由近光灯电路向上，经过 S1 和 S2 两个熔断器，到达前照灯继电器 J12，然后经继电器与蓄电池正极相连，绘制熔断器 S1、S2，前照灯继电器 J12 和蓄电池电源线路。

4. 继电器电磁线圈通过搭铁点 G3 搭铁，向上则先经过变光开关 E4，到达前照灯旋钮开关 E1，绘制搭铁点 G3、变光开关 E4 和前照灯旋钮开关 E1。

5. 经过熔断器 S24 到达点火开关 D，与蓄电池正极相连，绘制熔断器 S24 和点火开关 D。

6. 将绘制的元器件符号按顺序进行连接，完成电路图的绘制。

由拆画出的近光灯电路可知，近光灯电路主要由蓄电池、点火开关、前照灯旋钮开关、变光开关、前照灯继电器、熔断器及近光灯灯泡等组成。

（四）近光灯的控制原理

近光灯的控制原理如图 6–3 所示。

当打开点火开关和前照灯旋钮开关时，蓄电池正极电流首先经过蓄电池上方主熔断器架 P 上的熔断器 S02，到达点火开关 D 的端子 30，再由点火开关 D 的端子 15 流出，经过熔断器 S24 到达前照灯旋钮开关 E1 的 T17/1 号端子，经前照灯旋钮开关 E1 的 T17/4 号端子流出，到达变光开关 E4 的 T5a/3 号端子，再经变光开关 E4 的 T5a/2 号端子流出，到达前照灯继电器 J12 的 T9a/9 号端子，最后通过前照灯继电器 J12 的 T9a/5 号端子与搭铁点 G3 搭铁，使前照灯继电器 J12 工作，接通其 T9a/2 号端子与 T9a/4 号端子之间的开关。

前照灯继电器 J12 的 T9a/2 号端子与 T9a/4 号端子接通后，蓄电池中的电流经蓄电池上方主熔断器架 P 上的熔断器 S02 到达电源正极连接线 19，然后经过其中一根导线到达前照灯继电器 J12 的 T9a/4 号端子，再经其 T9a/2 号端子流出，分别通过熔断器 S1 和熔断器 S2 连接左、右前照灯插接器的 T10x/7、T10y/7 号端子，最后经左、右前照灯插接器的 T10x/8、T10y/8 号端子流出，分别经搭铁点 G1 和 G10 搭铁，这样两前照灯灯泡才能正常工作。

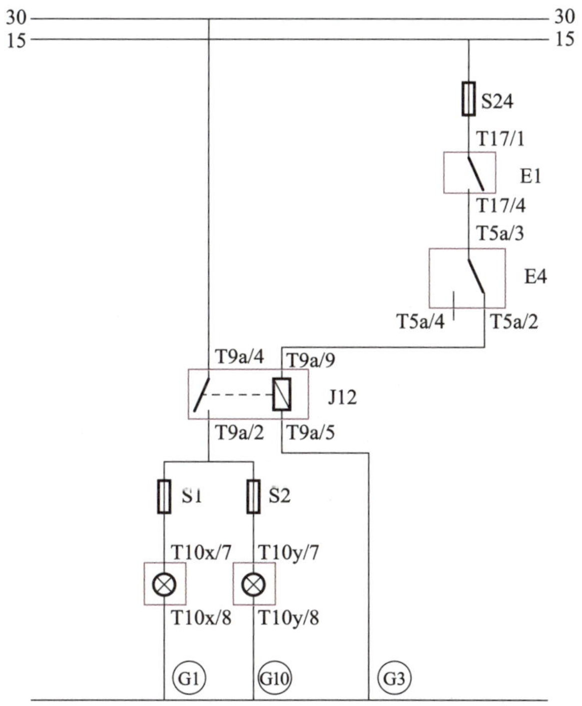

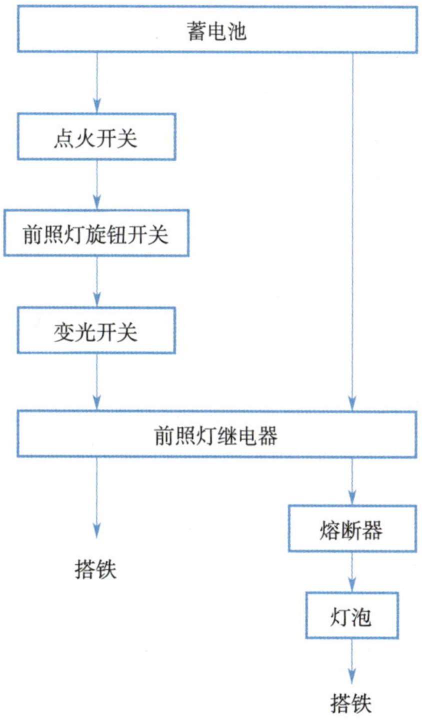

图 6–3 近光灯的控制原理

（五）近光灯电路的检查方法

近光灯电路中任一部位损坏都可能引起近光灯不亮，在检查时需要遵循由简到繁、由表及里的原则。近光灯故障通常可分为两部分进行排查，其一为灯光电路部分检查，其二为继电器电路部分检查。

排查故障的顺序为：熔断器→灯泡→搭铁点→继电器→前照灯开关→点火开关→线路。

近光灯的故障诊断流程如图 6–4 所示。

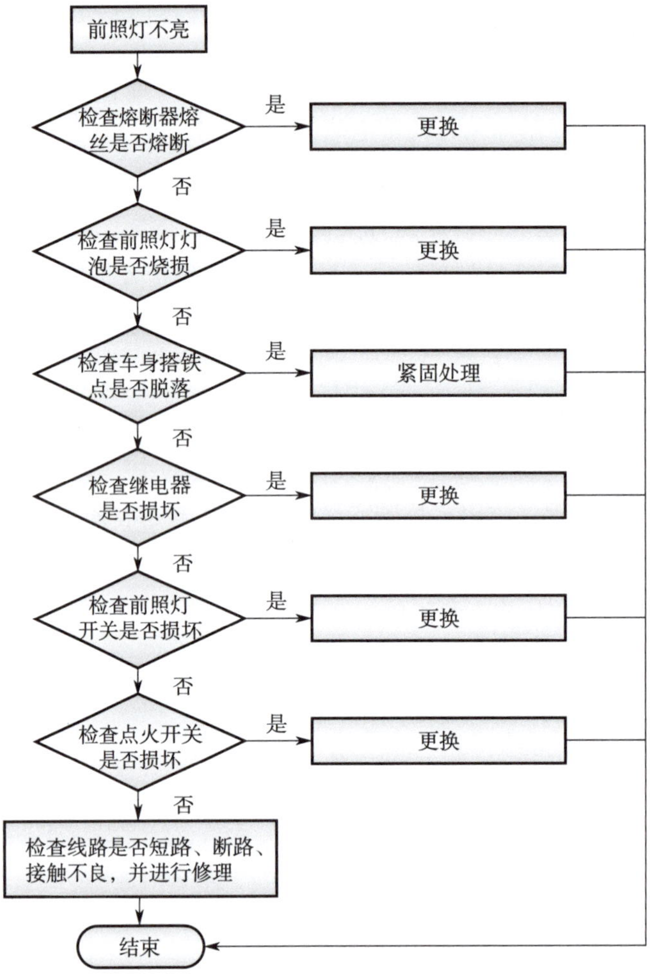

图 6–4　近光灯的故障诊断流程

熔断器、灯泡、搭铁点以及线路的检查方法与制动灯相同。

（六）前照灯继电器近光灯部分的检查方法

因近光灯工作电流较大，若用灯光开关直接控制近光灯，灯光开关易烧坏，所以在近光灯电路中设有近光灯继电器。

近光灯继电器 SW 端子接灯光开关，E 端子搭铁，B 端子接电源，L 端子接近光灯。当接通灯光开关（近光灯位置），继电器线圈通电，触点闭合，蓄电池直接为近光灯供电。

前照灯继电器如图 6–5 所示，其内部电路和端子排列如图 6–6 所示。

在检查时，将前照灯继电器从继电器座上拔下，打开点火开关，将前照灯旋钮开关置于前照灯位置，然后检查继电器座上 T9a/9 号端子有无电源电压，若无电源电压，说明继电器前方控制电路中有元件损坏或断路。使用万用表欧姆挡检查 T9a/5 号端子与地是否导通，若未导通，说明继电器座 T9a/5 号端子对地线路断路。使用万用表或测电笔检查继电器座 T9a/4 号端子有无电源电压，若无电源电压，说明该端子与蓄电池正极之间导线存在断路现象。

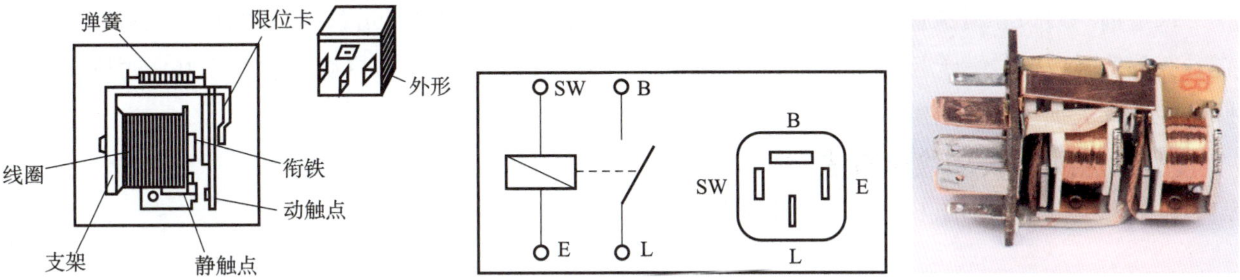

图 6-5 前照灯继电器

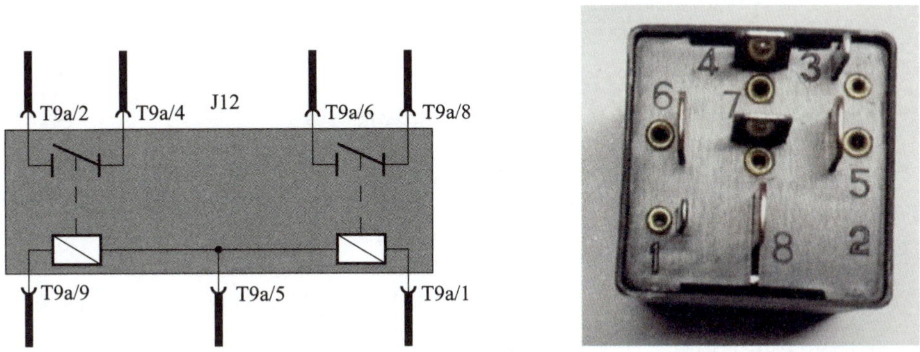

前照灯继电器内部电路　　前照灯继电器端子排列

图 6-6 前照灯继电器内部电路和端子排列

拔下前照灯继电器，将前照灯继电器 T9a/9 号端子和 T9a/5 号端子用导线分别与蓄电池的正负极相连，使用万用表欧姆挡测量 T9a/2 号端子和 T9a/4 号端子应由不导通变为导通，同时测量 T9a/2 号端子和 T9a/4 号端子对应的继电器线圈阻值应为 75 Ω 左右，否则，说明前照灯继电器损坏。

（七）前照灯旋钮开关的检查方法

前照灯旋钮开关的原理如图 6-7 所示。其检查方法如下。

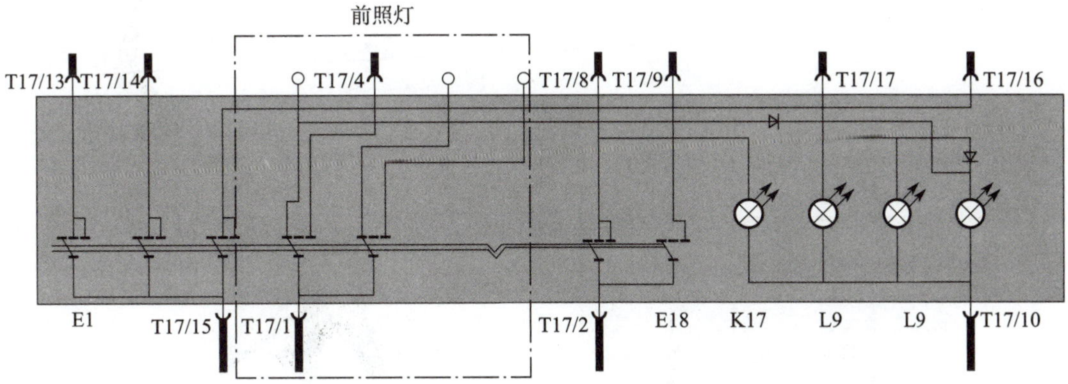

图 6-7 前照灯旋钮开关的原理

拔下前照灯旋钮开关插接器，打开点火开关，检查前照灯旋钮开关 T17/1 号端子应有电源电压，否则说明前照灯旋钮开关熔断器 S24 熔丝熔断或电路中有断路。

拔下前照灯旋钮开关插接器，将前照灯旋钮开关旋至前照灯开启位置，然后使用万用表欧姆挡检查开关后方 T17/1 号端子与 T17/4 号端子是否导通，若导通，说明前照灯旋钮开关完好，否则说明前照灯旋钮开关损坏，应更换。

（八）点火开关的检查方法

点火开关的原理如图 6-8 所示。其检查方法如下。

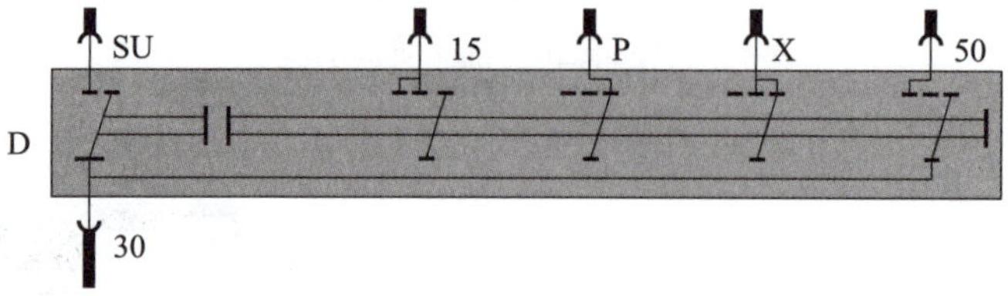

图 6-8　点火开关的原理

拔下点火开关插接器，使用万用表电压挡检查点火开关 D 的端子 30 与接地线之间有无电源电压，若无电源电压，说明点火开关前方电路断路。

将点火开关旋转至打开位置，使用万用表欧姆挡测量点火开关 D 的端子 X、15 和 30 都应处于导通状态，否则，说明点火开关损坏。

（九）变光开关的检查方法

变光开关的原理如图 6-9 所示。其检查方法如下。

拔下变光开关插接器，打开点火开关和前照灯旋钮开关，然后使用万用表检查变光开关 T5a/3 号端子有无电源电压，若无电源电压，说明变光开关前方电路断路。

拔下变光开关插接器，检查变光开关 T5a/3 号端子与 T5a/2 号端子是否导通。若两端子不导通，向上扳动一下开关，再进行一次检查；若仍不导通，说明变光开关损坏。

（十）近光灯灯泡的检查方法

拆开前照灯灯壳后方的防水盖板，拆下近光灯灯泡，目视检查近光灯灯泡有无烧损。近光灯灯泡如图 6-10 所示。

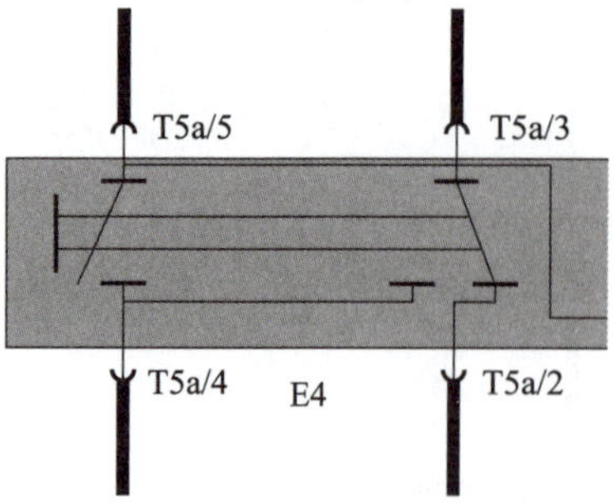

图 6-9　变光开关的原理

图 6-10　近光灯灯泡

二、任务准备

在下列图片中勾选出完成本任务所需的工具、设备、资料等。

	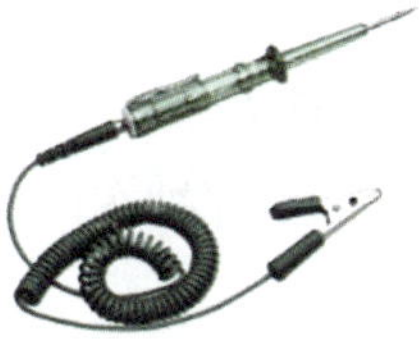	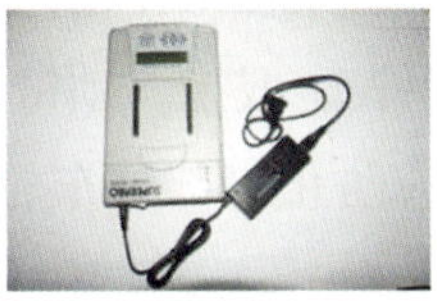	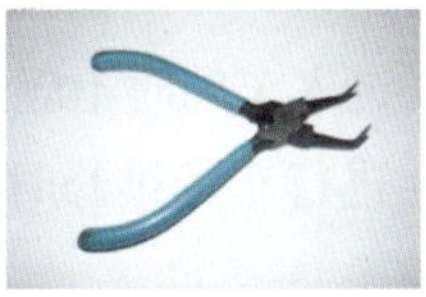	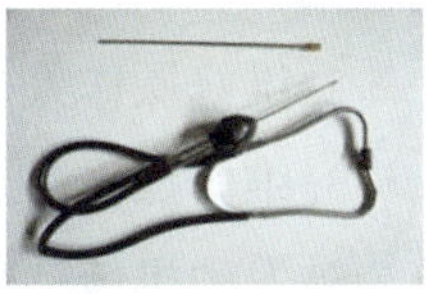
工具车	测电笔	编程器	卡簧钳	听诊器
		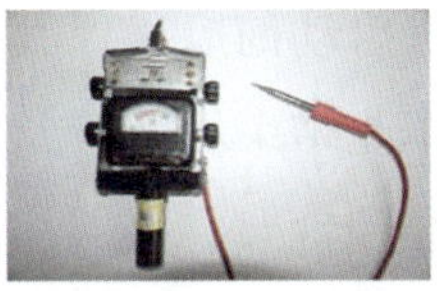	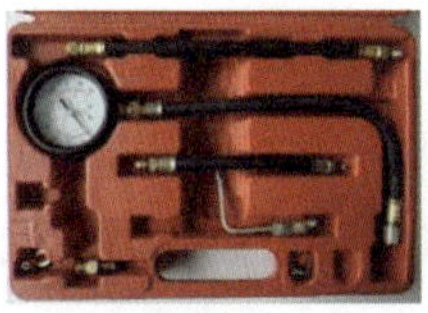	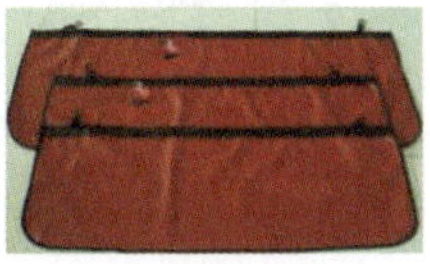
万用表	手电筒	干荷式电池放电器	压力表	三件套
	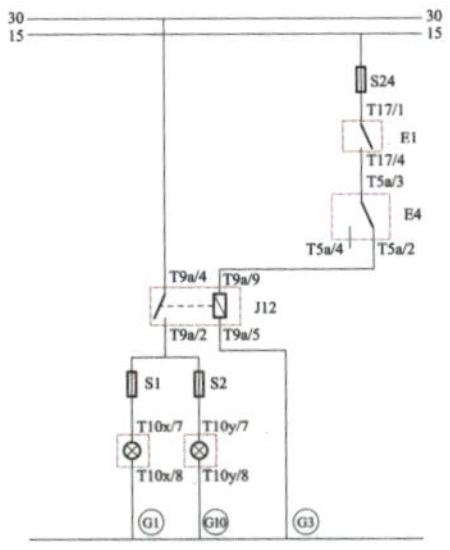	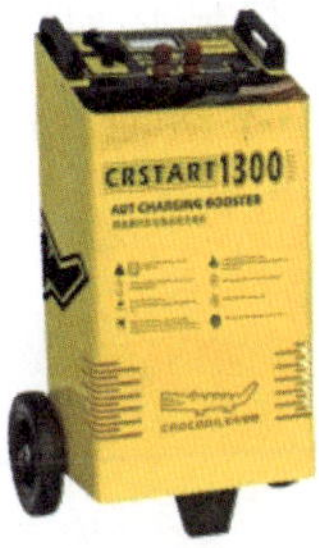		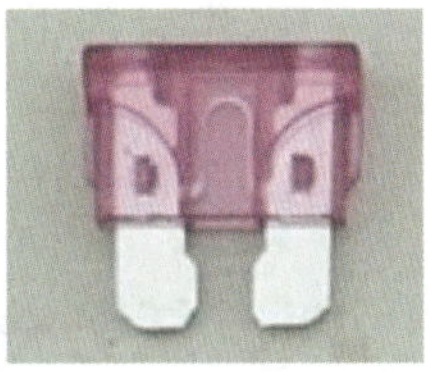
实训整车	拆画好的电路图	充电机	维修手册	熔断器

开关	蓄电池	灯泡	继电器	跨接线

三、防护措施

（一）个人安全防护

1. 维修操作人员必须身穿工作服、工作鞋，戴工作帽、手套；工作服拉链及皮带扣应藏于衣服内侧，袖口、领口、裤脚扣紧；女生长发要盘起藏在工作帽内。

2. 维修操作人员在进入车间时不应戴手表、戒指、项链等金属饰品。

3. 维修操作人员在进行车辆维修时，应防止脚部被车轮轧伤，手部被车门夹伤或被热的发动机烫伤、被发动机传动带绞伤。

4. 在搬运重物及尖锐器物时应注意动作和姿势，防止扭伤腰部、砸伤脚部或划伤手部。

（二）车辆 / 台架等设备安全

1. 车辆进入车间内，应停放至指定地点，熄灭发动机，将变速器置于空挡位置，并拉紧驻车制动器，台架应将滑轮锁死或用木块固定。

2. 维修操作前，应铺设三件套。发动机启动前应确保其他无关人员远离车辆。

3. 操作电气设备时应注意用电安全。作业结束后，应及时切断一切用电设备的电源。

4. 操作前应熟读维修手册中的操作标准和台架、仪器、设备的使用标准，并做好日常维护工作。

（三）车间场地安全防护

1. 车间应配有干粉灭火器及相应的消防设施，易燃油品应存放在密封的金属罐中。

2. 应时刻注意将车间内的所有工具、零部件、设备、车辆等摆放整齐，工作结束后将其摆放于指定地点保管。

3. 车间内设备或车辆周围的人行道及工作区域必须保证足够的安全空间。

4. 操作过程中应做到油品、工具、配件三不落地，作业完毕应及时清理车间工作场地，做好现场 6 S 管理。

四、任务分配（见表 6-1）

表 6-1　任务分配表

职务	代码	姓名	工作内容
组长	A		
组员	B		
	C		
	D		
	E		
	F		

五、任务实施

（一）操作步骤

将表 6–2 中的工作内容补充完整。

表 6-2 操作步骤

步骤	项目	顺序	工作内容
1	安全防护与工作准备	1	铺设三件套
		2	
		3	
		4	
2	近光灯电路检查	1	
		2	
		3	拔下前照灯后方的插接器，检查其 T10x/7 或 T10y/7 号端子有无电源电压。若 T10x/7 或 T10y/7 号端子无电源电压，说明熔断器与前照灯插头之间的线路存在断路或熔断器插接不实；若有电源电压，则进行下一步检查
		4	
3	前照灯继电器及继电器座检查	1	若在前照灯电路检查中，发现熔断器 S1、S2 处无电源电压，则应拔下前照灯继电器，检查前照灯继电器是否损坏。若前照灯继电器损坏，更换前照灯继电器；若前照灯继电器正常，则进行下一步检查
		2	使用万用表 200 Ω 挡测量前照灯继电器 3 号端子与 7 号端子之间的阻值，正常阻值约为 75 Ω
		3	
		4	
		5	
		6	
		7	
		8	打开点火开关，使用万用表或测电笔检查继电器座 T9a/4 号端子有无电源电压。若 T9a/4 号端子无电源电压，说明该端子与电源正极之间导线存在断路现象
4	灯光开关电路检查	1	若在继电器座检查中发现其 T9a/9 号端子无电源电压，应先检查熔断器 S24 熔丝有无熔断。若熔断器熔丝熔断，应进行更换；若熔断器正常，则使用万用表或测电笔检查熔断器 S24 处有无电源电压。若熔断器 S24 处无电源电压，应检查点火开关电路；若有电源电压，则进行下一步检查
		2	
		3	
		4	
		5	拔下变光开关插接器，将变光开关置于近光灯位置，使用万用表蜂鸣挡检查变光开关 T5a/3 号端子与 T5a/2 号端子是否导通。若两端子不导通，说明变光开关损坏，应进行更换；若导通，则说明变光开关 T5a/2 号端子与继电器座 T9a/9 号端子之间的导线存在断路或变光开关插接器插接不良

续表

步骤	项目	顺序	工作内容
5	点火开关电路检查	1	使用万用表 20 V 挡检查熔断器 S24 处有无电源电压。若熔断器 S24 处无电源电压，应拔下点火开关插接器，使用万用表或测电笔检查点火开关端子 30 有无电源电压。若端子 30 无电源电压，说明其与蓄电池正极之间存在断路，应检查蓄电池正极柱和负极柱的连接情况以及蓄电池上方熔断器熔丝有无熔断；若有电源电压，则进行下一步检查
		2	
6	整理	1	
		2	
		3	清理地面卫生

（二）实施记录

结合实施过程，对照表 6-3 的检查项目，勾选或填写实际的检查结果。

表 6-3　实施记录

序号	项目	检查结果	备注
1	测量蓄电池电压	电压值________V	
2	检查熔断器 S1	正常 □　熔断 □	
3	测量熔断器 S1 插脚电压	电压值________V	
4	检查熔断器 S2	正常 □　熔断 □	
5	测量熔断器 S2 插脚电压	电压值________V	
6	检查近光灯灯泡	正常 □　损坏 □	
7	检查近光灯插接器 7 号端子电压	电压值________V	
8	检查搭铁点 G1/G10	接触良好 □　接触不良 □	
9	检查前照灯继电器（近光）	正常 □　损坏 □	
10	使用万用表蜂鸣挡检查继电器座的 T9a/2 号端子与熔断器插脚是否导通	导通 □　不导通 □	
11	打开点火开关及前照灯旋钮开关，将变光开关置于近光灯位置，使用万用表或测电笔检查继电器座的 T9a/9 号端子有无电源电压	有 □　无 □	
12	使用万用表蜂鸣挡检查继电器座的 T9a/5 号端子与车身任意搭铁点是否导通	导通 □　不导通 □	
13	打开点火开关，使用万用表或测电笔检查继电器座的 T9a/4 号端子有无电源电压	有 □　无 □	
14	检查熔断器 S24	正常 □　熔断 □	
15	测量熔断器 S24 插脚电压	电压值________V	
16	拔下前照灯旋钮开关插接器，打开点火开关，使用万用表或测电笔检查旋钮开关 T17/1 号端子有无电源电压	有 □　无 □	

续表

序号	项目	检查结果	备注
17	将前照灯旋钮开关旋至前照灯开启位置，使用万用表蜂鸣挡检查前照灯旋钮开关 T17/1 号端子与 T17/4 号端子是否导通	导通 □　不导通 □	
18	拔下变光开关插接器，打开点火开关及前照灯旋钮开关，使用万用表或测电笔检查变光开关 T5a/3 号端子有无电源电压	有 □　无 □	
19	拔下变光开关插接器，将变光开关置于近光灯位置，使用万用表检查变光开关 T5a/3 号端子与 T5a/2 号端子是否导通	导通 □　不导通 □	
20	打开点火开关，使用万用表检查点火开关端子 30 与端子 X 是否导通	导通 □　不导通 □	

六、检查

（一）自检

结合本组任务操作过程，对任务执行过程中的操作规范性进行检查，检查操作过程中是否存在以下问题，分析讨论应如何避免并总结规范的操作方法（见表 6-4）。

表 6-4　自检

检查项目	结果
熔断器检查方法是否正确	是 □　否 □
熔断器插脚电压检查方法是否正确	是 □　否 □
前照灯继电器及继电器座检查方法是否正确	是 □　否 □
近光灯电路检查方法是否正确	是 □　否 □
灯光开关电路检查方法是否正确	是 □　否 □
点火开关电路检查方法是否正确	是 □　否 □

（二）互检

组与组之间相互进行任务操作过程及结果检查，并把检查结果填写在表 6-5 中。

表 6-5　互检

检查项目	结果
熔断器检查方法是否正确	是 □　否 □
熔断器插脚电压检查方法是否正确	是 □　否 □
前照灯继电器及继电器座检查方法是否正确	是 □　否 □

续表

检查项目	结果
近光灯电路检查方法是否正确	是□　否□
灯光开关电路检查方法是否正确	是□　否□
点火开关电路检查方法是否正确	是□　否□

七、课堂小结

任务七　近光灯故障检查与修理（二）

<table>
<tr><th colspan="6">近光灯故障检查与修理任务工单——熔断器及继电器检查</th></tr>
<tr><td>客户信息</td><td>姓名</td><td colspan="2"></td><td>职业</td><td></td></tr>
<tr><td rowspan="2">车辆信息</td><td colspan="2">车型</td><td colspan="2">VIN 码</td><td>行驶里程</td></tr>
<tr><td colspan="2"></td><td colspan="2"></td><td></td></tr>
<tr><td>客户描述</td><td colspan="5">制动灯不亮 □　近光灯不亮 □　远光灯不亮 □　转向灯不亮 □
雾灯不亮 □　发动机加速无力 □　发动机无法启动 □　轮胎气压不足 □
制动跑偏 □　制动液液位偏低 □　蓄电池亏电 □　蓄电池充不上电 □
发电机不发电 □　基本电路故障 □　变光开关损坏 □　玻璃升降器不工作 □
雨刮不工作 □　充电指示灯异常点亮 □
其他：</td></tr>
<tr><th colspan="3">车辆外观检查</th><th colspan="3">车辆内部检查</th></tr>
<tr><td>凹凸 □
划痕 □
石击 □
油漆 □</td><td colspan="2">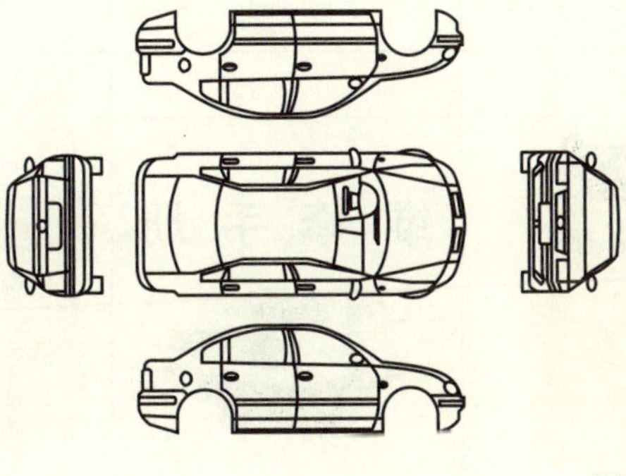</td><td>污渍 □
破损 □
色斑 □
变形 □</td><td colspan="2">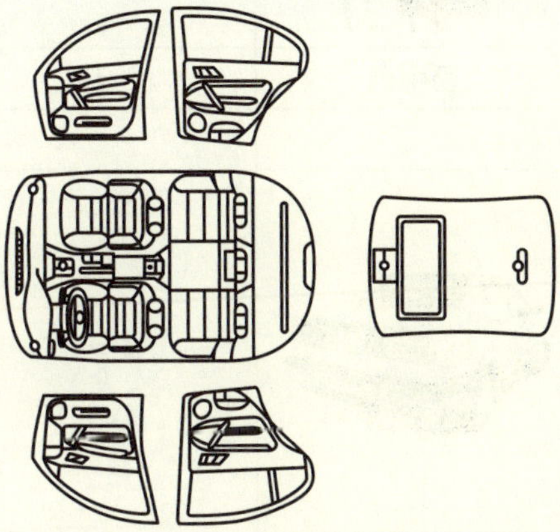</td></tr>
<tr><td>明确具体工作任务</td><td colspan="5"></td></tr>
</table>

任务目标

- 能够对近光灯常见故障进行检查与修理
- 能够向客户解释近光灯故障的原因

任务内容

- 近光灯的作用、安装位置、电路拆画方法和控制原理
- 近光灯电路、前照灯继电器近光灯部分的检查方法
- 前照灯旋钮开关、点火开关的检查方法
- 变光开关、近光灯灯泡的检查方法

续表

任务重点	● 近光灯电路的检查方法
任务难点	● 近光灯电路故障排除

一、任务准备

在下列图片中勾选出完成本任务所需的工具、设备、资料等。

	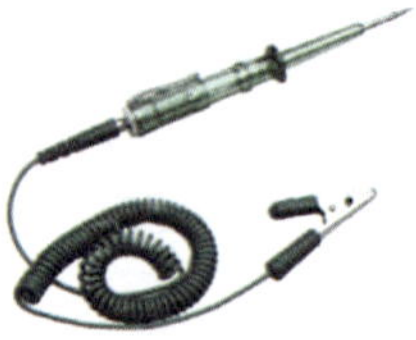	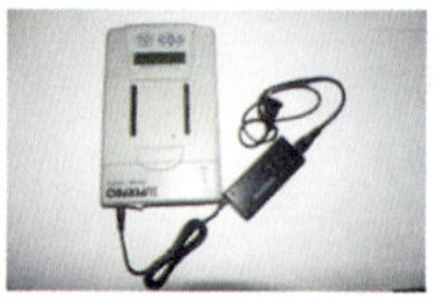	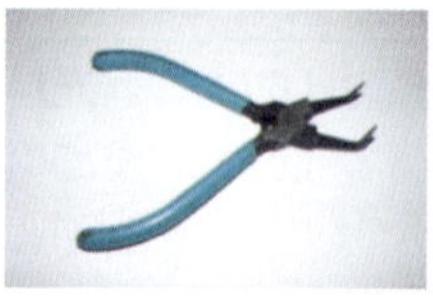	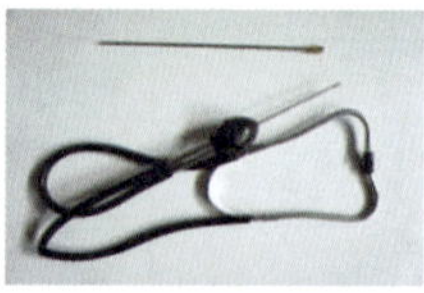
工具车	测电笔	编程器	卡簧钳	听诊器
		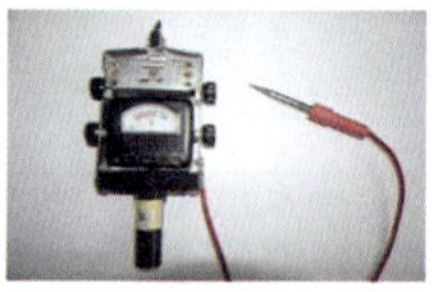	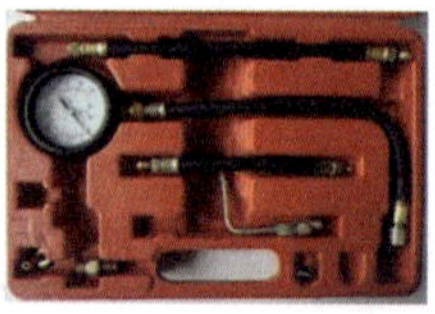	
万用表	手电筒	干荷式电池放电器	压力表	三件套
	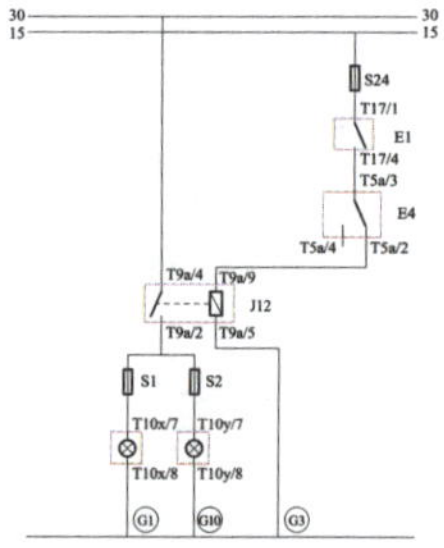	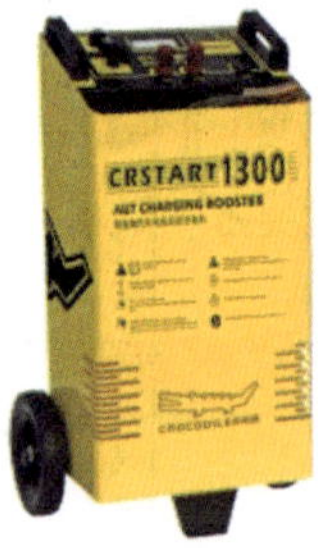		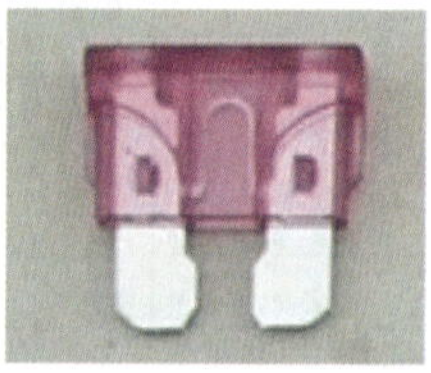
实训整车	拆画好的电路图	充电机	维修手册	熔断器

开关	蓄电池	灯泡	继电器	跨接线

二、防护措施

（一）个人安全防护

1. 维修操作人员必须身穿工作服、工作鞋，戴工作帽、手套；工作服拉链及皮带扣应藏于衣服内侧，袖口、领口、裤脚扣紧；女生长发要盘起藏在工作帽内。

2. 维修操作人员在进入车间时不应戴手表、戒指、项链等金属饰品。

3. 维修操作人员在进行车辆维修时，应防止脚部被车轮轧伤，手部被车门夹伤或被热的发动机烫伤、被发动机传动带绞伤。

4. 在搬运重物及尖锐器物时应注意动作和姿势，防止扭伤腰部、砸伤脚部或划伤手部。

（二）车辆 / 台架等设备安全

1. 车辆进入车间内，应停放至指定地点，熄灭发动机，将变速器置于空挡位置，并拉紧驻车制动器，台架应将滑轮锁死或用木块固定。

2. 维修操作前，应铺设三件套。发动机启动前应确保其他无关人员远离车辆。

3. 操作电气设备时应注意用电安全。作业结束后，应及时切断一切用电设备的电源。

4. 操作前应熟读维修手册中的操作标准和台架、仪器、设备的使用标准，并做好日常维护工作。

（三）车间场地安全防护

1. 车间应配有干粉灭火器及相应的消防设施，易燃油品应存放在密封的金属罐中。

2. 应时刻注意将车间内的所有工具、零部件、设备、车辆等摆放整齐，工作结束后将其摆放于指定地点保管。

3. 车间内设备或车辆周围的人行道及工作区域必须保证足够的安全空间。

4. 操作过程中应做到油品、工具、配件三不落地，作业完毕应及时清理车间工作场地，做好现场 6 S 管理。

三、任务分配（见表 7-1）

表 7-1 任务分配表

职务	代码	姓名	工作内容
组长	A		
组员	B		
	C		
	D		
	E		
	F		

四、任务实施

（一）操作步骤

将表 7–2 中的工作内容补充完整。

表 7–2　操作步骤

步骤	项目	顺序	工作内容
1	安全防护与工作准备	1	铺设三件套
		2	
		3	
		4	
2	近光灯电路检查	1	
		2	
		3	拔下前照灯后方的插接器，检查其 T10x/7 或 T10y/7 号端子有无电源电压。若 T10x/7 或 T10y/7 号端子无电源电压，说明熔断器与前照灯插头之间的线路存在断路或熔断器插接不实；若有电源电压，则进行下一步检查
		4	
3	前照灯继电器及继电器座检查	1	若在前照灯电路检查中，发现熔断器 S1、S2 处无电源电压，则应拔下前照灯继电器，检查前照灯继电器是否损坏。若前照灯继电器损坏，更换前照灯继电器；若前照灯继电器正常，则进行下一步检查
		2	使用万用表 200 Ω 挡测量前照灯继电器 3 号端子与 7 号端子之间的阻值，正常阻值约为 75 Ω
		3	
		4	
		5	
		6	
		7	
		8	打开点火开关，使用万用表或测电笔检查继电器座 T9a/4 号端子有无电源电压。若 T9a/4 号端子无电源电压，说明该端子与电源正极之间导线存在断路现象
4	灯光开关电路检查	1	若在继电器座检查中发现其 T9a/9 号端子无电源电压，应先检查熔断器 S24 熔丝有无熔断。若熔断器熔丝熔断，应进行更换；若熔断器正常，则使用万用表或测电笔检查熔断器 S24 处有无电源电压。若熔断器 S24 处无电源电压，应检查点火开关电路；若有电源电压，则进行下一步检查
		2	
		3	
		4	
		5	拔下变光开关插接器，将变光开关置于近光灯位置，使用万用表蜂鸣挡检查变光开关 T5a/3 号端子与 T5a/2 号端子是否导通。若两端子不导通，说明变光开关损坏，应进行更换；若导通，则说明变光开关 T5a/2 号端子与继电器座 T9a/9 号端子之间的导线存在断路或变光开关插接器插接不良

续表

步骤	项目	顺序	工作内容
5	点火开关电路检查	1	使用万用表 20 V 挡检查熔断器 S24 处有无电源电压。若熔断器 S24 处无电源电压，应拔下点火开关插接器，使用万用表或测电笔检查点火开关端子 30 有无电源电压。若端子 30 无电源电压，说明其与蓄电池正极之间存在断路，应检查蓄电池正极柱和负极柱的连接情况以及蓄电池上方熔断器熔丝有无熔断；若有电源电压，则进行下一步检查
		2	
6	整理	1	
		2	
		3	清理地面卫生

（二）实施记录

结合实施过程，对照表 7–3 的检查项目，勾选或填写实际的检查结果。

表 7–3　实施记录

序号	项目	检查结果	备注
1	测量蓄电池电压	电压值________V	
2	检查熔断器 S1	正常 □　熔断 □	
3	测量熔断器 S1 插脚电压	电压值________V	
4	检查熔断器 S2	正常 □　熔断 □	
5	测量熔断器 S2 插脚电压	电压值________V	
6	检查近光灯灯泡	正常 □　损坏 □	
7	检查近光灯插接器 7 号端子电压	电压值________V	
8	检查搭铁点 G1/G10	接触良好 □　接触不良 □	
9	检查前照灯继电器（近光）	正常 □　损坏 □	
10	使用万用表蜂鸣挡检查继电器座的 T9a/2 号端子与熔断器插脚是否导通	导通 □　不导通 □	
11	打开点火开关及前照灯旋钮开关，将变光开关置于近光灯位置，使用万用表或测电笔检查继电器座的 T9a/9 号端子有无电源电压	有 □　无 □	
12	使用万用表蜂鸣挡检查继电器座的 T9a/5 号端子与车身任意搭铁点是否导通	导通 □　不导通 □	
13	打开点火开关，使用万用表或测电笔检查继电器座的 T9a/4 号端子有无电源电压	有 □　无 □	
14	检查熔断器 S24	正常 □　熔断 □	
15	测量熔断器 S24 插脚电压	电压值________V	
16	拔下前照灯旋钮开关插接器，打开点火开关，使用万用表或测电笔检查旋钮开关 T17/1 号端子有无电源电压	有 □　无 □	

续表

序号	项目	检查结果	备注
17	将前照灯旋钮开关旋至前照灯开启位置，使用万用表蜂鸣挡检查前照灯旋钮开关 T17/1 号端子与 T17/4 号端子是否导通	导通 □　不导通 □	
18	拔下变光开关插接器，打开点火开关及前照灯旋钮开关，使用万用表或测电笔检查变光开关 T5a/3 号端子有无电源电压	有 □　无 □	
19	拔下变光开关插接器，将变光开关置于近光灯位置，使用万用表检查变光开关 T5a/3 号端子与 T5a/2 号端子是否导通	导通 □　不导通 □	
20	打开点火开关，使用万用表检查点火开关端子 30 与端子 X 是否导通	导通 □　不导通 □	

五、检查

（一）自检

结合本组任务操作过程，对任务执行过程中的操作规范性进行检查，检查操作过程中是否存在以下问题，分析讨论应如何避免并总结规范的操作方法（见表 7–4）。

表 7–4　自检

检查项目	结果
熔断器检查方法是否正确	是 □　否 □
熔断器插脚电压检查方法是否正确	是 □　否 □
前照灯继电器及继电器座检查方法是否正确	是 □　否 □
近光灯电路检查方法是否正确	是 □　否 □
灯光开关电路检查方法是否正确	是 □　否 □
点火开关电路检查方法是否正确	是 □　否 □

（二）互检

组与组之间相互进行任务操作过程及结果检查，并把检查结果填写在表 7–5 中。

表 7–5　互检

检查项目	结果
熔断器检查方法是否正确	是 □　否 □
熔断器插脚电压检查方法是否正确	是 □　否 □
前照灯继电器及继电器座检查方法是否正确	是 □　否 □

续表

检查项目	结果
近光灯电路检查方法是否正确	是□ 否□
灯光开关电路检查方法是否正确	是□ 否□
点火开关电路检查方法是否正确	是□ 否□

六、课堂小结

任务八　近光灯故障检查与修理（三）

<table>
<tr><th colspan="7">近光灯故障检查与修理任务工单——灯光开关电路检查</th></tr>
<tr><td>客户信息</td><td>姓名</td><td colspan="2"></td><td>职业</td><td colspan="2"></td></tr>
<tr><td rowspan="2">车辆信息</td><td colspan="2">车型</td><td colspan="2">VIN 码</td><td colspan="2">行驶里程</td></tr>
<tr><td colspan="2"></td><td colspan="2"></td><td colspan="2"></td></tr>
<tr><td>客户描述</td><td colspan="6">制动灯不亮 □　近光灯不亮 □　远光灯不亮 □　转向灯不亮 □
雾灯不亮 □　发动机加速无力 □　发动机无法启动 □　轮胎气压不足 □
制动跑偏 □　制动液液位偏低 □　蓄电池亏电 □　蓄电池充不上电 □
发电机不发电 □　基本电路故障 □　变光开关损坏 □　玻璃升降器不工作 □
雨刮不工作 □　充电指示灯异常点亮 □
其他：</td></tr>
<tr><th colspan="3">车辆外观检查</th><th colspan="4">车辆内部检查</th></tr>
<tr><td>凹凸 □
划痕 □
石击 □
油漆 □</td><td colspan="2">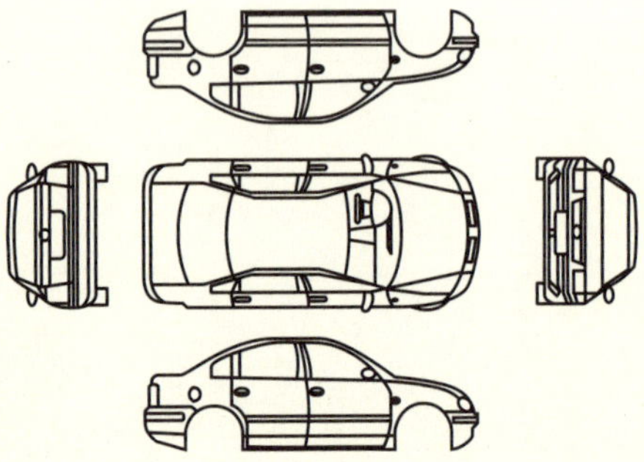</td><td>污渍 □
破损 □
色斑 □
变形 □</td><td colspan="3">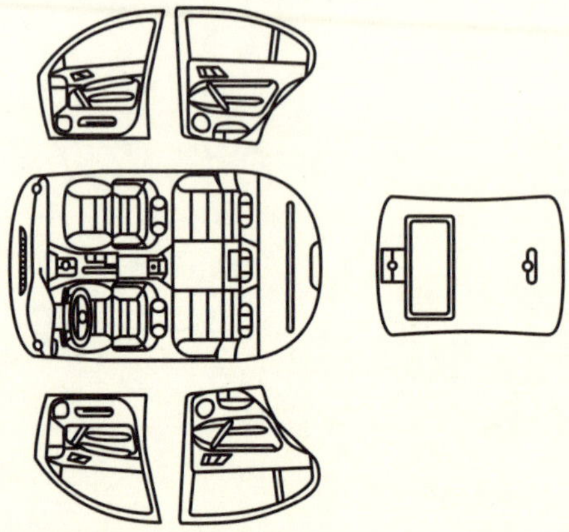</td></tr>
<tr><td>明确具体工作任务</td><td colspan="6"></td></tr>
<tr><td>任务目标</td><td colspan="6">● 能够对近光灯常见故障进行检查与修理
● 能够向客户解释近光灯故障的原因</td></tr>
<tr><td>任务内容</td><td colspan="6">● 近光灯的作用、安装位置、电路拆画方法和控制原理
● 近光灯电路、前照灯继电器近光灯部分的检查方法
● 前照灯旋钮开关、点火开关的检查方法
● 变光开关、近光灯灯泡的检查方法</td></tr>
</table>

续表

任务重点	● 近光灯电路的检查方法
任务难点	● 近光灯电路故障排除

一、任务准备

在下列图片中勾选出完成本任务所需的工具、设备、资料等。

	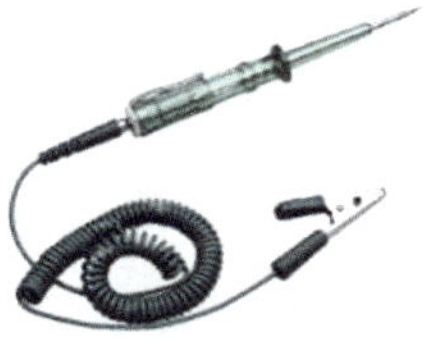	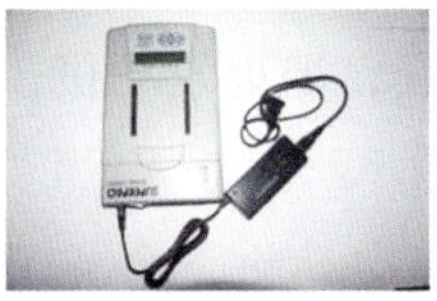	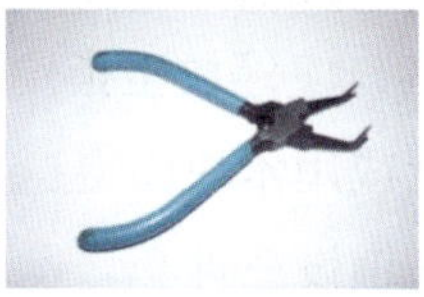	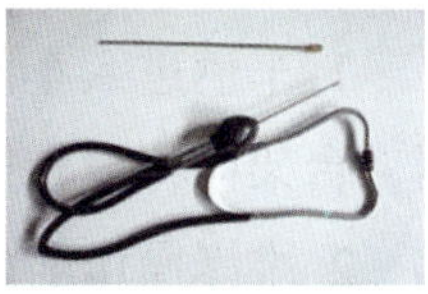
工具车	测电笔	编程器	卡簧钳	听诊器
		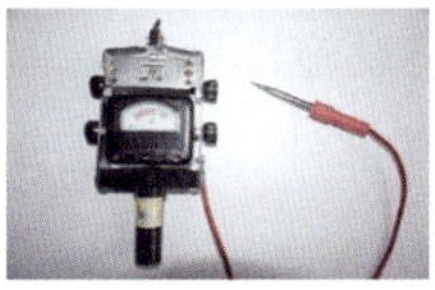	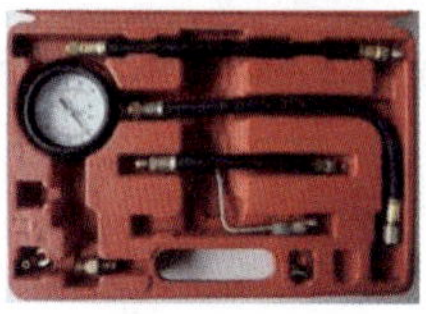	
万用表	手电筒	干荷式电池放电器	压力表	三件套
	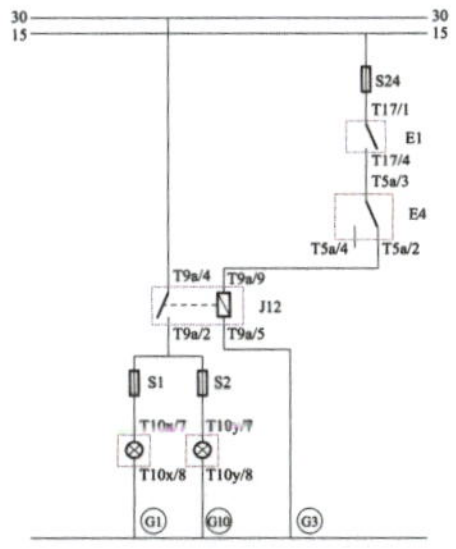	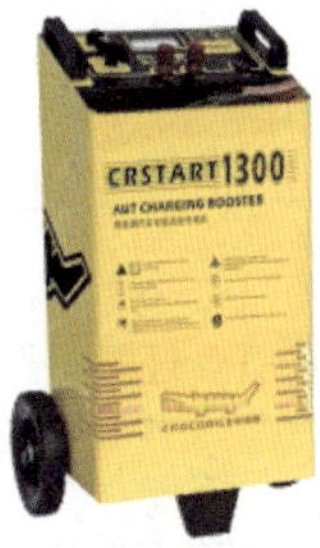		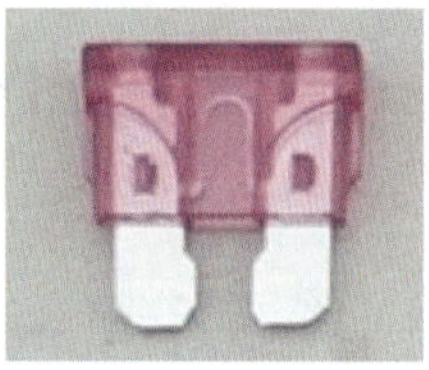
实训整车	拆画好的电路图	充电机	维修手册	熔断器

开关	蓄电池	灯泡	继电器	跨接线

二、防护措施

（一）个人安全防护

1. 维修操作人员必须身穿工作服、工作鞋，戴工作帽、手套；工作服拉链及皮带扣应藏于衣服内侧，袖口、领口、裤脚扣紧；女生长发要盘起藏在工作帽内。

2. 维修操作人员在进入车间时不应戴手表、戒指、项链等金属饰品。

3. 维修操作人员在进行车辆维修时，应防止脚部被车轮轧伤，手部被车门夹伤或被热的发动机烫伤、被发动机传动带绞伤。

4. 在搬运重物及尖锐器物时应注意动作和姿势，防止扭伤腰部、砸伤脚部或划伤手部。

（二）车辆 / 台架等设备安全

1. 车辆进入车间内，应停放至指定地点，熄灭发动机，将变速器置于空挡位置，并拉紧驻车制动器，台架应将滑轮锁死或用木块固定。

2. 维修操作前，应铺设三件套。发动机启动前应确保其他无关人员远离车辆。

3. 操作电气设备时应注意用电安全。作业结束后，应及时切断一切用电设备的电源。

4. 操作前应熟读维修手册中的操作标准和台架、仪器、设备的使用标准，并做好日常维护工作。

（三）车间场地安全防护

1. 车间应配有干粉灭火器及相应的消防设施，易燃油品应存放在密封的金属罐中。

2. 应时刻注意将车间内的所有工具、零部件、设备、车辆等摆放整齐，工作结束后将其摆放于指定地点保管。

3. 车间内设备或车辆周围的人行道及工作区域必须保证足够的安全空间。

4. 操作过程中应做到油品、工具、配件三不落地，作业完毕应及时清理车间工作场地，做好现场 6 S 管理。

三、任务分配（见表 8-1）

表 8-1　任务分配表

<table>
<tr><th>职务</th><th>代码</th><th>姓名</th><th>工作内容</th></tr>
<tr><td>组长</td><td>A</td><td></td><td></td></tr>
<tr><td rowspan="5">组员</td><td>B</td><td></td><td rowspan="2"></td></tr>
<tr><td>C</td><td></td></tr>
<tr><td>D</td><td></td><td rowspan="3"></td></tr>
<tr><td>E</td><td></td></tr>
<tr><td>F</td><td></td></tr>
</table>

四、任务实施

（一）操作步骤

将表 8–2 中的工作内容补充完整。

表 8–2 操作步骤

步骤	项目	顺序	工作内容
1	安全防护与工作准备	1	铺设三件套
		2	
		3	
		4	
2	近光灯电路检查	1	
		2	
		3	拔下前照灯后方的插接器，检查其 T10x/7 或 T10y/7 号端子有无电源电压。若 T10x/7 或 T10y/7 号端子无电源电压，说明熔断器与前照灯插头之间的线路存在断路或熔断器插接不实；若有电源电压，则进行下一步检查
		4	
3	前照灯继电器及继电器座检查	1	若在前照灯电路检查中，发现熔断器 S1、S2 处无电源电压，则应拔下前照灯继电器，检查前照灯继电器是否损坏。若前照灯继电器损坏，更换前照灯继电器；若前照灯继电器正常，则进行下一步检查
		2	使用万用表 200 Ω 挡测量前照灯继电器 3 号端子与 7 号端子之间的阻值，正常阻值约为 75 Ω
		3	
		4	
		5	
		6	
		7	
		8	打开点火开关，使用万用表或测电笔检查继电器座 T9a/4 号端子有无电源电压。若 T9a/4 号端子无电源电压，说明该端子与电源正极之间导线存在断路现象
4	灯光开关电路检查	1	若在继电器座检查中发现其 T9a/9 号端子无电源电压，应先检查熔断器 S24 熔丝有无熔断。若熔断器熔丝熔断，应进行更换；若熔断器正常，则使用万用表或测电笔检查熔断器 S24 处有无电源电压。若熔断器 S24 处无电源电压，应检查点火开关电路；若有电源电压，则进行下一步检查
		2	
		3	
		4	
		5	拔下变光开关插接器，将变光开关置于近光灯位置，使用万用表蜂鸣挡检查变光开关 T5a/3 号端子与 T5a/2 号端子是否导通。若两端子不导通，说明变光开关损坏，应进行更换；若导通，则说明变光开关 T5a/2 号端子与继电器座 T9a/9 号端子之间的导线存在断路或变光开关插接器插接不良

续表

步骤	项目	顺序	工作内容
5	点火开关电路检查	1	使用万用表 20 V 挡检查熔断器 S24 处有无电源电压。若熔断器 S24 处无电源电压，应拔下点火开关插接器，使用万用表或测电笔检查点火开关端子 30 有无电源电压。若端子 30 无电源电压，说明其与蓄电池正极之间存在断路，应检查蓄电池正极柱和负极柱的连接情况以及蓄电池上方熔断器熔丝有无熔断；若有电源电压，则进行下一步检查
		2	
6	整理	1	
		2	
		3	清理地面卫生

（二）实施记录

结合实施过程，对照表 8-3 的检查项目，勾选或填写实际的检查结果。

表 8-3　实施记录

序号	项目	检查结果	备注
1	测量蓄电池电压	电压值________V	
2	检查熔断器 S1	正常 □　熔断 □	
3	测量熔断器 S1 插脚电压	电压值________V	
4	检查熔断器 S2	正常 □　熔断 □	
5	测量熔断器 S2 插脚电压	电压值________V	
6	检查近光灯灯泡	正常 □　损坏 □	
7	检查近光灯插接器 7 号端子电压	电压值________V	
8	检查搭铁点 G1/G10	接触良好 □　接触不良 □	
9	检查前照灯继电器（近光）	正常 □　损坏 □	
10	使用万用表蜂鸣挡检查继电器座的 T9a/2 号端子与熔断器插脚是否导通	导通 □　不导通 □	
11	打开点火开关及前照灯旋钮开关，将变光开关置于近光灯位置，使用万用表或测电笔检查继电器座的 T9a/9 号端子有无电源电压	有 □　无 □	
12	使用万用表蜂鸣挡检查继电器座的 T9a/5 号端子与车身任意搭铁点是否导通	导通 □　不导通 □	
13	打开点火开关，使用万用表或测电笔检查继电器座的 T9a/4 号端子有无电源电压	有 □　无 □	
14	检查熔断器 S24	正常 □　熔断 □	
15	测量熔断器 S24 插脚电压	电压值________V	
16	拔下前照灯旋钮开关插接器，打开点火开关，使用万用表或测电笔检查旋钮开关 T17/1 号端子有无电源电压	有 □　无 □	

续表

序号	项目	检查结果	备注
17	将前照灯旋钮开关旋至前照灯开启位置，使用万用表蜂鸣挡检查前照灯旋钮开关 T17/1 号端子与 T17/4 号端子是否导通	导通 □ 不导通 □	
18	拔下变光开关插接器，打开点火开关及前照灯旋钮开关，使用万用表或测电笔检查变光开关 T5a/3 号端子有无电源电压	有 □ 无 □	
19	拔下变光开关插接器，将变光开关置于近光灯位置，使用万用表检查变光开关 T5a/3 号端子与 T5a/2 号端子是否导通	导通 □ 不导通 □	
20	打开点火开关，使用万用表检查点火开关端子 30 与端子 X 是否导通	导通 □ 不导通 □	

五、检查

（一）自检

结合本组任务操作过程，对任务执行过程中的操作规范性进行检查，检查操作过程中是否存在以下问题，分析讨论应如何避免并总结规范的操作方法（见表 8–4）。

表 8–4　自检

检查项目	结果
熔断器检查方法是否正确	是 □ 否 □
熔断器插脚电压检查方法是否正确	是 □ 否 □
前照灯继电器及继电器座检查方法是否正确	是 □ 否 □
近光灯电路检查方法是否正确	是 □ 否 □
灯光开关电路检查方法是否正确	是 □ 否 □
点火开关电路检查方法是否正确	是 □ 否 □

（二）互检

组与组之间相互进行任务操作过程及结果检查，并把检查结果填写在表 8–5 中。

表 8–5　互检

检查项目	结果
熔断器检查方法是否正确	是 □ 否 □
熔断器插脚电压检查方法是否正确	是 □ 否 □
前照灯继电器及继电器座检查方法是否正确	是 □ 否 □

续表

检查项目	结果
近光灯电路检查方法是否正确	是□ 否□
灯光开关电路检查方法是否正确	是□ 否□
点火开关电路检查方法是否正确	是□ 否□

六、课堂小结

任务九　近光灯故障检查与修理（四）

近光灯故障检查与修理任务工单——点火开关电路检查				
客户信息	姓名		职业	
车辆信息	车型	VIN 码	行驶里程	

客户描述

制动灯不亮 □	近光灯不亮 □	远光灯不亮 □	转向灯不亮 □
雾灯不亮 □	发动机加速无力 □	发动机无法启动 □	轮胎气压不足 □
制动跑偏 □	制动液液位偏低 □	蓄电池亏电 □	蓄电池充不上电 □
发电机不发电 □	基本电路故障 □	变光开关损坏 □	玻璃升降器不工作 □
雨刮不工作 □	充电指示灯异常点亮 □		

其他：

车辆外观检查

凹凸 □

划痕 □

石击 □

油漆 □

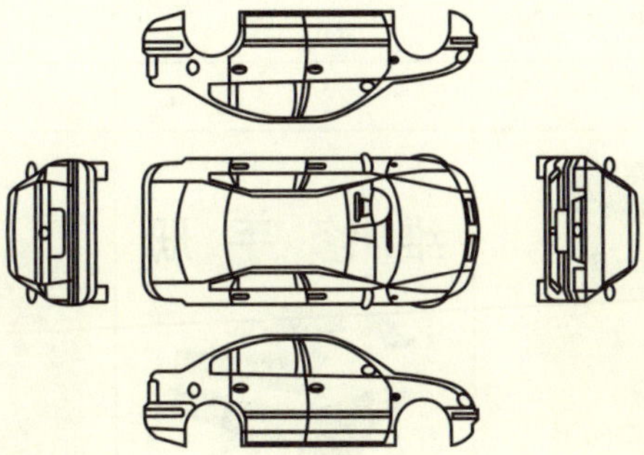

车辆内部检查

污渍 □

破损 □

色斑 □

变形 □

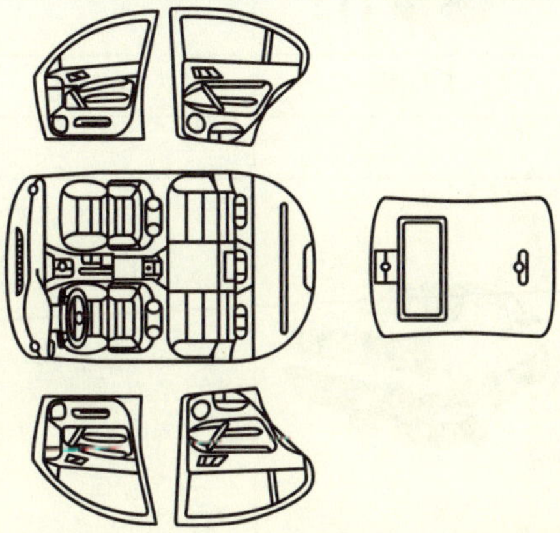

明确具体工作任务

任务目标

- 能够对近光灯常见故障进行检查与修理
- 能够向客户解释近光灯故障的原因

任务内容

- 近光灯的作用、安装位置、电路拆画方法和控制原理
- 近光灯电路、前照灯继电器近光灯部分的检查方法
- 前照灯旋钮开关、点火开关的检查方法
- 变光开关、近光灯灯泡的检查方法

续表

任务重点	● 近光灯电路的检查方法
任务难点	● 近光灯电路故障排除

一、任务准备

在下列图片中勾选出完成本任务所需的工具、设备、资料等。

	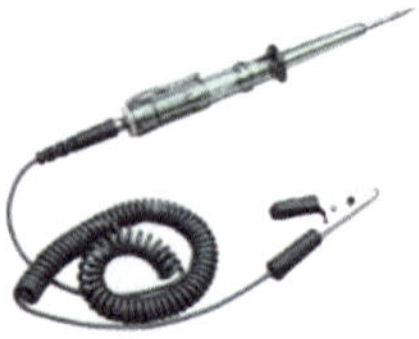	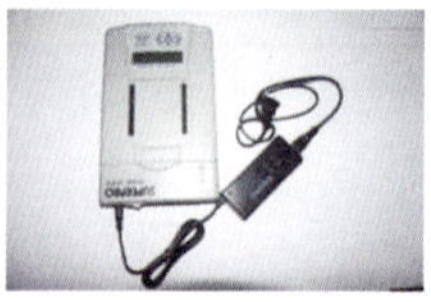	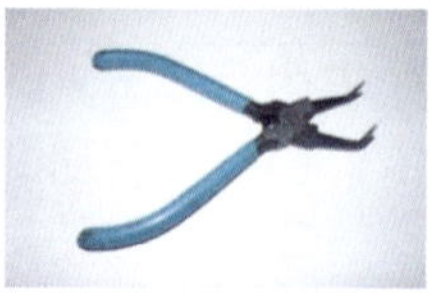	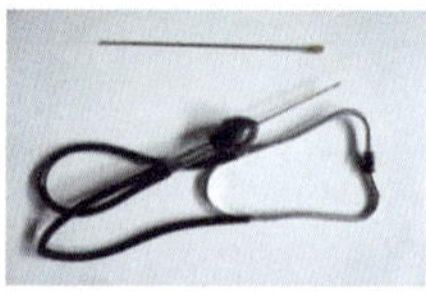
工具车	测电笔	编程器	卡簧钳	听诊器
		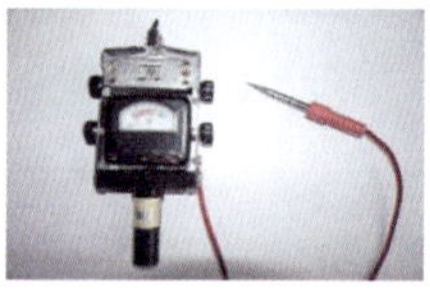	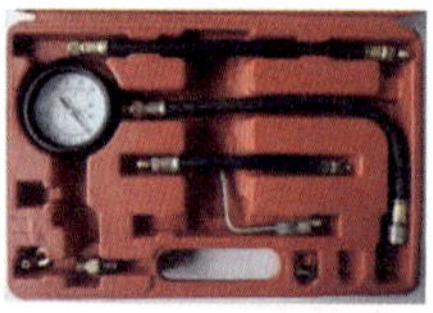	
万用表	手电筒	干荷式电池放电器	压力表	三件套
	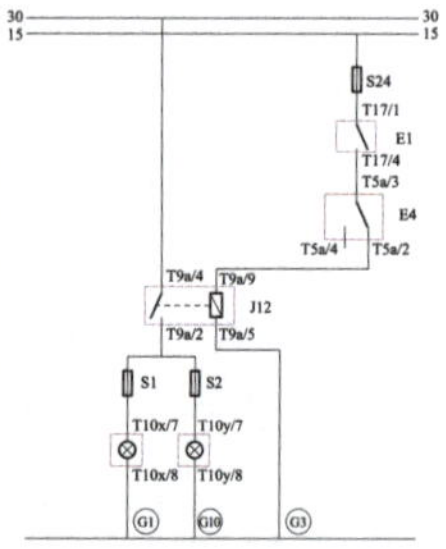	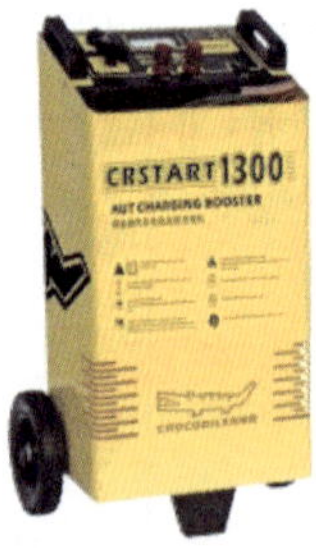		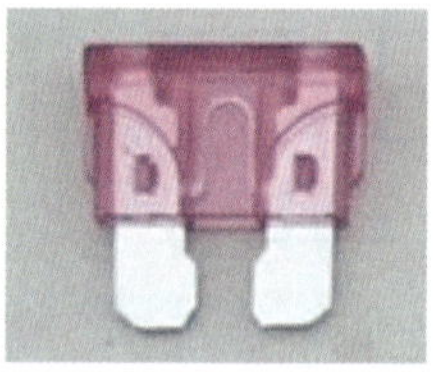
实训整车	拆画好的电路图	充电机	维修手册	熔断器

开关	蓄电池	灯泡	继电器	跨接线

二、防护措施

（一）个人安全防护

1. 维修操作人员必须身穿工作服、工作鞋，戴工作帽、手套；工作服拉链及皮带扣应藏于衣服内侧，袖口、领口、裤脚扣紧；女生长发要盘起藏在工作帽内。

2. 维修操作人员在进入车间时不应戴手表、戒指、项链等金属饰品。

3. 维修操作人员在进行车辆维修时，应防止脚部被车轮轧伤，手部被车门夹伤或被热的发动机烫伤、被发动机传动带绞伤。

4. 在搬运重物及尖锐器物时应注意动作和姿势，防止扭伤腰部、砸伤脚部或划伤手部。

（二）车辆 / 台架等设备安全

1. 车辆进入车间内，应停放至指定地点，熄灭发动机，将变速器置于空挡位置，并拉紧驻车制动器，台架应将滑轮锁死或用木块固定。

2. 维修操作前，应铺设三件套。发动机启动前应确保其他无关人员远离车辆。

3. 操作电气设备时应注意用电安全。作业结束后，应及时切断一切用电设备的电源。

4. 操作前应熟读维修手册中的操作标准和台架、仪器、设备的使用标准，并做好日常维护工作。

（三）车间场地安全防护

1. 车间应配有干粉灭火器及相应的消防设施，易燃油品应存放在密封的金属罐中。

2. 应时刻注意将车间内的所有工具、零部件、设备、车辆等摆放整齐，工作结束后将其摆放于指定地点保管。

3. 车间内设备或车辆周围的人行道及工作区域必须保证足够的安全空间。

4. 操作过程中应做到油品、工具、配件三不落地，作业完毕应及时清理车间工作场地，做好现场6 S 管理。

三、任务分配（见表 9-1）

表 9-1　任务分配表

<table>
<tr><th>职务</th><th>代码</th><th>姓名</th><th>工作内容</th></tr>
<tr><td>组长</td><td>A</td><td></td><td></td></tr>
<tr><td rowspan="5">组员</td><td>B</td><td></td><td rowspan="2"></td></tr>
<tr><td>C</td><td></td></tr>
<tr><td>D</td><td></td><td rowspan="3"></td></tr>
<tr><td>E</td><td></td></tr>
<tr><td>F</td><td></td></tr>
</table>

四、任务实施

（一）操作步骤

将表 9–2 中的工作内容补充完整。

表 9–2 操作步骤

步骤	项目	顺序	工作内容
1	安全防护与工作准备	1	铺设三件套
		2	
		3	
		4	
2	近光灯电路检查	1	
		2	
		3	拔下前照灯后方的插接器，检查其 T10x/7 或 T10y/7 号端子有无电源电压。若 T10x/7 或 T10y/7 号端子无电源电压，说明熔断器与前照灯插头之间的线路存在断路或熔断器插接不实；若有电源电压，则进行下一步检查
		4	
3	前照灯继电器及继电器座检查	1	若在前照灯电路检查中，发现熔断器 S1、S2 处无电源电压，则应拔下前照灯继电器，检查前照灯继电器是否损坏。若前照灯继电器损坏，更换前照灯继电器；若前照灯继电器正常，则进行下一步检查
		2	使用万用表 200 Ω 挡测量前照灯继电器 3 号端子与 7 号端子之间的阻值，正常阻值约为 75 Ω
		3	
		4	
		5	
		6	
		7	
		8	打开点火开关，使用万用表或测电笔检查继电器座 T9a/4 号端子有无电源电压。若 T9a/4 号端子无电源电压，说明该端子与电源正极之间导线存在断路现象
4	灯光开关电路检查	1	若在继电器座检查中发现其 T9a/9 号端子无电源电压，应先检查熔断器 S24 熔丝有无熔断。若熔断器熔丝熔断，应进行更换；若熔断器正常，则使用万用表或测电笔检查熔断器 S24 处有无电源电压。若熔断器 S24 处无电源电压，应检查点火开关电路；若有电源电压，则进行下一步检查
		2	
		3	
		4	
		5	拔下变光开关插接器，将变光开关置于近光灯位置，使用万用表蜂鸣挡检查变光开关 T5a/3 号端子与 T5a/2 号端子是否导通。若两端子不导通，说明变光开关损坏，应进行更换；若导通，则说明变光开关 T5a/2 号端子与继电器座 T9a/9 号端子之间的导线存在断路或变光开关插接器插接不良

续表

步骤	项目	顺序	工作内容
5	点火开关电路检查	1	使用万用表 20 V 挡检查熔断器 S24 处有无电源电压。若熔断器 S24 处无电源电压，应拔下点火开关插接器，使用万用表或测电笔检查点火开关端子 30 有无电源电压。若端子 30 无电源电压，说明其与蓄电池正极之间存在断路，应检查蓄电池正极柱和负极柱的连接情况以及蓄电池上方熔断器熔丝有无熔断；若有电源电压，则进行下一步检查
		2	
6	整理	1	
		2	
		3	清理地面卫生

（二）实施记录

结合实施过程，对照表 9-3 的检查项目，勾选或填写实际的检查结果。

表 9-3 实施记录

序号	项目	检查结果	备注
1	测量蓄电池电压	电压值________V	
2	检查熔断器 S1	正常 □ 熔断 □	
3	测量熔断器 S1 插脚电压	电压值________V	
4	检查熔断器 S2	正常 □ 熔断 □	
5	测量熔断器 S2 插脚电压	电压值________V	
6	检查近光灯灯泡	正常 □ 损坏 □	
7	检查近光灯插接器 7 号端子电压	电压值________V	
8	检查搭铁点 G1/G10	接触良好 □ 接触不良 □	
9	检查前照灯继电器（近光）	正常 □ 损坏 □	
10	使用万用表蜂鸣挡检查继电器座的 T9a/2 号端子与熔断器插脚是否导通	导通 □ 不导通 □	
11	打开点火开关及前照灯旋钮开关，将变光开关置于近光灯位置，使用万用表或测电笔检查继电器座的 T9a/9 号端子有无电源电压	有 □ 无 □	
12	使用万用表蜂鸣挡检查继电器座的 T9a/5 号端子与车身任意搭铁点是否导通	导通 □ 不导通 □	
13	打开点火开关，使用万用表或测电笔检查继电器座的 T9a/4 号端子有无电源电压	有 □ 无 □	
14	检查熔断器 S24	正常 □ 熔断 □	
15	测量熔断器 S24 插脚电压	电压值________V	
16	拔下前照灯旋钮开关插接器，打开点火开关，使用万用表或测电笔检查旋钮开关 T17/1 号端子有无电源电压	有 □ 无 □	

续表

序号	项目	检查结果	备注
17	将前照灯旋钮开关旋至前照灯开启位置，使用万用表蜂鸣挡检查前照灯旋钮开关 T17/1 号端子与 T17/4 号端子是否导通	导通 □ 不导通 □	
18	拔下变光开关插接器，打开点火开关及前照灯旋钮开关，使用万用表或测电笔检查变光开关 T5a/3 号端子有无电源电压	有 □ 无 □	
19	拔下变光开关插接器，将变光开关置于近光灯位置，使用万用表检查变光开关 T5a/3 号端子与 T5a/2 号端子是否导通	导通 □ 不导通 □	
20	打开点火开关，使用万用表检查点火开关端子 30 与端子 X 是否导通	导通 □ 不导通 □	

五、检查

（一）自检

结合本组任务操作过程，对任务执行过程中的操作规范性进行检查，检查操作过程中是否存在以下问题，分析讨论应如何避免并总结规范的操作方法（见表 9–4）。

表 9–4 自检

检查项目	结果
熔断器检查方法是否正确	是 □ 否 □
熔断器插脚电压检查方法是否正确	是 □ 否 □
前照灯继电器及继电器座检查方法是否正确	是 □ 否 □
近光灯电路检查方法是否正确	是 □ 否 □
灯光开关电路检查方法是否正确	是 □ 否 □
点火开关电路检查方法是否正确	是 □ 否 □

（二）互检

组与组之间相互进行任务操作过程及结果检查，并把检查结果填写在表 9–5 中。

表 9–5 互检

检查项目	结果
熔断器检查方法是否正确	是 □ 否 □
熔断器插脚电压检查方法是否正确	是 □ 否 □
前照灯继电器及继电器座检查方法是否正确	是 □ 否 □

续表

检查项目	结果
近光灯电路检查方法是否正确	是□ 否□
灯光开关电路检查方法是否正确	是□ 否□
点火开关电路检查方法是否正确	是□ 否□

六、课堂小结

____

____

____

任务十　远光灯故障检查与修理（一）

远光灯故障检查与修理任务工单——远光灯电路图拆画				
客户信息	姓名		职业	
车辆信息	车型	VIN 码	行驶里程	

客户描述

制动灯不亮 □	近光灯不亮 □	远光灯不亮 □	转向灯不亮 □
雾灯不亮 □	发动机加速无力 □	发动机无法启动 □	轮胎气压不足 □
制动跑偏 □	制动液液位偏低 □	蓄电池亏电 □	蓄电池充不上电 □
发电机不发电 □	基本电路故障 □	变光开关损坏 □	玻璃升降器不工作 □
雨刮不工作 □	充电指示灯异常点亮 □		

其他：

____

____

____

车辆外观检查	车辆内部检查
凹凸 □	污渍 □
划痕 □	破损 □
石击 □	色斑 □
油漆 □	变形 □

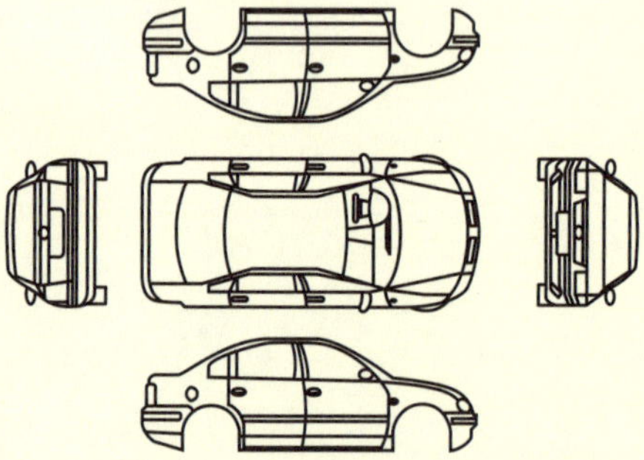

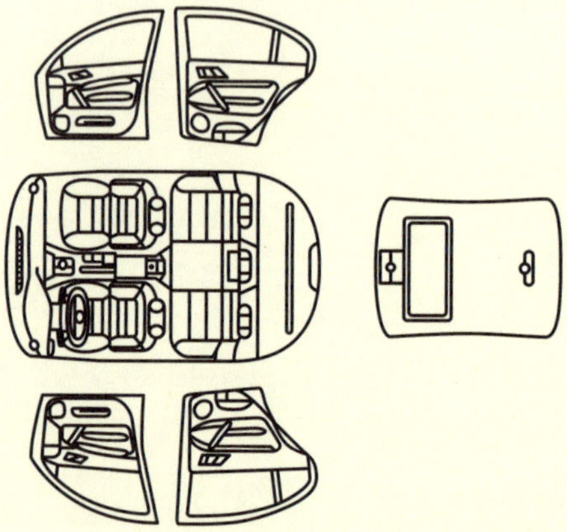

明确具体工作任务

____

____

____

任务目标

- 能够对远光灯常见故障进行检查与修理
- 能够向客户解释远光灯故障的原因

任务内容

- 远光灯的定义及作用
- 远光灯电路拆画方法和控制原理
- 远光灯电路的检查方法

续表

任务重点	● 远光灯电路的拆画与分析
任务难点	● 远光灯电路检查及故障排除方法

一、知识讲解

（一）远光灯的定义及作用

远光灯与近光灯相同，都安装在车辆前方的前照灯灯罩中，其主要作用是在夜间行车时照亮远处的路面情况，以方便驾驶员根据远方路况及时采取应对措施，如图 10–1 所示。

远光灯除了夜间照明使用，在会车和超车时还可作为信号灯使用，以提醒对面行驶车辆或前方行驶车辆注意避让，如图 10–2 所示。

图 10–1　远光灯

图 10–2　车辆会车

（二）远光灯电路拆画

远光灯电路拆画方法与近光灯相似，也是分为两部分来完成——远光灯电路拆画与继电器电路拆画。

1. 远光灯电路拆画

先在电路图基本装备目录中找到远光灯，通过对远光灯电路“顺藤摸瓜”找出左、右远光灯的搭铁点 G1 和 G10；由远光灯电路向上，经过 S11 和 S12 两个熔断器，到达前照灯继电器 J12，前照灯继电器 J12 与蓄电池正极相连；将此电路中相关的电气元件按照原图在草图纸上画出，再使用线条将其关系连接出来即可，如图 10–3 所示。

2. 继电器电路拆画

先找到继电器，其电路通过搭铁点 G3 搭铁，向上则先经过变光开关 E4，然后经过熔断器 S29 到达点火开关 D，最后与蓄电池正极相连，如图 10–4 所示。

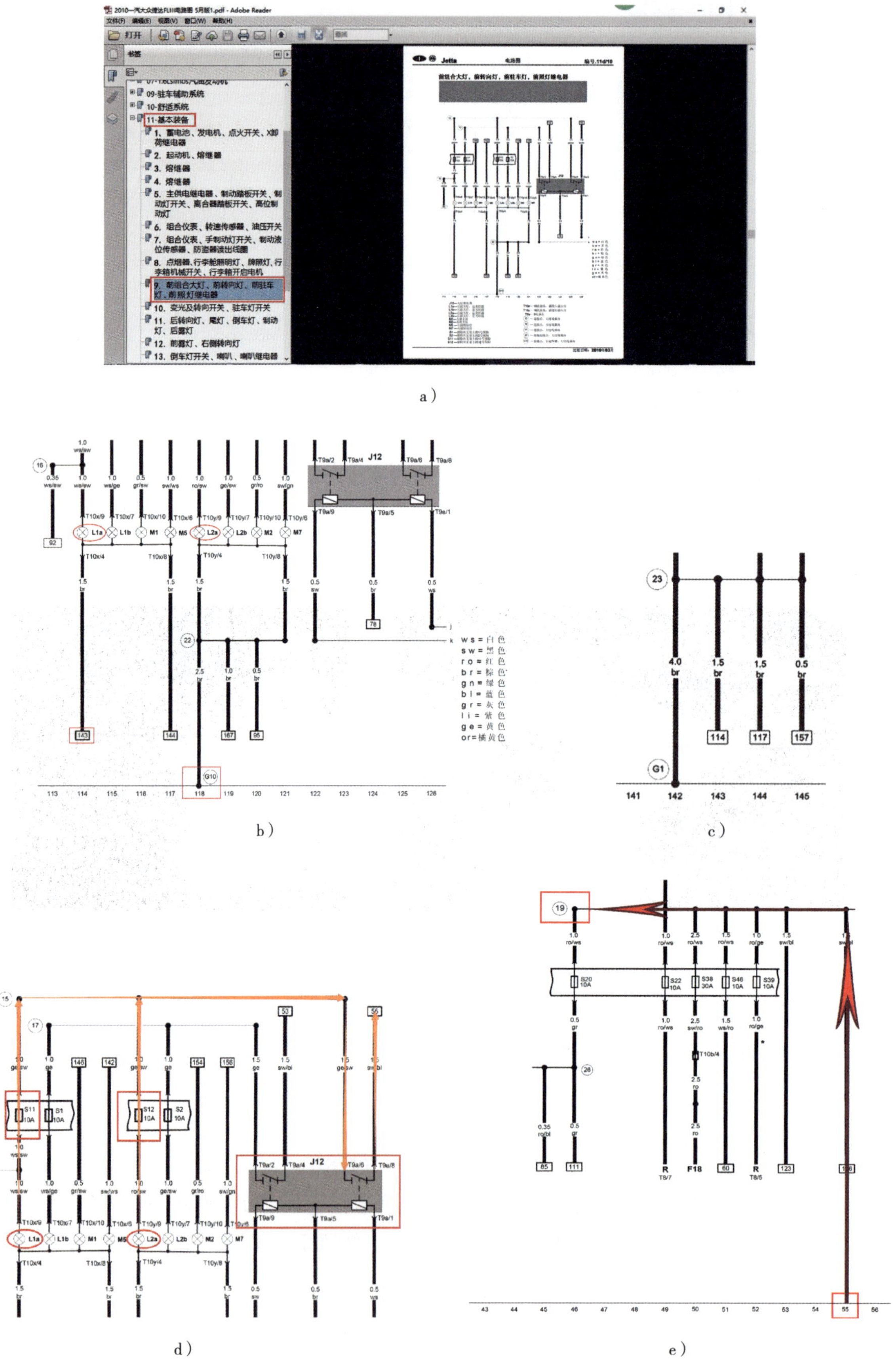

图 10-3　远光灯电路查询及拆画步骤

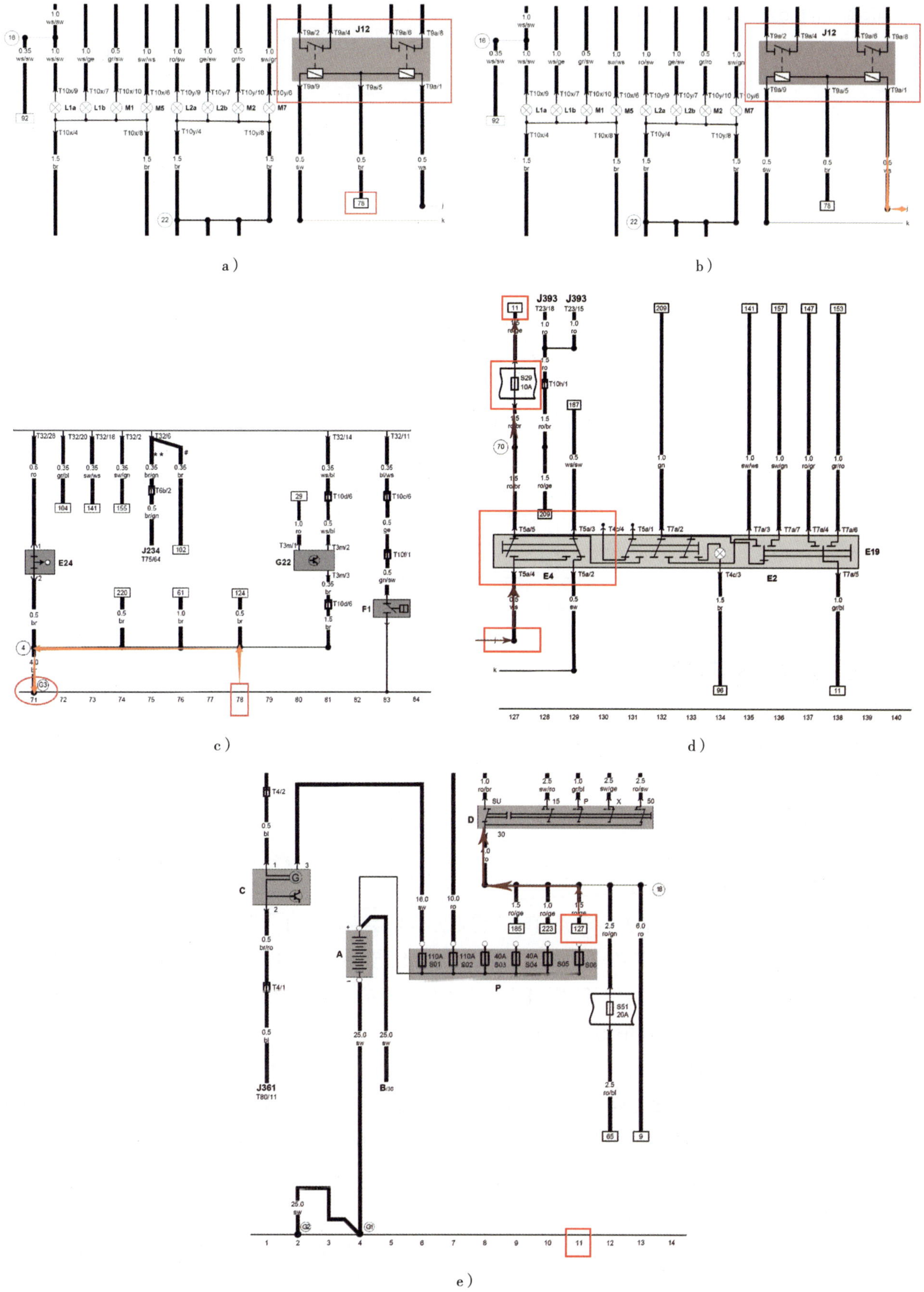

图 10-4 继电器电路查询及拆画步骤

拆画完的远光灯电路图如图 10–5 所示。

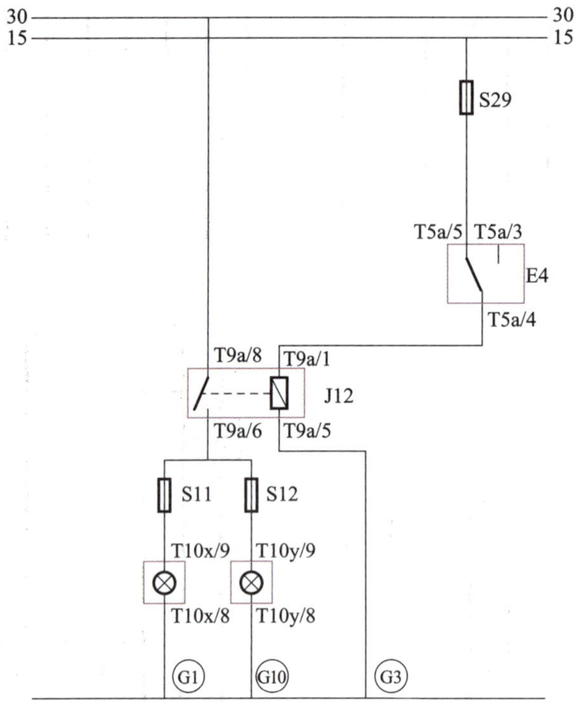

图 10–5 拆画完的远光灯电路图

（三）远光灯电路控制原理

1. 远光灯电路与近光灯电路的区别

与近光灯电路相同，远光灯电路同样受到前照灯继电器的控制。不同的是，远光灯受前照灯继电器中远光灯继电器的控制。远光灯继电器的电源供给主要受变光开关的控制。

远光灯有夜间行车远光和会车（或超车）信号两种功能，因此，这两种功能打开远光的方式也不一样。

2. 夜间行车远光灯的控制方法

夜间行车远光灯是在打开前照灯近光灯时，将近光灯切换为远光灯。它的控制原理与近光灯相同，只是电路在经过变光开关时，变光开关由近光开启位置接通到远光开启位置，将变光开关插接器中原来与 T5a/2 号端子接通的 T5a/3 号端子切换至与 T5a/4 号端子接通，从而断开前照灯继电器中的近光灯继电器电路，接通前照灯继电器中的远光灯继电器电路。

当远光灯继电器电路接通后，由蓄电池正极连接线来的电流经 T9a/8 号端子流经 T9a/6 号端子，并分别通往熔断器架的 S11、S12 号熔断器，接通两侧前照灯插接器的 9 号端子（T10x/9、T10y/9），经过两个远光灯灯泡后，由前照灯插接器的 8 号端子（T10x/8、T10y/8）分别与 G1 和 G10 搭铁，并与蓄电池组成回路。

3. 超车和会车信号灯的控制方法

超车和会车信号灯其实就是利用远光灯作为信号，照射前方或对面车辆驾驶员的视角，以提醒前方车辆或对面车辆注意避让。

具体控制方法如下。

超车和会车时，将变光开关轻抬，变光开关中的控制开关闭合，接通变光开关 T5a/5 号端子和 T5a/4 号端子，将由蓄电池到变光开关 T5a/5 号端子的正极连接线中的电流接通至前照灯继电器中的远光灯继电器，远光灯继电器中的开关闭合，从而使远光灯点亮。

（四）远光灯电路的检查方法

1. 变光开关的检查方法

变光开关的原理如图 6–9 所示。

拔下变光开关插接器，打开点火开关，将前照灯旋钮开关置于前照灯位置，使用万用表检查变光开关 T5a/3 号端子有无电源电压，若无电源电压，说明前方电路断路。使用万用表检查变光开关 T5a/5 号端子有无电源电压，若无电源电压，说明熔断器 S29 熔断，或 T5a/5 号端子前方电路断路。

拔下变光开关插接器，检查变光开关 T5a/3 号端子与 T5a/4 号端子是否导通。若两端子不导通，向上扳动一下开关，再进行一次检查；若仍不导通，说明变光开关损坏。向上轻抬变光开关，检查变光开关 T5a/5 号端子与 T5a/4 号端子是否导通。若两端子不导通，说明变光开关损坏，应进行更换。

2. 前照灯继电器的检查方法

前照灯继电器的原理和端子排列如图 6–6 所示。

拔下前照灯继电器，打开点火开关，将前照灯旋钮开关置于前照灯位置，并将变光开关切换至远光，检查继电器座上 T9a/1 号端子有无电源电压。若 T9a/1 号端子无电源电压，说明继电器前方控制电路中有元件损坏或断路，还应使用万用表欧姆挡检查 T9a/5 号端子与地是否接通，若未接通，说明继电器座 T9a/5 号端子对地线路断路。

拔下前照灯继电器，将其 7 号端子和 3 号端子分别与蓄电池的正负极相连，使用万用表欧姆挡测量前照灯继电器 6 号端子和 8 号端子是否导通，若未导通，说明前照灯继电器损坏。

3. 远光灯灯泡的检查方法

拆开前照灯灯罩后方的防水盖板，拆下远光灯灯泡，目视检查远光灯灯泡有无烧损。远光灯灯泡如图 10–6 所示。

图 10–6　远光灯灯泡

二、任务准备

在下列图片中勾选出完成本任务所需的工具、设备、资料等。

	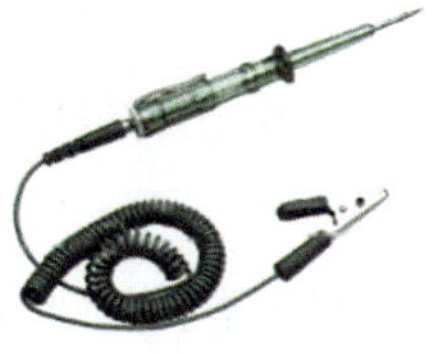	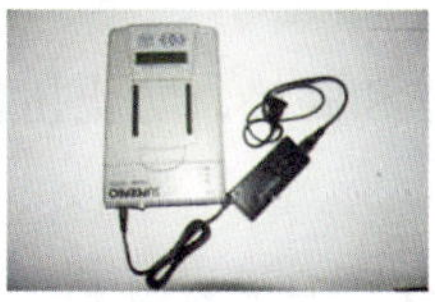	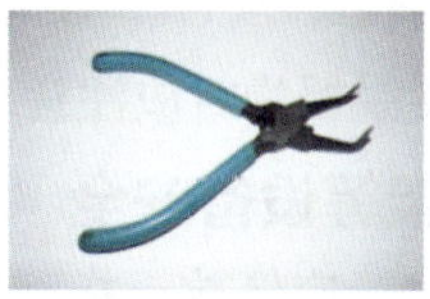	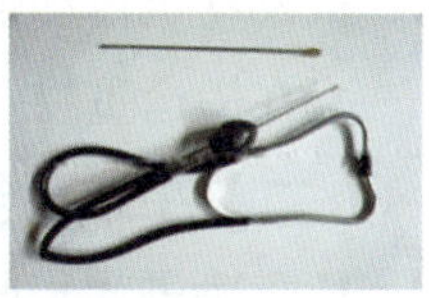
工具车	测电笔	编程器	卡簧钳	听诊器

		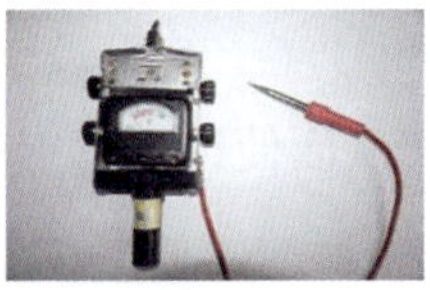	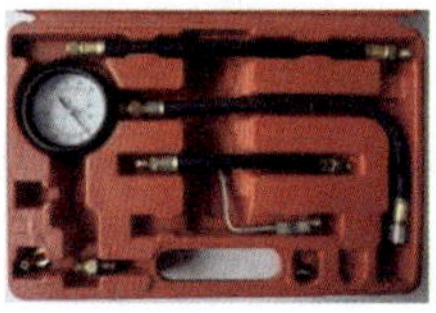	
万用表	手电筒	干荷式电池放电器	压力表	三件套
	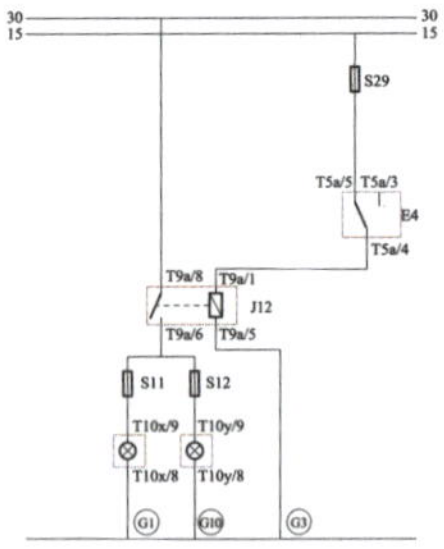	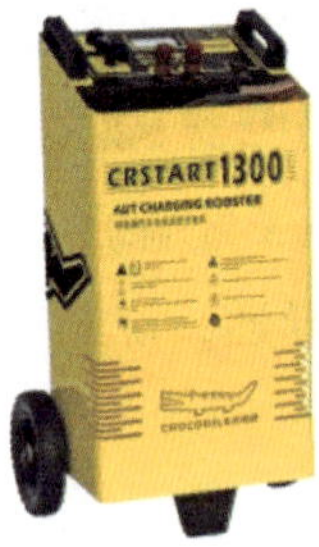		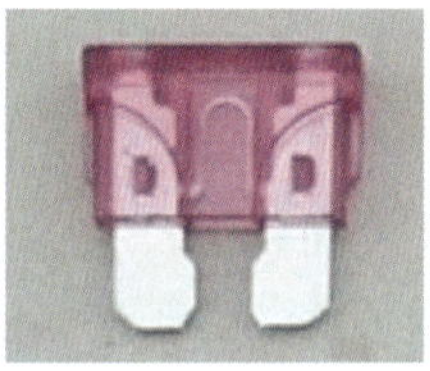
实训整车	拆画好的电路图	充电机	维修手册	熔断器

变光开关	点火开关	灯泡	继电器	跨接线

三、防护措施

（一）个人安全防护

1. 维修操作人员必须身穿工作服、工作鞋，戴工作帽、手套；工作服拉链及皮带扣应藏于衣服内侧，袖口、领口、裤脚扣紧；女生长发要盘起藏在工作帽内。

2. 维修操作人员在进入车间时不应戴手表、戒指、项链等金属饰品。

3. 维修操作人员在进行车辆维修时，应防止脚部被车轮轧伤，手部被车门夹伤或被热的发动机烫伤、被发动机传动带绞伤。

4. 在搬运重物及尖锐器物时应注意动作和姿势，防止扭伤腰部、砸伤脚部或划伤手部。

（二）车辆 / 台架等设备安全

1. 车辆进入车间内，应停放至指定地点，熄灭发动机，将变速器置于空挡位置，并拉紧驻车制动器，台架应将滑轮锁死或用木块固定。

2. 维修操作前，应铺设三件套。发动机启动前应确保其他无关人员远离车辆。

3. 操作电气设备时应注意用电安全。作业结束后，应及时切断一切用电设备的电源。

4. 操作前应熟读维修手册中的操作标准和台架、仪器、设备的使用标准，并做好日常维护工作。

（三）车间场地安全防护

1. 车间应配有干粉灭火器及相应的消防设施，易燃油品应存放在密封的金属罐中。

2. 应时刻注意将车间内的所有工具、零部件、设备、车辆等摆放整齐，工作结束后将其摆放于指定地点保管。

3. 车间内设备或车辆周围的人行道及工作区域必须保证足够的安全空间。

4. 操作过程中应做到油品、工具、配件三不落地，作业完毕应及时清理车间工作场地，做好现场 6 S 管理。

四、任务分配（见表 10-1）

表 10-1 任务分配表

职务	代码	姓名	工作内容
组长	A		
组员	B		
	C		
	D		
	E		
	F		

五、任务实施

（一）操作步骤

将表 10-2 中的工作内容补充完整。

表 10-2 操作步骤

步骤	项目	顺序	工作内容
1	安全防护与工作准备	1	铺设三件套
		2	
		3	
		4	
2	远光灯电路检查	1	拔下熔断器 S11 和 S12，检查熔丝有无熔断。若熔丝熔断，应进行更换；若熔丝正常，使用万用表检查熔断器 S11 和 S12 处有无电源电压（或使用测电笔检查）。若无电源电压，检查前照灯继电器和继电器座；若有电源电压，则插回熔断器，进行下一步检查
		2	
		3	
		4	

续表

步骤	项目	顺序	工作内容
3	前照灯继电器及继电器座检查	1	若在远光灯电路检查中，发现熔断器 S11、S12 处无电源电压，则应拔下前照灯继电器，检查前照灯继电器是否损坏。若前照灯继电器损坏，更换前照灯继电器；若前照灯继电器正常，则进行下一步检查
		2	使用万用表 200 Ω 挡测量前照灯继电器 1 号端子与 7 号端子之间的阻值，正常阻值约为 75 Ω
		3	使用跨接线分别连接前照灯继电器 1 号端子与 7 号端子，然后分别连接蓄电池正负极，使前照灯继电器吸合
		4	使用万用表蜂鸣挡测量前照灯继电器 4 号端子与 5 号端子是否导通
		5	
		6	
		7	
4	灯光开关电路检查	1	若在继电器座检查中发现其 T9a/1 号端子无电源电压，应先检查熔断器 S29 有无熔断。若熔断器熔断，应进行更换；若熔断器正常，则使用万用表或测电笔检查熔断器 S29 处有无电源电压。若熔断器 S29 处无电源电压，应检查点火开关电路；若有电源电压，则进行下一步检查
		2	
		3	拔下变光开关插接器，将变光开关置于远光灯位置，使用万用表蜂鸣挡检查变光开关 T5a/4 号端子与 T5a/5 号端子是否导通。若两端子不导通，说明变光开关损坏，应进行更换；若导通，则装回变光开关插接器，进行下一步检查
		4	
		5	
		6	
5	点火开关电路检查	1	使用万用表 20 V 挡检查熔断器 S29 处有无电源电压。若熔断器 S29 处无电源电压，应拔下点火开关插接器，使用万用表或测电笔检查点火开关端子 30 有无电源电压。若端子 30 无电源电压，说明其与蓄电池正极之间存在断路，应检查蓄电池正极柱和负极柱的连接情况以及蓄电池上方熔断器有无熔断；若有电源电压，则进行下一步检查
		2	
6	整理	1	将工具、设备整理归位
		2	将车辆复位
		3	清理地面卫生

（二）实施记录

结合实施过程，对照表 10-3 的检查项目，勾选或填写实际的检查结果。

表 10-3 实施记录

序号	项目	检查结果	备注
1	测量蓄电池电压	电压值________V	
2	检查熔断器 S11	正常 □ 熔断 □	
3	测量熔断器 S11 插脚电压	电压值________V	
4	检查熔断器 S12	正常 □ 熔断 □	
5	测量熔断器 S12 插脚电压	电压值________V	
6	检查远光灯灯泡	正常 □ 损坏 □	
7	检查远光灯插接器 T10x/9 或 T10y/9 号端子电压	电压值________V	
8	检查搭铁点 G1/G10	接触良好 □ 接触不良 □	
9	检查前照灯继电器（远光）	正常 □ 损坏 □	
10	使用万用表蜂鸣挡检查继电器座的 T9a/6 号端子与熔断器插脚是否导通	导通 □ 不导通 □	
11	使用万用表蜂鸣挡检查继电器座的 T9a/5 号端子与车身任意搭铁点是否导通	导通 □ 不导通 □	
12	打开点火开关，使用万用表或测电笔检查继电器座的 T9a/8 号端子有无电源电压	有 □ 无 □	
13	检查熔断器 S24	正常 □ 熔断 □	
14	测量熔断器 S24 插脚电压	电压值________V	
15	拔下变光开关插接器，打开点火开关，使用万用表或测电笔检查变光开关 T5a/5 号端子有无电源电压	有 □ 无 □	
16	拔下变光开关插接器，将变光开关置于远光灯位置，使用万用表蜂鸣挡检查变光开关 T5a/4 号端子与 T5a/5 号端子是否导通	导通 □ 不导通 □	
17	拔下变光开关插接器，使用万用表蜂鸣挡检查其 T5a/4 号端子与前照灯继电器 T9a/1 号端子是否导通	导通 □ 不导通 □	
18	关闭点火开关，轻抬变光开关，使用万用表或测电笔检查继电器座的 T9a/1 号端子有无电源电压	有 □ 无 □	
19	检查熔断器 S29	正常 □ 熔断 □	
20	测量熔断器 S29 插脚电压	电压值________V	
21	拔下变光开关插接器，轻抬变光开关并保持，使用万用表蜂鸣挡检查变光开关 T5a/4 号端子与 T5a/5 号端子是否导通	导通 □ 不导通 □	
22	打开点火开关，使用万用表检查点火开关端子 30 与端子 X 是否导通	导通 □ 不导通 □	

六、检查

（一）自检

结合本组任务操作过程，对任务执行过程中的操作规范性进行检查，检查操作过程中是否存在以下问题，分析讨论应如何避免并总结规范的操作方法（见表 10–4）。

表 10–4 自检

检查项目	结果
熔断器检查方法是否正确	是 □ 否 □
熔断器插脚电压检查方法是否正确	是 □ 否 □
前照灯继电器及继电器座检查方法是否正确	是 □ 否 □
远光灯电路检查方法是否正确	是 □ 否 □
灯光开关电路检查方法是否正确	是 □ 否 □
点火开关电路检查方法是否正确	是 □ 否 □

（二）互检

组与组之间相互进行任务操作过程及结果检查，并把检查结果填写在表 10–5 中。

表 10–5 互检

检查项目	结果
熔断器检查方法是否正确	是 □ 否 □
熔断器插脚电压检查方法是否正确	是 □ 否 □
前照灯继电器及继电器座检查方法是否正确	是 □ 否 □
远光灯电路检查方法是否正确	是 □ 否 □
灯光开关电路检查方法是否正确	是 □ 否 □
点火开关电路检查方法是否正确	是 □ 否 □

七、课堂小结

____

____

____

任务十一　远光灯故障检查与修理（二）

远光灯故障检查与修理任务工单——熔断器及继电器检查					
客户信息	姓名		职业		
车辆信息	车型	VIN 码		行驶里程	

客户描述

制动灯不亮	□	近光灯不亮	□	远光灯不亮	□	转向灯不亮	□
雾灯不亮	□	发动机加速无力	□	发动机无法启动	□	轮胎气压不足	□
制动跑偏	□	制动液液位偏低	□	蓄电池亏电	□	蓄电池充不上电	□
发电机不发电	□	基本电路故障	□	变光开关损坏	□	玻璃升降器不工作	□
雨刮不工作	□	充电指示灯异常点亮	□				

其他：

车辆外观检查

凹凸 □

划痕 □

石击 □

油漆 □

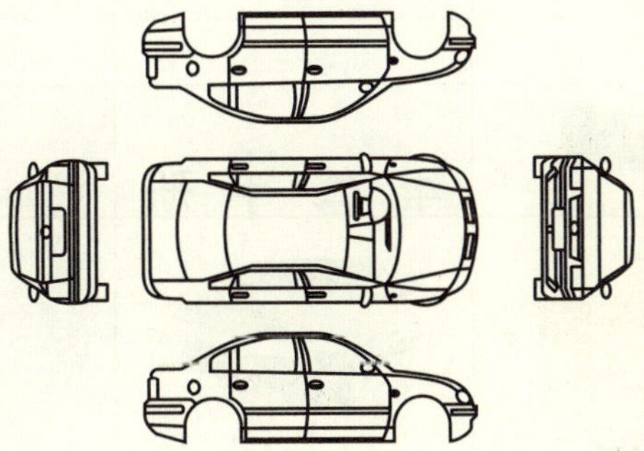

车辆内部检查

污渍 □

破损 □

色斑 □

变形 □

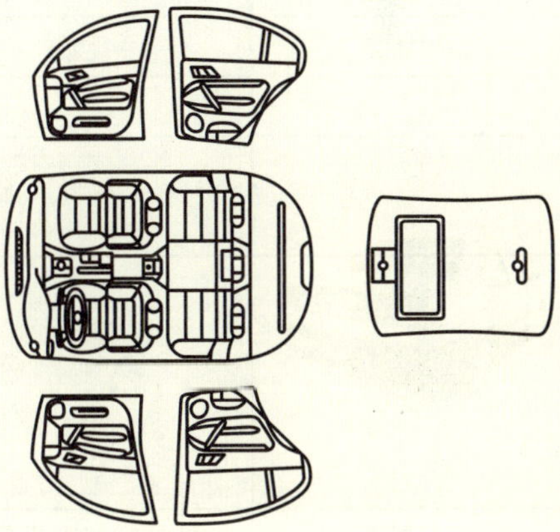

明确具体工作任务

任务目标

- 能够对远光灯常见故障进行检查与修理
- 能够向客户解释远光灯故障的原因

任务内容

- 远光灯的定义及作用
- 远光灯电路拆画方法和控制原理
- 远光灯电路的检查方法

续表

任务重点	● 远光灯电路的拆画与分析
任务难点	● 远光灯电路检查及故障排除方法

一、任务准备

在下列图片中勾选出完成本任务所需的工具、设备、资料等。

	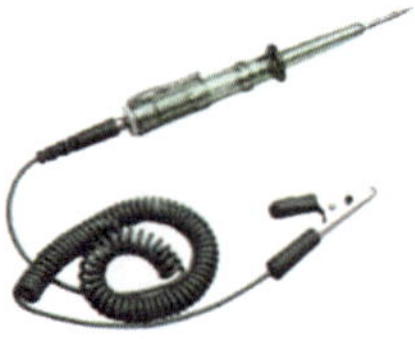	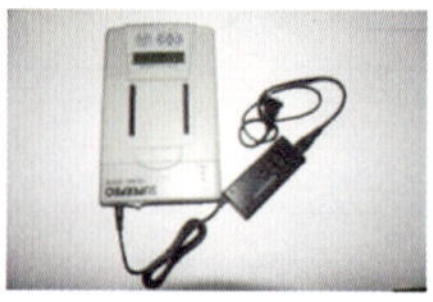	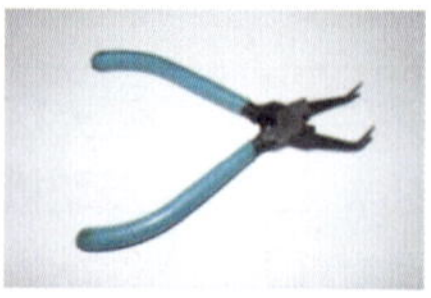	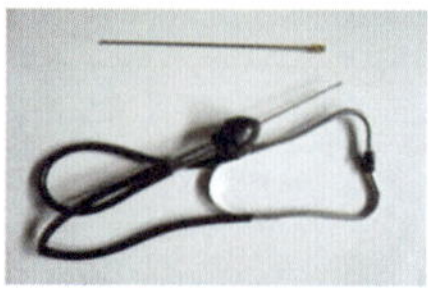
工具车	测电笔	编程器	卡簧钳	听诊器
		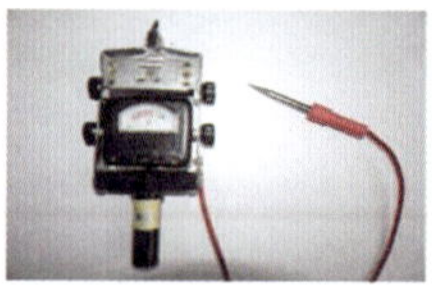	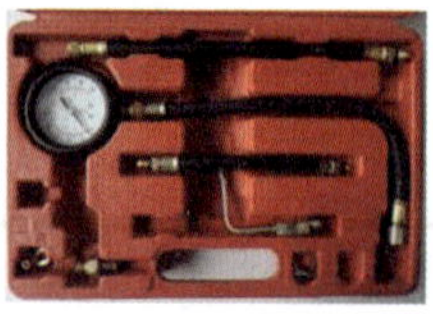	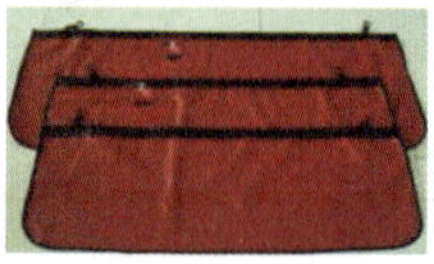
万用表	手电筒	干荷式电池放电器	压力表	三件套
	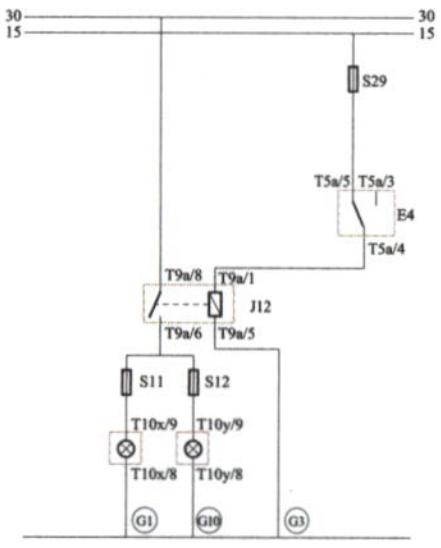	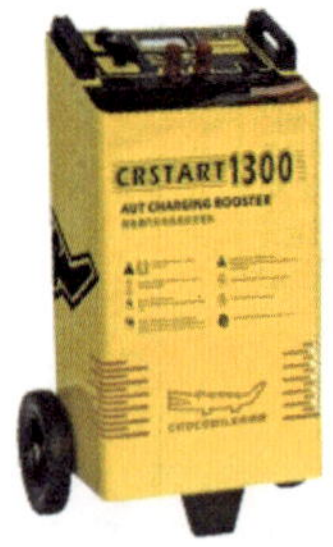		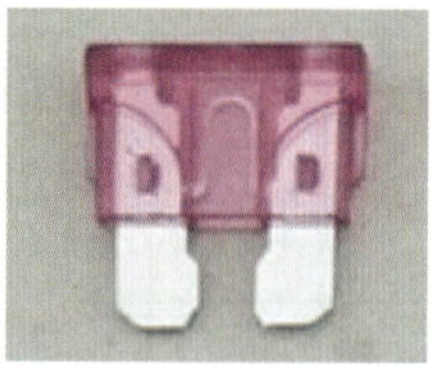
实训整车	拆画好的电路图	充电机	维修手册	熔断器
		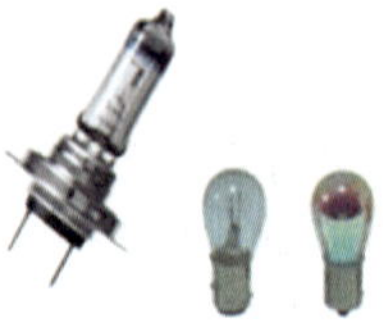		
变光开关	点火开关	灯泡	继电器	跨接线

二、防护措施

（一）个人安全防护

1. 维修操作人员必须身穿工作服、工作鞋，戴工作帽、手套；工作服拉链及皮带扣应藏于衣服内侧，袖口、领口、裤脚扣紧；女生长发要盘起藏在工作帽内。

2. 维修操作人员在进入车间时不应戴手表、戒指、项链等金属饰品。

3. 维修操作人员在进行车辆维修时，应防止脚部被车轮轧伤，手部被车门夹伤或被热的发动机烫伤、被发动机传动带绞伤。

4. 在搬运重物及尖锐器物时应注意动作和姿势，防止扭伤腰部、砸伤脚部或划伤手部。

（二）车辆 / 台架等设备安全

1. 车辆进入车间内，应停放至指定地点，熄灭发动机，将变速器置于空挡位置，并拉紧驻车制动器，台架应将滑轮锁死或用木块固定。

2. 维修操作前，应铺设三件套。发动机启动前应确保其他无关人员远离车辆。

3. 操作电气设备时应注意用电安全。作业结束后，应及时切断一切用电设备的电源。

4. 操作前应熟读维修手册中的操作标准和台架、仪器、设备的使用标准，并做好日常维护工作。

（三）车间场地安全防护

1. 车间应配有干粉灭火器及相应的消防设施，易燃油品应存放在密封的金属罐中。

2. 应时刻注意将车间内的所有工具、零部件、设备、车辆等摆放整齐，工作结束后将其摆放于指定地点保管。

3. 车间内设备或车辆周围的人行道及工作区域必须保证足够的安全空间。

4. 操作过程中应做到油品、工具、配件三不落地，作业完毕应及时清理车间工作场地，做好现场 6 S 管理。

三、任务分配（见表 11-1）

表 11-1 任务分配表

<table>
<tr><th>职务</th><th>代码</th><th>姓名</th><th>工作内容</th></tr>
<tr><td>组长</td><td>A</td><td></td><td></td></tr>
<tr><td rowspan="5">组员</td><td>B</td><td></td><td rowspan="2"></td></tr>
<tr><td>C</td><td></td></tr>
<tr><td>D</td><td></td><td rowspan="3"></td></tr>
<tr><td>E</td><td></td></tr>
<tr><td>F</td><td></td></tr>
</table>

四、任务实施

（一）操作步骤

将表 11–2 中的工作内容补充完整。

表 11–2　操作步骤

步骤	项目	顺序	工作内容
1	安全防护与工作准备	1	铺设三件套
		2	
		3	
		4	
2	远光灯电路检查	1	拔下熔断器 S11 和 S12，检查熔丝有无熔断。若熔丝熔断，应进行更换；若熔丝正常，使用万用表检查熔断器 S11 和 S12 处有无电源电压（或使用测电笔检查）。若无电源电压，检查前照灯继电器和继电器座；若有电源电压，则插回熔断器，进行下一步检查
		2	
		3	
		4	
3	前照灯继电器及继电器座检查	1	若在远光灯电路检查中，发现熔断器 S11、S12 处无电源电压，则应拔下前照灯继电器，检查前照灯继电器是否损坏。若前照灯继电器损坏，更换前照灯继电器；若前照灯继电器正常，则进行下一步检查
		2	使用万用表 200 Ω 挡测量前照灯继电器 1 号端子与 7 号端子之间的阻值，正常阻值约为 75 Ω
		3	使用跨接线分别连接前照灯继电器 1 号端子与 7 号端子，然后分别连接蓄电池正负极，使前照灯继电器吸合
		4	使用万用表蜂鸣挡测量前照灯继电器 4 号端子与 5 号端子是否导通
		5	
		6	
		7	
4	灯光开关电路检查	1	若在继电器座检查中发现其 T9a/1 号端子无电源电压，应先检查熔断器 S29 有无熔断。若熔断器熔断，应进行更换；若熔断器正常，则使用万用表或测电笔检查熔断器 S29 处有无电源电压。若熔断器 S29 处无电源电压，应检查点火开关电路；若有电源电压，则进行下一步检查
		2	
		3	拔下变光开关插接器，将变光开关置于远光灯位置，使用万用表蜂鸣挡检查变光开关 T5a/4 号端子与 T5a/5 号端子是否导通。若两端子不导通，说明变光开关损坏，应进行更换；若导通，则装回变光开关插接器，进行下一步检查
		4	
		5	
		6	

续表

步骤	项目	顺序	工作内容
5	点火开关电路检查	1	使用万用表 20 V 挡检查熔断器 S29 处有无电源电压。若熔断器 S29 处无电源电压，应拔下点火开关插接器，使用万用表或测电笔检查点火开关端子 30 有无电源电压。若端子 30 无电源电压，说明其与蓄电池正极之间存在断路，应检查蓄电池正极柱和负极柱的连接情况以及蓄电池上方熔断器有无熔断；若有电源电压，则进行下一步检查
		2	
6	整理	1	将工具、设备整理归位
		2	将车辆复位
		3	清理地面卫生

（二）实施记录

结合实施过程，对照表 11–3 的检查项目，勾选或填写实际的检查结果。

表 11–3 实施记录

序号	项目	检查结果	备注
1	测量蓄电池电压	电压值________V	
2	检查熔断器 S11	正常 □ 熔断 □	
3	测量熔断器 S11 插脚电压	电压值________V	
4	检查熔断器 S12	正常 □ 熔断 □	
5	测量熔断器 S12 插脚电压	电压值________V	
6	检查远光灯灯泡	正常 □ 损坏 □	
7	检查远光灯插接器 T10x/9 或 T10y/9 号端子电压	电压值________V	
8	检查搭铁点 G1/G10	接触良好 □ 接触不良 □	
9	检查前照灯继电器（远光）	正常 □ 损坏 □	
10	使用万用表蜂鸣挡检查继电器座的 T9a/6 号端子与熔断器插脚是否导通	导通 □ 不导通 □	
11	使用万用表蜂鸣挡检查继电器座的 T9a/5 号端子与车身任意搭铁点是否导通	导通 □ 不导通 □	
12	打开点火开关，使用万用表或测电笔检查继电器座的 T9a/8 号端子有无电源电压	有 □ 无 □	
13	检查熔断器 S24	正常 □ 熔断 □	
14	测量熔断器 S24 插脚电压	电压值________V	
15	拔下变光开关插接器，打开点火开关，使用万用表或测电笔检查变光开关 T5a/5 号端子有无电源电压	有 □ 无 □	

续表

序号	项目	检查结果	备注
16	拔下变光开关插接器，将变光开关置于远光灯位置，使用万用表蜂鸣挡检查变光开关T5a/4号端子与T5a/5号端子是否导通	导通 □　不导通 □	
17	拔下变光开关插接器，使用万用表蜂鸣挡检查其T5a/4号端子与前照灯继电器T9a/1号端子是否导通	导通 □　不导通 □	
18	关闭点火开关，轻抬变光开关，使用万用表或测电笔检查继电器座的T9a/1号端子有无电源电压	有 □　无 □	
19	检查熔断器S29	正常 □　熔断 □	
20	测量熔断器S29插脚电压	电压值________V	
21	拔下变光开关插接器，轻抬变光开关并保持，使用万用表蜂鸣挡检查变光开关T5a/4号端子与T5a/5号端子是否导通	导通 □　不导通 □	
22	打开点火开关，使用万用表检查点火开关端子30与端子X是否导通	导通 □　不导通 □	

五、检查

(一) 自检

结合本组任务操作过程，对任务执行过程中的操作规范性进行检查，检查操作过程中是否存在以下问题，分析讨论应如何避免并总结规范的操作方法（见表11–4）。

表11–4　自检

检查项目	结果
熔断器检查方法是否正确	是 □　否 □
熔断器插脚电压检查方法是否正确	是 □　否 □
前照灯继电器及继电器座检查方法是否正确	是 □　否 □
远光灯电路检查方法是否正确	是 □　否 □
灯光开关电路检查方法是否正确	是 □　否 □
点火开关电路检查方法是否正确	是 □　否 □

(二) 互检

组与组之间相互进行任务操作过程及结果检查，并把检查结果填写在表11–5中。

表 11-5　互检

检查项目	结果
熔断器检查方法是否正确	是 □　否 □
熔断器插脚电压检查方法是否正确	是 □　否 □
前照灯继电器及继电器座检查方法是否正确	是 □　否 □
远光灯电路检查方法是否正确	是 □　否 □
灯光开关电路检查方法是否正确	是 □　否 □
点火开关电路检查方法是否正确	是 □　否 □

六、课堂小结

____

____

____

任务十二　远光灯故障检查与修理（三）

远光灯故障检查与修理任务工单——灯光开关电路检查			
客户信息	姓名		职业
车辆信息	车型	VIN 码	行驶里程

客户描述

制动灯不亮 □	近光灯不亮 □	远光灯不亮 □	转向灯不亮 □
雾灯不亮 □	发动机加速无力 □	发动机无法启动 □	轮胎气压不足 □
制动跑偏 □	制动液液位偏低 □	蓄电池亏电 □	蓄电池充不上电 □
发电机不发电 □	基本电路故障 □	变光开关损坏 □	玻璃升降器不工作 □
雨刮不工作 □	充电指示灯异常点亮 □		

其他：

车辆外观检查		车辆内部检查	
凹凸 □	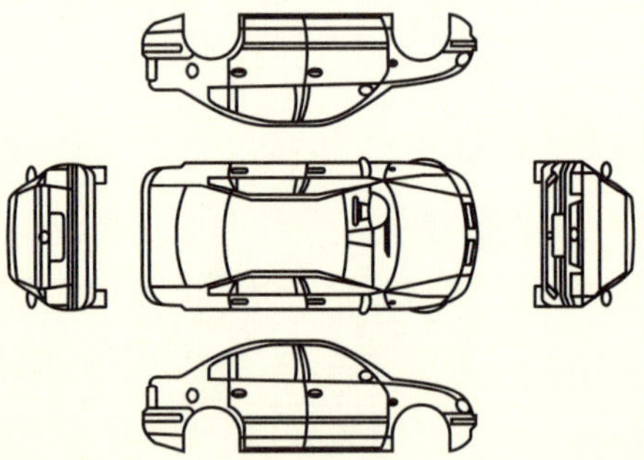	污渍 □	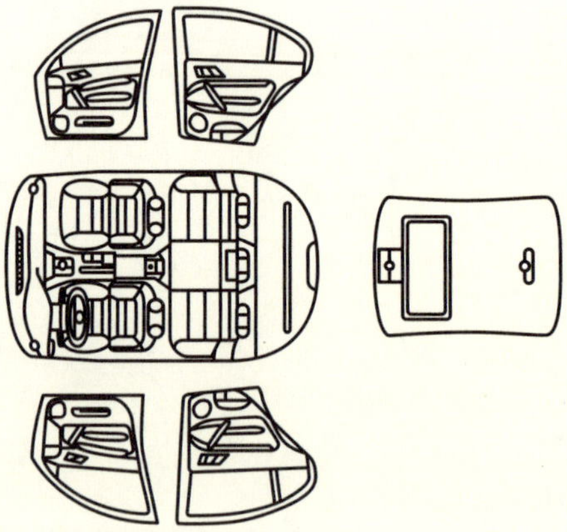
划痕 □		破损 □	
石击 □		色斑 □	
油漆 □		变形 □	

明确具体工作任务

任务目标

- 能够对远光灯常见故障进行检查与修理
- 能够向客户解释远光灯故障的原因

任务内容

- 远光灯的定义及作用
- 远光灯电路拆画方法和控制原理
- 远光灯电路的检查方法

续表

任务重点	● 远光灯电路的拆画与分析
任务难点	● 远光灯电路检查及故障排除方法

一、任务准备

在下列图片中勾选出完成本任务所需的工具、设备、资料等。

	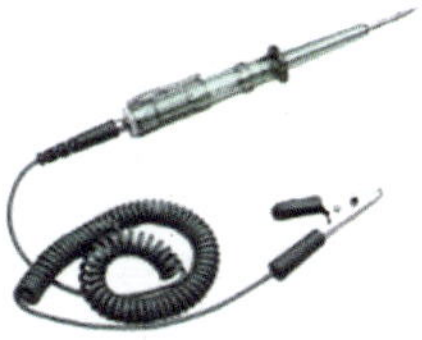	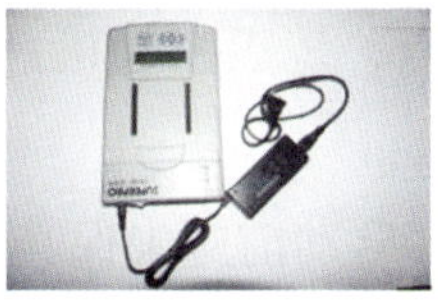	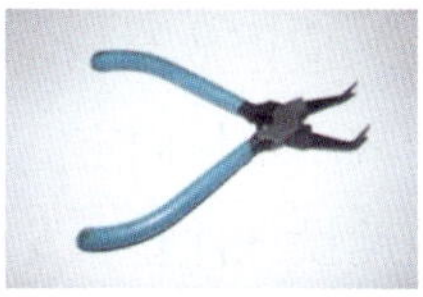	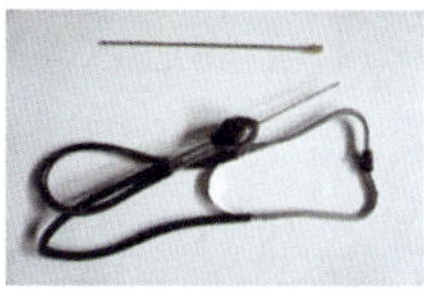
工具车	测电笔	编程器	卡簧钳	听诊器
		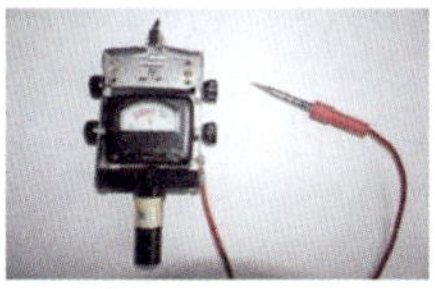	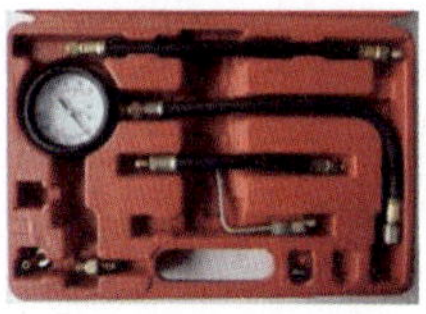	
万用表	手电筒	干荷式电池放电器	压力表	三件套
	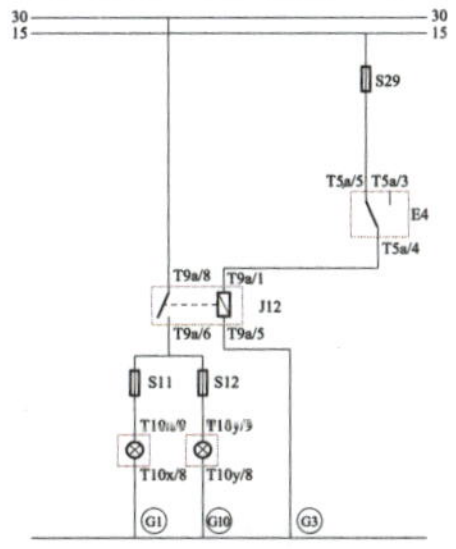	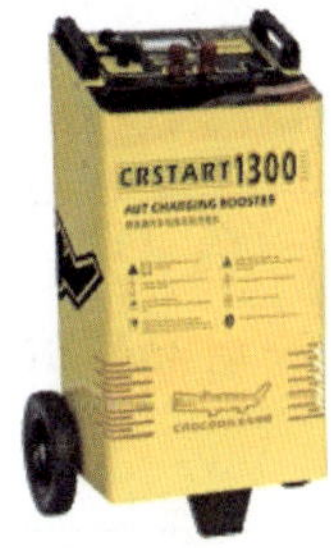		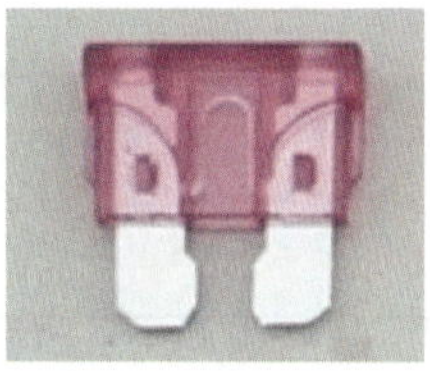
实训整车	拆画好的电路图	充电机	维修手册	熔断器

变光开关	点火开关	灯泡	继电器	跨接线

二、防护措施

（一）个人安全防护

1. 维修操作人员必须身穿工作服、工作鞋，戴工作帽、手套；工作服拉链及皮带扣应藏于衣服内侧，袖口、领口、裤脚扣紧；女生长发要盘起藏在工作帽内。

2. 维修操作人员在进入车间时不应戴手表、戒指、项链等金属饰品。

3. 维修操作人员在进行车辆维修时，应防止脚部被车轮轧伤，手部被车门夹伤或被热的发动机烫伤、被发动机传动带绞伤。

4. 在搬运重物及尖锐器物时应注意动作和姿势，防止扭伤腰部、砸伤脚部或划伤手部。

（二）车辆 / 台架等设备安全

1. 车辆进入车间内，应停放至指定地点，熄灭发动机，将变速器置于空挡位置，并拉紧驻车制动器，台架应将滑轮锁死或用木块固定。

2. 维修操作前，应铺设三件套。发动机启动前应确保其他无关人员远离车辆。

3. 操作电气设备时应注意用电安全。作业结束后，应及时切断一切用电设备的电源。

4. 操作前应熟读维修手册中的操作标准和台架、仪器、设备的使用标准，并做好日常维护工作。

（三）车间场地安全防护

1. 车间应配有干粉灭火器及相应的消防设施，易燃油品应存放在密封的金属罐中。

2. 应时刻注意将车间内的所有工具、零部件、设备、车辆等摆放整齐，工作结束后将其摆放于指定地点保管。

3. 车间内设备或车辆周围的人行道及工作区域必须保证足够的安全空间。

4. 操作过程中应做到油品、工具、配件三不落地，作业完毕应及时清理车间工作场地，做好现场 6 S 管理。

三、任务分配（见表 12-1）

表 12-1　任务分配表

职务	代码	姓名	工作内容
组长	A		
组员	B		
	C		
	D		
	E		
	F		

四、任务实施

（一）操作步骤

将表 12-2 中的工作内容补充完整。

表 12-2　操作步骤

步骤	项目	顺序	工作内容
1	安全防护与工作准备	1	铺设三件套
		2	
		3	
		4	
2	远光灯电路检查	1	拔下熔断器 S11 和 S12，检查熔丝有无熔断。若熔丝熔断，应进行更换；若熔丝正常，使用万用表检查熔断器 S11 和 S12 处有无电源电压（或使用测电笔检查）。若无电源电压，检查前照灯继电器和继电器座；若有电源电压，则插回熔断器，进行下一步检查
		2	
		3	
		4	
3	前照灯继电器及继电器座检查	1	若在远光灯电路检查中，发现熔断器 S11、S12 处无电源电压，则应拔下前照灯继电器，检查前照灯继电器是否损坏。若前照灯继电器损坏，更换前照灯继电器；若前照灯继电器正常，则进行下一步检查
		2	使用万用表 200 Ω 挡测量前照灯继电器 1 号端子与 7 号端子之间的阻值，正常阻值约为 75 Ω
		3	使用跨接线分别连接前照灯继电器 1 号端子与 7 号端子，然后分别连接蓄电池正负极，使前照灯继电器吸合
		4	使用万用表蜂鸣挡测量前照灯继电器 4 号端子与 5 号端子是否导通
		5	
		6	
		7	
4	灯光开关电路检查	1	若在继电器座检查中发现其 T9a/1 号端子无电源电压，应先检查熔断器 S29 有无熔断。若熔断器熔断，应进行更换；若熔断器正常，则使用万用表或测电笔检查熔断器 S29 处有无电源电压。若熔断器 S29 处无电源电压，应检查点火开关电路；若有电源电压，则进行下一步检查
		2	
		3	拔下变光开关插接器，将变光开关置于远光灯位置，使用万用表蜂鸣挡检查变光开关 T5a/4 号端子与 T5a/5 号端子是否导通。若两端子不导通，说明变光开关损坏，应进行更换；若导通，则装回变光开关插接器，进行下一步检查
		4	
		5	
		6	

续表

步骤	项目	顺序	工作内容
5	点火开关电路检查	1	使用万用表 20 V 挡检查熔断器 S29 处有无电源电压。若熔断器 S29 处无电源电压，应拔下点火开关插接器，使用万用表或测电笔检查点火开关端子 30 有无电源电压。若端子 30 无电源电压，说明其与蓄电池正极之间存在断路，应检查蓄电池正极柱和负极柱的连接情况以及蓄电池上方熔断器有无熔断；若有电源电压，则进行下一步检查
		2	
6	整理	1	将工具、设备整理归位
		2	将车辆复位
		3	清理地面卫生

（二）实施记录

结合实施过程，对照表 12-3 的检查项目，勾选或填写实际的检查结果。

表 12-3　实施记录

序号	项目	检查结果	备注
1	测量蓄电池电压	电压值________V	
2	检查熔断器 S11	正常 □　熔断 □	
3	测量熔断器 S11 插脚电压	电压值________V	
4	检查熔断器 S12	正常 □　熔断 □	
5	测量熔断器 S12 插脚电压	电压值________V	
6	检查远光灯灯泡	正常 □　损坏 □	
7	检查远光灯插接器 T10x/9 或 T10y/9 号端子电压	电压值________V	
8	检查搭铁点 G1/G10	接触良好 □　接触不良 □	
9	检查前照灯继电器（远光）	正常 □　损坏 □	
10	使用万用表蜂鸣挡检查继电器座的 T9a/6 号端子与熔断器插脚是否导通	导通 □　不导通 □	
11	使用万用表蜂鸣挡检查继电器座的 T9a/5 号端子与车身任意搭铁点是否导通	导通 □　不导通 □	
12	打开点火开关，使用万用表或测电笔检查继电器座的 T9a/8 号端子有无电源电压	有 □　无 □	
13	检查熔断器 S24	正常 □　熔断 □	
14	测量熔断器 S24 插脚电压	电压值________V	
15	拔下变光开关插接器，打开点火开关，使用万用表或测电笔检查变光开关 T5a/5 号端子有无电源电压	有 □　无 □	

续表

序号	项目	检查结果	备注
16	拔下变光开关插接器，将变光开关置于远光灯位置，使用万用表蜂鸣挡检查变光开关 T5a/4 号端子与 T5a/5 号端子是否导通	导通 □ 不导通 □	
17	拔下变光开关插接器，使用万用表蜂鸣挡检查其 T5a/4 号端子与前照灯继电器 T9a/1 号端子是否导通	导通 □ 不导通 □	
18	关闭点火开关，轻抬变光开关，使用万用表或测电笔检查继电器座的 T9a/1 号端子有无电源电压	有 □ 无 □	
19	检查熔断器 S29	正常 □ 熔断 □	
20	测量熔断器 S29 插脚电压	电压值_________ V	
21	拔下变光开关插接器，轻抬变光开关并保持，使用万用表蜂鸣挡检查变光开关 T5a/4 号端子与 T5a/5 号端子是否导通	导通 □ 不导通 □	
22	打开点火开关，使用万用表检查点火开关端子 30 与端子 X 是否导通	导通 □ 不导通 □	

五、检查

（一）自检

结合本组任务操作过程，对任务执行过程中的操作规范性进行检查，检查操作过程中是否存在以下问题，分析讨论应如何避免并总结规范的操作方法（见表 12–4）。

表 12–4 自检

检查项目	结果
熔断器检查方法是否正确	是 □ 否 □
熔断器插脚电压检查方法是否正确	是 □ 否 □
前照灯继电器及继电器座检查方法是否正确	是 □ 否 □
远光灯电路检查方法是否正确	是 □ 否 □
灯光开关电路检查方法是否正确	是 □ 否 □
点火开关电路检查方法是否正确	是 □ 否 □

（二）互检

组与组之间相互进行任务操作过程及结果检查，并把检查结果填写在表 12–5 中。

表 12-5　互检

检查项目	结果
熔断器检查方法是否正确	是☐　否☐
熔断器插脚电压检查方法是否正确	是☐　否☐
前照灯继电器及继电器座检查方法是否正确	是☐　否☐
远光灯电路检查方法是否正确	是☐　否☐
灯光开关电路检查方法是否正确	是☐　否☐
点火开关电路检查方法是否正确	是☐　否☐

六、课堂小结

任务十三　远光灯故障检查与修理（四）

远光灯故障检查与修理任务工单——点火开关电路检查					
客户信息	姓名		职业		
车辆信息	车型		VIN 码		行驶里程

客户描述				
	制动灯不亮 □	近光灯不亮 □	远光灯不亮 □	转向灯不亮 □
	雾灯不亮 □	发动机加速无力 □	发动机无法启动 □	轮胎气压不足 □
	制动跑偏 □	制动液液位偏低 □	蓄电池亏电 □	蓄电池充不上电 □
	发电机不发电 □	基本电路故障 □	变光开关损坏 □	玻璃升降器不工作 □
	雨刮不工作 □	充电指示灯异常点亮 □		
	其他：			

车辆外观检查		车辆内部检查	
凹凸 □	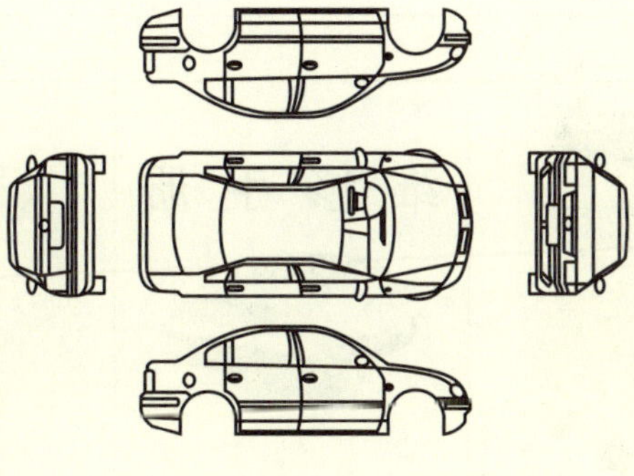	污渍 □	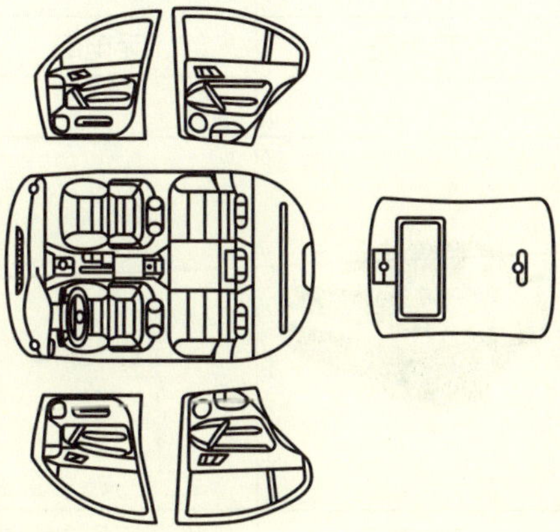
划痕 □		破损 □	
石击 □		色斑 □	
油漆 □		变形 □	

明确具体工作任务	

任务目标

- 能够对远光灯常见故障进行检查与修理
- 能够向客户解释远光灯故障的原因

任务内容

- 远光灯的定义及作用
- 远光灯电路拆画方法和控制原理
- 远光灯电路的检查方法

续表

任务重点	● 远光灯电路的拆画与分析
任务难点	● 远光灯电路检查及故障排除方法

一、任务准备

在下列图片中勾选出完成本任务所需的工具、设备、资料等。

	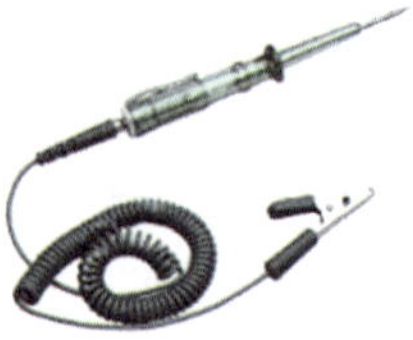	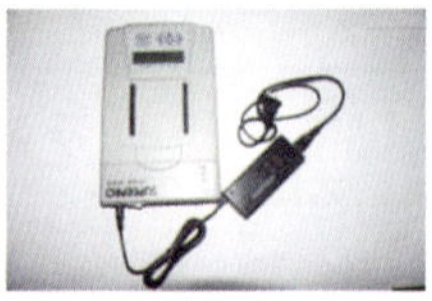	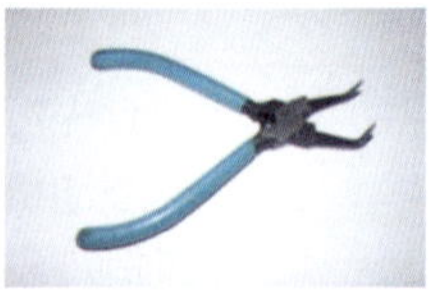	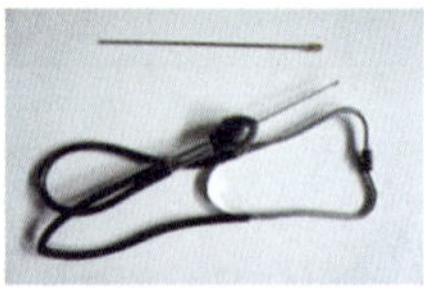
工具车	测电笔	编程器	卡簧钳	听诊器
		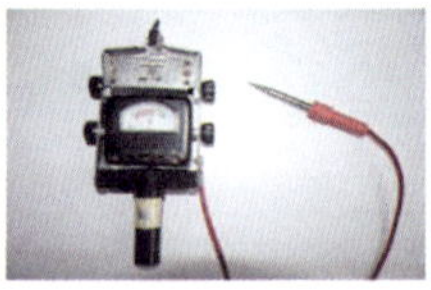	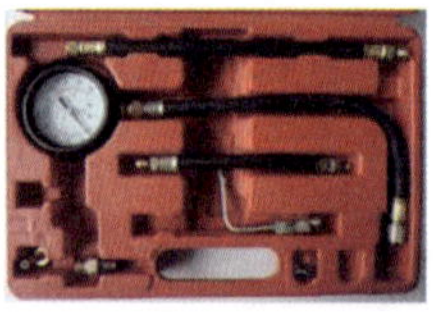	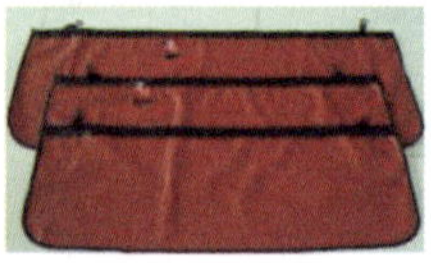
万用表	手电筒	干荷式电池放电器	压力表	三件套
	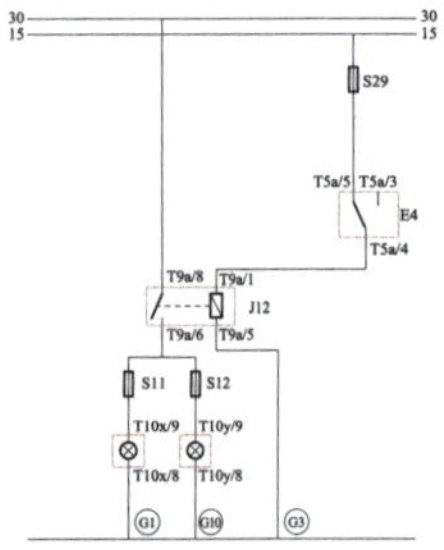	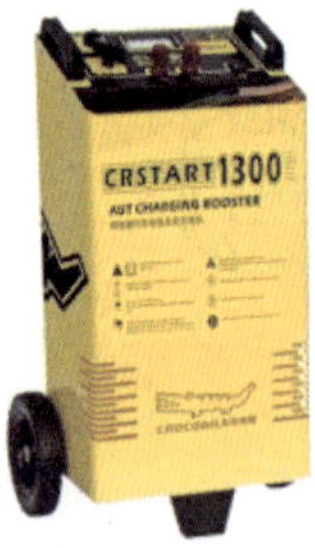		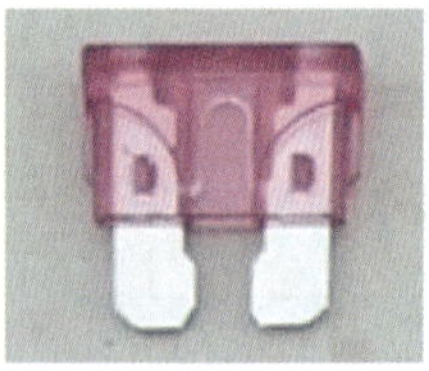
实训整车	拆画好的电路图	充电机	维修手册	熔断器

变光开关	点火开关	灯泡	继电器	跨接线

二、防护措施

（一）个人安全防护

1. 维修操作人员必须身穿工作服、工作鞋，戴工作帽、手套；工作服拉链及皮带扣应藏于衣服内侧，袖口、领口、裤脚扣紧；女生长发要盘起藏在工作帽内。

2. 维修操作人员在进入车间时不应戴手表、戒指、项链等金属饰品。

3. 维修操作人员在进行车辆维修时，应防止脚部被车轮轧伤，手部被车门夹伤或被热的发动机烫伤、被发动机传动带绞伤。

4. 在搬运重物及尖锐器物时应注意动作和姿势，防止扭伤腰部、砸伤脚部或划伤手部。

（二）车辆 / 台架等设备安全

1. 车辆进入车间内，应停放至指定地点，熄灭发动机，将变速器置于空挡位置，并拉紧驻车制动器，台架应将滑轮锁死或用木块固定。

2. 维修操作前，应铺设三件套。发动机启动前应确保其他无关人员远离车辆。

3. 操作电气设备时应注意用电安全。作业结束后，应及时切断一切用电设备的电源。

4. 操作前应熟读维修手册中的操作标准和台架、仪器、设备的使用标准，并做好日常维护工作。

（三）车间场地安全防护

1. 车间应配有干粉灭火器及相应的消防设施，易燃油品应存放在密封的金属罐中。

2. 应时刻注意将车间内的所有工具、零部件、设备、车辆等摆放整齐，工作结束后将其摆放于指定地点保管。

3. 车间内设备或车辆周围的人行道及工作区域必须保证足够的安全空间。

4. 操作过程中应做到油品、工具、配件三不落地，作业完毕应及时清理车间工作场地，做好现场 6 S 管理。

三、任务分配（见表 13-1）

表 13-1 任务分配表

职务	代码	姓名	工作内容
组长	A		
组员	B		
	C		
	D		
	E		
	F		

四、任务实施

（一）操作步骤

将表 13–2 中的工作内容补充完整。

表 13–2　操作步骤

步骤	项目	顺序	工作内容
1	安全防护与工作准备	1	铺设三件套
		2	
		3	
		4	
2	远光灯电路检查	1	拔下熔断器 S11 和 S12，检查熔丝有无熔断。若熔丝熔断，应进行更换；若熔丝正常，使用万用表检查熔断器 S11 和 S12 处有无电源电压（或使用测电笔检查）。若无电源电压，检查前照灯继电器和继电器座；若有电源电压，则插回熔断器，进行下一步检查
		2	
		3	
		4	
3	前照灯继电器及继电器座检查	1	若在远光灯电路检查中，发现熔断器 S11、S12 处无电源电压，则应拔下前照灯继电器，检查前照灯继电器是否损坏。若前照灯继电器损坏，更换前照灯继电器；若前照灯继电器正常，则进行下一步检查
		2	使用万用表 200 Ω 挡测量前照灯继电器 1 号端子与 7 号端子之间的阻值，正常阻值约为 75 Ω
		3	使用跨接线分别连接前照灯继电器 1 号端子与 7 号端子，然后分别连接蓄电池正负极，使前照灯继电器吸合
		4	使用万用表蜂鸣挡测量前照灯继电器 4 号端子与 5 号端子是否导通
		5	
		6	
		7	
4	灯光开关电路检查	1	若在继电器座检查中发现其 T9a/1 号端子无电源电压，应先检查熔断器 S29 有无熔断。若熔断器熔断，应进行更换；若熔断器正常，则使用万用表或测电笔检查熔断器 S29 处有无电源电压。若熔断器 S29 处无电源电压，应检查点火开关电路；若有电源电压，则进行下一步检查
		2	
		3	拔下变光开关插接器，将变光开关置于远光灯位置，使用万用表蜂鸣挡检查变光开关 T5a/4 号端子与 T5a/5 号端子是否导通。若两端子不导通，说明变光开关损坏，应进行更换；若导通，则装回变光开关插接器，进行下一步检查
		4	
		5	
		6	

续表

步骤	项目	顺序	工作内容
5	点火开关电路检查	1	使用万用表 20 V 挡检查熔断器 S29 处有无电源电压。若熔断器 S29 处无电源电压，应拔下点火开关插接器，使用万用表或测电笔检查点火开关端子 30 有无电源电压。若端子 30 无电源电压，说明其与蓄电池正极之间存在断路，应检查蓄电池正极柱和负极柱的连接情况以及蓄电池上方熔断器有无熔断；若有电源电压，则进行下一步检查
		2	
6	整理	1	将工具、设备整理归位
		2	将车辆复位
		3	清理地面卫生

（二）实施记录

结合实施过程，对照表 13-3 的检查项目，勾选或填写实际的检查结果。

表 13-3 实施记录

序号	项目	检查结果	备注
1	测量蓄电池电压	电压值________V	
2	检查熔断器 S11	正常 □ 熔断 □	
3	测量熔断器 S11 插脚电压	电压值________V	
4	检查熔断器 S12	正常 □ 熔断 □	
5	测量熔断器 S12 插脚电压	电压值________V	
6	检查远光灯灯泡	正常 □ 损坏 □	
7	检查远光灯插接器 T10x/9 或 T10y/9 号端子电压	电压值________V	
8	检查搭铁点 G1/G10	接触良好 □ 接触不良 □	
9	检查前照灯继电器（远光）	正常 □ 损坏 □	
10	使用万用表蜂鸣挡检查继电器座的 T9a/6 号端子与熔断器插脚是否导通	导通 □ 不导通 □	
11	使用万用表蜂鸣挡检查继电器座的 T9a/5 号端子与车身任意搭铁点是否导通	导通 □ 不导通 □	
12	打开点火开关，使用万用表或测电笔检查继电器座的 T9a/8 号端子有无电源电压	有 □ 无 □	
13	检查熔断器 S24	正常 □ 熔断 □	
14	测量熔断器 S24 插脚电压	电压值________V	
15	拔下变光开关插接器，打开点火开关，使用万用表或测电笔检查变光开关 T5a/5 号端子有无电源电压	有 □ 无 □	

续表

序号	项目	检查结果	备注
16	拔下变光开关插接器，将变光开关置于远光灯位置，使用万用表蜂鸣挡检查变光开关T5a/4号端子与T5a/5号端子是否导通	导通 □ 不导通 □	
17	拔下变光开关插接器，使用万用表蜂鸣挡检查其T5a/4号端子与前照灯继电器T9a/1号端子是否导通	导通 □ 不导通 □	
18	关闭点火开关，轻抬变光开关，使用万用表或测电笔检查继电器座的T9a/1号端子有无电源电压	有 □ 无 □	
19	检查熔断器S29	正常 □ 熔断 □	
20	测量熔断器S29插脚电压	电压值________V	
21	拔下变光开关插接器，轻抬变光开关并保持，使用万用表蜂鸣挡检查变光开关T5a/4号端子与T5a/5号端子是否导通	导通 □ 不导通 □	
22	打开点火开关，使用万用表检查点火开关端子30与端子X是否导通	导通 □ 不导通 □	

五、检查

（一）自检

结合本组任务操作过程，对任务执行过程中的操作规范性进行检查，检查操作过程中是否存在以下问题，分析讨论应如何避免并总结规范的操作方法（见表13–4）。

表13–4 自检

检查项目	结果
熔断器检查方法是否正确	是 □ 否 □
熔断器插脚电压检查方法是否正确	是 □ 否 □
前照灯继电器及继电器座检查方法是否正确	是 □ 否 □
远光灯电路检查方法是否正确	是 □ 否 □
灯光开关电路检查方法是否正确	是 □ 否 □
点火开关电路检查方法是否正确	是 □ 否 □

（二）互检

组与组之间相互进行任务操作过程及结果检查，并把检查结果填写在表13–5中。

表 13-5 互检

检查项目	结果
熔断器检查方法是否正确	是☐ 否☐
熔断器插脚电压检查方法是否正确	是☐ 否☐
前照灯继电器及继电器座检查方法是否正确	是☐ 否☐
远光灯电路检查方法是否正确	是☐ 否☐
灯光开关电路检查方法是否正确	是☐ 否☐
点火开关电路检查方法是否正确	是☐ 否☐

六、课堂小结

____

____

____

任务十四　转向灯故障诊断与维修（一）

转向灯故障诊断与维修任务工单——转向灯电路检修						
客户信息	姓名		职业			
车辆信息	车型		VIN 码		行驶里程	
客户描述	制动灯不亮 □	近光灯不亮 □	远光灯不亮 □	转向灯不亮 □		
	雾灯不亮 □	发动机加速无力 □	发动机无法启动 □	轮胎气压不足 □		
	制动跑偏 □	制动液液位偏低 □	蓄电池亏电 □	蓄电池充不上电 □		
	发电机不发电 □	基本电路故障 □	变光开关损坏 □	玻璃升降器不工作 □		
	雨刮不工作 □	充电指示灯异常点亮 □				
	其他：					

车辆外观检查		车辆内部检查	
凹凸 □	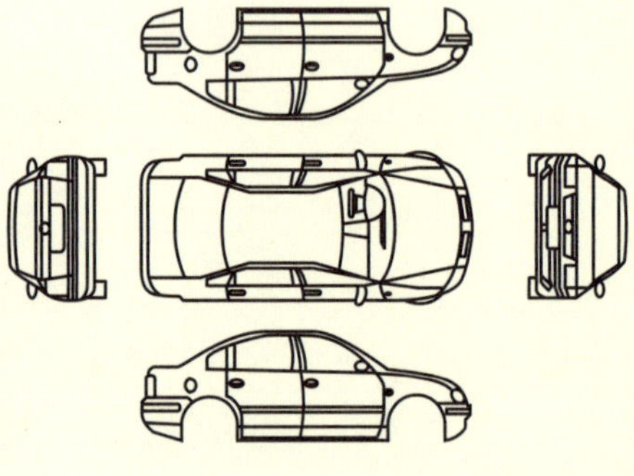	污渍 □	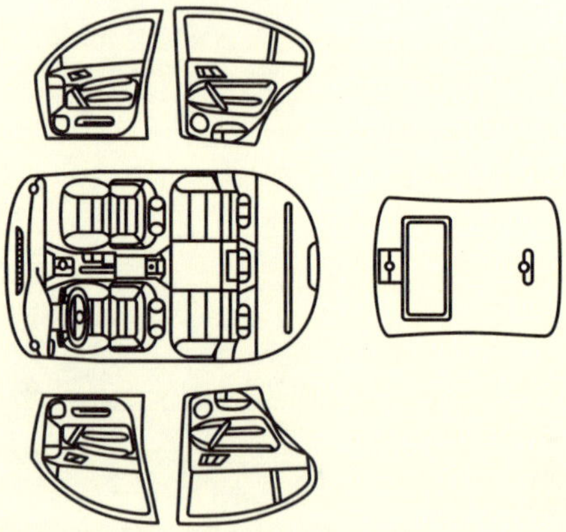
划痕 □		破损 □	
石击 □		色斑 □	
油漆 □		变形 □	

明确具体工作任务	
任务目标	● 能够对汽车转向灯电路故障进行排查
任务内容	● 转向灯、安全警告灯的作用 ● 转向灯、安全警告灯的控制原理 ● 转向灯、安全警告灯电路的检查方法

续表

任务重点	● 转向灯、安全警告灯的控制原理 ● 转向灯、安全警告灯电路的检查方法
任务难点	● 转向灯、安全警告灯的控制原理 ● 转向灯、安全警告灯电路的检查方法

一、知识讲解

（一）转向灯、安全警告灯的作用

1. 转向灯的作用

转向灯与制动灯一样，都是车辆行驶过程中必不可少的信号指示灯，它通过闪烁某一侧前方和后方的黄色灯光来表示转向的意图，用以提醒对面或后方行驶车辆注意避让。

转向灯除了安装在车辆的前方和后方之外，有的还安装在侧面，用以提醒左右两侧行驶车辆注意避让。侧面转向灯一般安装在前翼子板或外后视镜上，如图 14–1 所示。

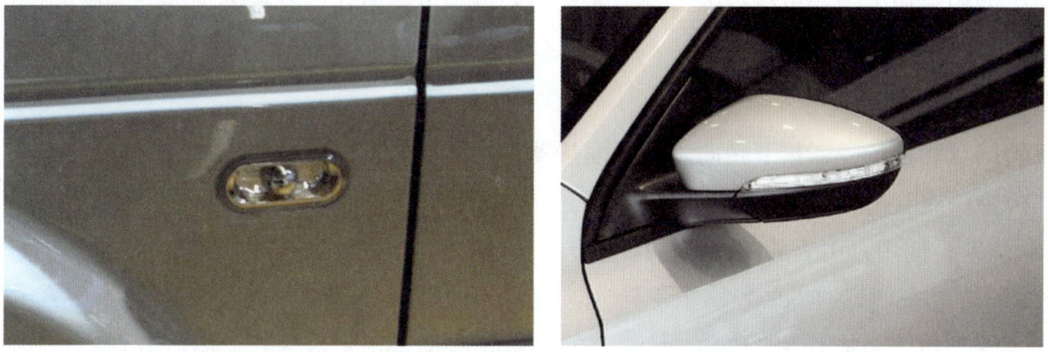

翼子板上的转向灯　　外后视镜上的转向灯

图 14–1　侧面转向灯的安装位置

2. 安全警告灯的作用

安全警告灯的作用是在出现紧急情况时，通过安全警告灯开关（图 14–2），同时打开左右两侧的转向灯，用以提醒前方或后方车辆注意避让。

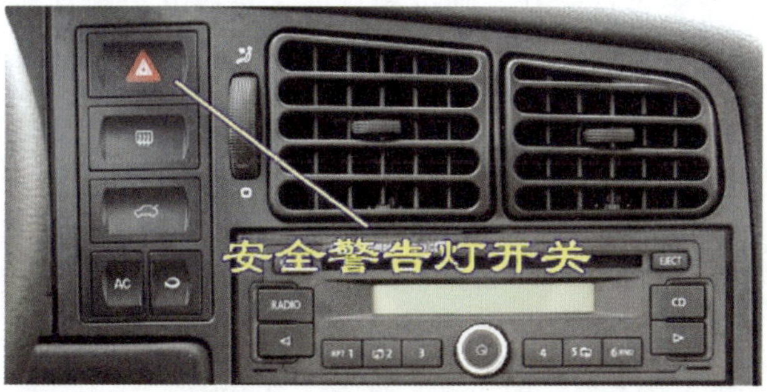

图 14–2　安全警告灯开关

（二）转向灯、安全警告灯的控制原理

1. 转向灯的控制原理

当打开点火开关时，电源经过熔断器 S17 和电子集成开关的 T17a/6 号端子，向电子集成开关中的闪光继电器供电，并通过电子集成开关的 T17a/8 号端子接地。

当打开转向灯开关时（无论是左转向，还是右转向），电子集成开关中的闪光继电器都将通过 T17a/17 号端子向外发出脉冲电压，使转向灯闪烁点亮。

2. 安全警告灯的控制原理

安全警告灯由电子集成开关和应急开关进行控制，熔断器 S29 向电子集成开关的 T17a/5 号端子和应急开关提供不受点火开关控制的电源电压。当按下应急开关时，闪光继电器收到电压信号开始工作，分别通过电子集成开关的 T17a/16、T17a/12 号端子向左右两侧转向灯同时发出脉冲电压，使所有转向灯闪烁点亮。

（三）转向灯、安全警告灯电路的检查方法

1. 熔断器的检查

将与电子集成开关相关的熔断器 S17、S29、S35、S48 分别从熔断器架上拔下，并使用万用表检测熔丝是否熔断。若熔断器熔丝熔断，则更换新的熔断器；若熔断器熔丝未熔断，则插上熔断器，打开点火开关，使用万用表或测电笔分别检测熔断器两端有无电源电压。若熔断器两端无电源电压，则应检查熔断器与电源之间的线路连接是否正常。

2. 转向灯开关的检查

拆下转向盘管柱护壳，拔下转向灯开关插接器，然后将转向灯开关拨至“左转向”位置，使用万用表的二极管挡或欧姆挡检查转向灯开关的 T7a/2 号端子与 T7a/3 号端子是否导通；将转向灯开关拨至“右转向”位置，使用万用表的相同挡位检查转向灯开关的 T7a/2 号端子与 T7a/7 号端子是否导通。若 T7a/2 号端子与 T7a/3 号、T7a/7 号端子都导通，说明转向灯开关正常，应检查转向灯开关 T7a/2 号端子的连接导线与电子集成开关 T17a/17 号端子的连接导线是否正常。另外，还应分别检查转向灯开关 T7a/3 号端子和 T7a/7 号端子与左、右转向灯之间的连接导线是否正常。

3. 电子集成开关的检查

若检查转向灯开关、导线和灯泡均无损坏，怀疑是电子集成开关损坏时，可采用更换一个新的电子集成开关的方式，来检查其是否存在故障。若更换新的电子集成开关后故障消失，说明是电子集成开关损坏；若故障依然存在，则可能是其他部位故障。

4. 安全警告灯电路的检查

若转向灯工作正常，安全警告灯不亮，则可能是电子集成开关损坏或电子集成开关后方的电路出现故障。应先采用替换法确定是否为电子集成开关故障。若电子集成开关正常，则应分别检查其 T17a/12 号端子和 T17a/16 号端子与左、右转向灯之间的连接导线是否出现断路或短路故障。

二、任务准备

在下列图片中勾选出完成本任务所需的工具、设备、资料等。

	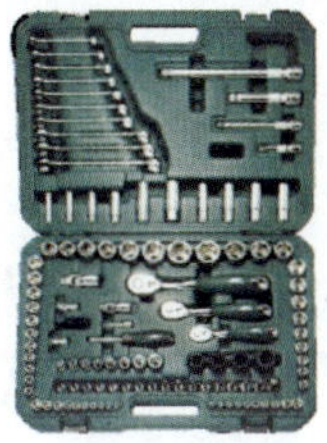		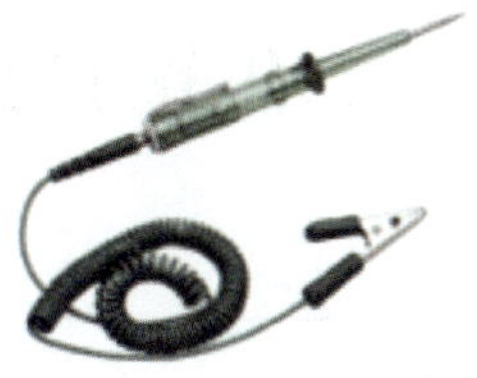
工具车	工具套件	万用表	测电笔
			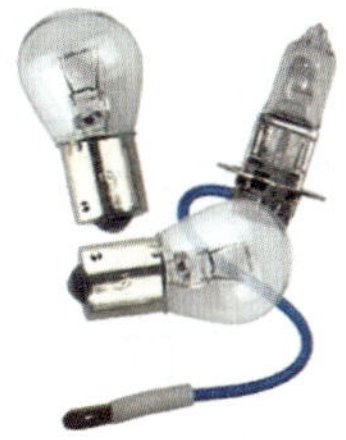
熔断器	前照灯旋钮开关	卸荷继电器	转向灯灯泡

三、防护措施

（一）个人安全防护

1. 维修操作人员必须身穿工作服、工作鞋，戴工作帽、手套；工作服拉链及皮带扣应藏于衣服内侧，袖口、领口、裤脚扣紧；女生长发要盘起藏在工作帽内。

2. 维修操作人员在进入车间时不应戴手表、戒指、项链等金属饰品。

3. 维修操作人员在进行车辆维修时，应防止脚部被车轮轧伤，手部被车门夹伤或被热的发动机烫伤、被发动机传动带绞伤。

4. 在搬运重物及尖锐器物时应注意动作和姿势，防止扭伤腰部、砸伤脚部或划伤手部。

（二）车辆 / 台架等设备安全

1. 车辆进入车间内，应停放至指定地点，熄灭发动机，将变速器置于空挡位置，并拉紧驻车制动器，台架应将滑轮锁死或用木块固定。

2. 维修操作前，应铺设三件套。发动机启动前应确保其他无关人员远离车辆。

3. 操作电气设备时应注意用电安全。作业结束后，应及时切断一切用电设备的电源。

4. 操作前应熟读维修手册中的操作标准和台架、仪器、设备的使用标准，并做好日常维护工作。

（三）车间场地安全防护

1. 车间应配有干粉灭火器及相应的消防设施，易燃油品应存放在密封的金属罐中。

2. 应时刻注意将车间内的所有工具、零部件、设备、车辆等摆放整齐，工作结束后将其摆放于指定地点保管。

3. 车间内设备或车辆周围的人行道及工作区域必须保证足够的安全空间。

4. 操作过程中应做到油品、工具、配件三不落地，作业完毕应及时清理车间工作场地，做好现场 6 S 管理。

四、任务分配（见表 14-1）

表 14-1　任务分配表

职务	代码	姓名	工作内容
组长	A		
组员	B		
	C		
	D		
	E		
	F		

五、任务实施

（一）操作步骤

将表 14-2 中的工作内容补充完整。

表 14-2　操作步骤

步骤	项目	顺序	工作内容
1	准备工作	1	铺设三件套
		2	
2	验证故障现象	1	打开点火开关，拨动转向灯开关，两侧转向灯均不亮
		2	关闭点火开关，按下安全警告灯开关，安全警告灯不亮
3	转向灯电路故障诊断与排除	1	拔下熔断器 S17，检查熔丝是否熔断。若熔断器熔丝熔断，则更换熔断器；若熔断器正常，则打开点火开关，使用万用表 20 V 挡或测电笔测量熔断器处有无 12 V 电压。若熔断器处有 12 V 电压，则插回熔断器，检查安全警告灯的 T17a/6 号端子有无 12 V 电压。若 T17a/6 号端子有 12 V 电压，说明其正常；若无 12 V 电压，则检修该端子线束。若熔断器处无 12 V 电压，则检查点火开关插接器 15 号端子有无 12 V 电压。若插接器 15 号端子有 12 V 电压，说明其正常；若无 12 V 电压，则检查蓄电池上方熔断器 S02 是否熔断。若熔断器熔断，则进行更换；若正常，则检查蓄电池正极柱安装是否牢固；若熔断器 S02 及蓄电池柱均正常，说明点火开关损坏
		2	打开点火开关，拨动转向灯开关，使用万用表 20 V 挡或测电笔测量转向灯开关插接器 T7a/2 号端子有无脉冲电压。若 T7a/2 号端子无脉冲电压，说明安全警告灯开关（E3）损坏；若有脉冲电压，说明安全警告灯开关正常，应检查转向灯开关
		3	
		4	
		5	若灯泡及线束均正常，则检查搭铁点 G1、G10 及 G6 是否正常

续表

步骤	项目	顺序	工作内容
4	安全警告灯电路故障诊断与排除	1	
		2	按下安全警告灯开关，使用万用表 20 V 挡或测电笔测量安全警告灯的 T17a/16、T17a/12 号端子有无脉冲电压。若两端子均有脉冲电压，说明安全警告灯开关正常，应检查线束及灯泡
		3	
		4	若灯泡及线束均正常，则检查搭铁点 G1、G10 及 G6 是否正常
5	整理		整理工作现场

（二）实施记录

结合实施过程，对照表 14–3 和表 14–4 的检查项目，勾选或填写实际的检查结果。

表 14–3 实施记录 1

序号	检查项目	检查标准	检查结果		
			是否闪烁	是否正常	是否更换
1	左转向灯	左前（闪烁）	是 □ 否 □	正常 □ 损坏 □	是 □ 否 □
		左后（闪烁）	是 □ 否 □	正常 □ 损坏 □	是 □ 否 □
2	右转向灯	右前（闪烁）	是 □ 否 □	正常 □ 损坏 □	是 □ 否 □
		右后（闪烁）	是 □ 否 □	正常 □ 损坏 □	是 □ 否 □
3	安全警告灯	闪烁	是 □ 否 □	正常 □ 损坏 □	是 □ 否 □

表 14–4 实施记录 2

序号	项目	检查结果	备注
1	测量蓄电池电压	电压值______V	
2	检查熔断器 S17	正常 □ 熔断 □	
3	检查熔断器 S29	正常 □ 熔断 □	
4	检查熔断器 S17 插脚是否有 12 V 电压	是 □ 否 □	
5	检查熔断器 S29 插脚是否有 12 V 电压	是 □ 否 □	
6	检查点火开关插接器 15 号端子是否有 12 V 电压	是 □ 否 □	
7	检查熔断器 S02	正常 □ 熔断 □	
8	检查转向灯开关插接器是否有 12 V 电压	是 □ 否 □	
9	检查安全警告灯插接器是否有 12 V 电压	是 □ 否 □	
10	检查转向灯开关插接器是否有脉冲电压	是 □ 否 □	
11	检查安全警告灯插接器是否有脉冲电压	是 □ 否 □	
12	检查转向灯开关	正常 □ 损坏 □	
13	检查安全警告灯开关	正常 □ 损坏 □	
14	检查搭铁点是否牢固	是 □ 否 □	

六、检查

（一）自检

结合本组任务操作过程，对任务执行过程中的操作规范性进行检查，检查操作过程中是否存在以下问题，分析讨论应如何避免并总结规范的操作方法（见表 14–5）。

表 14–5　自检

检查项目	结果
车辆停放位置是否合适，是否将变速器置于空挡并拉紧驻车制动器	是 □　否 □
是否使用三件套对车辆进行防护	是 □　否 □
转向灯与安全警告灯不亮故障是否排除	是 □　否 □
拆卸、诊断部位是否正确恢复	是 □　否 □
搭铁点是否紧固牢固	是 □　否 □
工作场地是否清洁，车辆是否复位，工具是否归还	是 □　否 □

（二）互检

组与组之间相互进行任务操作过程及结果检查，并把检查结果填写在表 14–6 中。

表 14–6　互检

检查项目	结果
车辆停放位置是否合适，是否将变速器置于空挡并拉紧驻车制动器	是 □　否 □
是否使用三件套对车辆进行防护	是 □　否 □
转向灯与安全警告灯不亮故障是否排除	是 □　否 □
拆卸、诊断部位是否正确恢复	是 □　否 □
搭铁点是否紧固牢固	是 □　否 □
工作场地是否清洁，车辆是否复位，工具是否归还	是 □　否 □

七、课堂小结

任务十五　转向灯故障诊断与维修（二）

转向灯故障诊断与维修任务工单——安全警告灯电路检修					
客户信息	姓名			职业	
车辆信息	车型	VIN 码		行驶里程	

客户描述				
	制动灯不亮 □	近光灯不亮 □	远光灯不亮 □	转向灯不亮 □
	雾灯不亮 □	发动机加速无力 □	发动机无法启动 □	轮胎气压不足 □
	制动跑偏 □	制动液液位偏低 □	蓄电池亏电 □	蓄电池充不上电 □
	发电机不发电 □	基本电路故障 □	变光开关损坏 □	玻璃升降器不工作 □
	雨刮不工作 □	充电指示灯异常点亮 □		
	其他：			

车辆外观检查		车辆内部检查	
凹凸 □	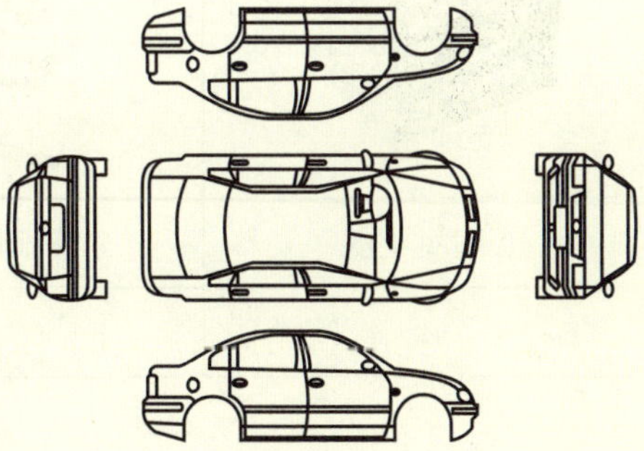	污渍 □	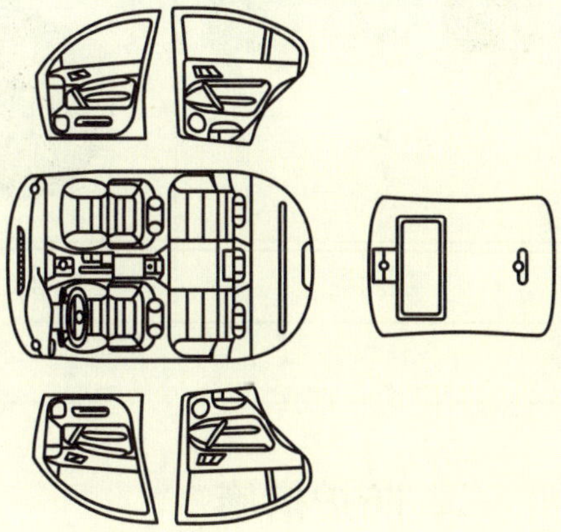
划痕 □		破损 □	
石击 □		色斑 □	
油漆 □		变形 □	

明确具体工作任务	

任务目标

- 能够对汽车转向灯电路故障进行排查

任务内容

- 转向灯、安全警告灯的作用
- 转向灯、安全警告灯的控制原理
- 转向灯、安全警告灯电路的检查方法

续表

任务重点	● 转向灯、安全警告灯的控制原理 ● 转向灯、安全警告灯电路的检查方法
任务难点	● 转向灯、安全警告灯的控制原理 ● 转向灯、安全警告灯电路的检查方法

一、任务准备

在下列图片中勾选出完成本任务所需的工具、设备、资料等。

	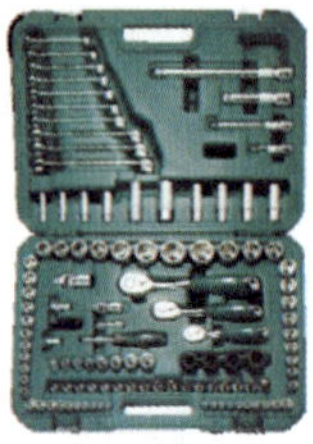		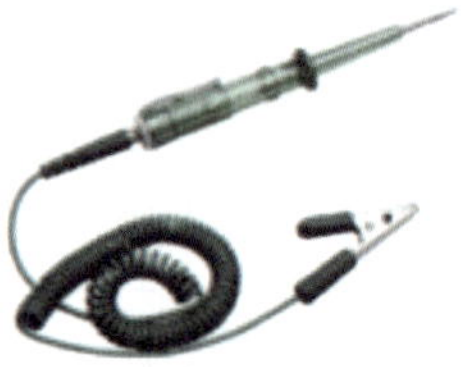
工具车	工具套件	万用表	测电笔
			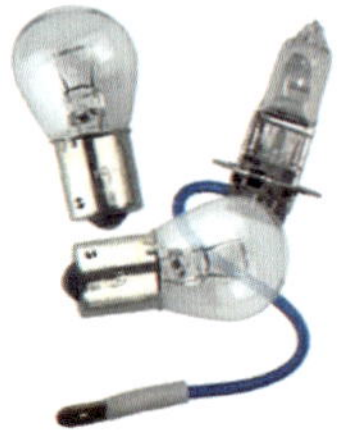
熔断器	前照灯旋钮开关	卸荷继电器	转向灯灯泡

二、防护措施

（一）个人安全防护

1. 维修操作人员必须身穿工作服、工作鞋，戴工作帽、手套；工作服拉链及皮带扣应藏于衣服内侧，袖口、领口、裤脚扣紧；女生长发要盘起藏在工作帽内。

2. 维修操作人员在进入车间时不应戴手表、戒指、项链等金属饰品。

3. 维修操作人员在进行车辆维修时，应防止脚部被车轮轧伤，手部被车门夹伤或被热的发动机烫伤、被发动机传动带绞伤。

4. 在搬运重物及尖锐器物时应注意动作和姿势，防止扭伤腰部、砸伤脚部或划伤手部。

（二）车辆 / 台架等设备安全

1. 车辆进入车间内，应停放至指定地点，熄灭发动机，将变速器置于空挡位置，并拉紧驻车制动器，台架应将滑轮锁死或用木块固定。

2. 维修操作前，应铺设三件套。发动机启动前应确保其他无关人员远离车辆。

3. 操作电气设备时应注意用电安全。作业结束后，应及时切断一切用电设备的电源。

4. 操作前应熟读维修手册中的操作标准和台架、仪器、设备的使用标准，并做好日常维护工作。

（三）车间场地安全防护

1. 车间应配有干粉灭火器及相应的消防设施，易燃油品应存放在密封的金属罐中。

2. 应时刻注意将车间内的所有工具、零部件、设备、车辆等摆放整齐，工作结束后将其摆放于指定地点保管。

3. 车间内设备或车辆周围的人行道及工作区域必须保证足够的安全空间。

4. 操作过程中应做到油品、工具、配件三不落地，作业完毕应及时清理车间工作场地，做好现场 6 S 管理。

三、任务分配（见表 15-1）

表 15-1 任务分配表

职务	代码	姓名	工作内容
组长	A		
组员	B		
	C		
	D		
	E		
	F		

四、任务实施

（一）操作步骤

将表 15-2 中的工作内容补充完整。

表 15-2 操作步骤

步骤	项目	顺序	工作内容
1	准备工作	1	铺设三件套
		2	
2	验证故障现象	1	打开点火开关，拨动转向灯开关，两侧转向灯均不亮
		2	关闭点火开关，按下安全警告灯开关，安全警告灯不亮

续表

步骤	项目	顺序	工作内容
3	转向灯电路故障诊断与排除	1	拔下熔断器 S17，检查熔丝是否熔断。若熔断器熔丝熔断，则更换熔断器；若熔断器正常，则打开点火开关，使用万用表 20 V 挡或测电笔测量熔断器处有无 12 V 电压。若熔断器处有 12 V 电压，则插回熔断器，检查安全警告灯的 T17a/6 号端子有无 12 V 电压。若 T17a/6 号端子有 12 V 电压，说明其正常；若无 12 V 电压，则检修该端子线束。若熔断器处无 12 V 电压，则检查点火开关插接器 15 号端子有无 12 V 电压。若插接器 15 号端子有 12 V 电压，说明其正常；若无 12 V 电压，则检查蓄电池上方熔断器 S02 是否熔断。若熔断器熔断，则进行更换；若正常，则检查蓄电池正极柱安装是否牢固；若熔断器 S02 及蓄电池柱均正常，说明点火开关损坏
		2	打开点火开关，拨动转向灯开关，使用万用表 20 V 挡或测电笔测量转向灯开关插接器 T7a/2 号端子有无脉冲电压。若 T7a/2 号端子无脉冲电压，说明安全警告灯开关（E3）损坏；若有脉冲电压，说明安全警告灯开关正常，应检查转向灯开关
		3	
		4	
		5	若灯泡及线束均正常，则检查搭铁点 G1、G10 及 G6 是否正常
4	安全警告灯电路故障诊断与排除	1	
		2	按下安全警告灯开关，使用万用表 20 V 挡或测电笔测量安全警告灯的 T17a/16、T17a/12 号端子有无脉冲电压。若两端子均有脉冲电压，说明安全警告灯开关正常，应检查线束及灯泡
		3	
		4	若灯泡及线束均正常，则检查搭铁点 G1、G10 及 G6 是否正常
5	整理		整理工作现场

（二）实施记录

结合实施过程，对照表 15–3 和表 15–4 的检查项目，勾选或填写实际的检查结果。

表 15–3　实施记录 1

序号	检查项目	检查标准	检查结果		
			是否闪烁	是否正常	是否更换
1	左转向灯	左前（闪烁）	是 □　否 □	正常 □　损坏 □	是 □　否 □
		左后（闪烁）	是 □　否 □	正常 □　损坏 □	是 □　否 □
2	右转向灯	右前（闪烁）	是 □　否 □	正常 □　损坏 □	是 □　否 □
		右后（闪烁）	是 □　否 □	正常 □　损坏 □	是 □　否 □
3	安全警告灯	闪烁	是 □　否 □	正常 □　损坏 □	是 □　否 □

表 15-4 实施记录 2

序号	项目	检查结果	备注
1	测量蓄电池电压	电压值______V	
2	检查熔断器 S17	正常 □ 熔断 □	
3	检查熔断器 S29	正常 □ 熔断 □	
4	检查熔断器 S17 插脚是否有 12 V 电压	是 □ 否 □	
5	检查熔断器 S29 插脚是否有 12 V 电压	是 □ 否 □	
6	检查点火开关插接器 15 号端子是否有 12 V 电压	是 □ 否 □	
7	检查熔断器 S02	正常 □ 熔断 □	
8	检查转向灯开关插接器是否有 12 V 电压	是 □ 否 □	
9	检查安全警告灯插接器是否有 12 V 电压	是 □ 否 □	
10	检查转向灯开关插接器是否有脉冲电压	是 □ 否 □	
11	检查安全警告灯插接器是否有脉冲电压	是 □ 否 □	
12	检查转向灯开关	正常 □ 损坏 □	
13	检查安全警告灯开关	正常 □ 损坏 □	
14	检查搭铁点是否牢固	是 □ 否 □	

五、检查

（一）自检

结合本组任务操作过程，对任务执行过程中的操作规范性进行检查，检查操作过程中是否存在以下问题，分析讨论应如何避免并总结规范的操作方法（见表 15-5）。

表 15-5 自检

检查项目	结果
车辆停放位置是否合适，是否将变速器置于空挡并拉紧驻车制动器	是 □ 否 □
是否使用三件套对车辆进行防护	是 □ 否 □
转向灯与安全警告灯不亮故障是否排除	是 □ 否 □
拆卸、诊断部位是否正确恢复	是 □ 否 □
搭铁点是否紧固牢固	是 □ 否 □
工作场地是否清洁，车辆是否复位，工具是否归还	是 □ 否 □

（二）互检

组与组之间相互进行任务操作过程及结果检查，并把检查结果填写在表 15-6 中。

表 15-6 互检

检查项目	结果
车辆停放位置是否合适，是否将变速器置于空挡并拉紧驻车制动器	是 □ 否 □
是否使用三件套对车辆进行防护	是 □ 否 □
转向灯与安全警告灯不亮故障是否排除	是 □ 否 □
拆卸、诊断部位是否正确恢复	是 □ 否 □
搭铁点是否紧固牢固	是 □ 否 □
工作场地是否清洁，车辆是否复位，工具是否归还	是 □ 否 □

六、课堂小结

情境三

车身电气系统故障检修

任务十六　雨刮故障诊断与维修（一）

<table>
<tr><th colspan="4">雨刮故障诊断与维修任务工单——雨刮功能及装置检查</th></tr>
<tr><td>客户信息</td><td>姓名</td><td>职业</td><td></td></tr>
<tr><td rowspan="2">车辆信息</td><td>车型</td><td>VIN 码</td><td>行驶里程</td></tr>
<tr><td></td><td></td><td></td></tr>
<tr><td>客户描述</td><td colspan="3">制动灯不亮 □　近光灯不亮 □　远光灯不亮 □　转向灯不亮 □
雾灯不亮 □　发动机加速无力 □　发动机无法启动 □　轮胎气压不足 □
制动跑偏 □　制动液液位偏低 □　蓄电池亏电 □　蓄电池充不上电 □
发电机不发电 □　基本电路故障 □　变光开关损坏 □　玻璃升降器不工作 □
雨刮不工作 □　充电指示灯异常点亮 □
其他：</td></tr>
<tr><th colspan="2">车辆外观检查</th><th colspan="2">车辆内部检查</th></tr>
<tr><td>凹凸 □
划痕 □
石击 □
油漆 □</td><td>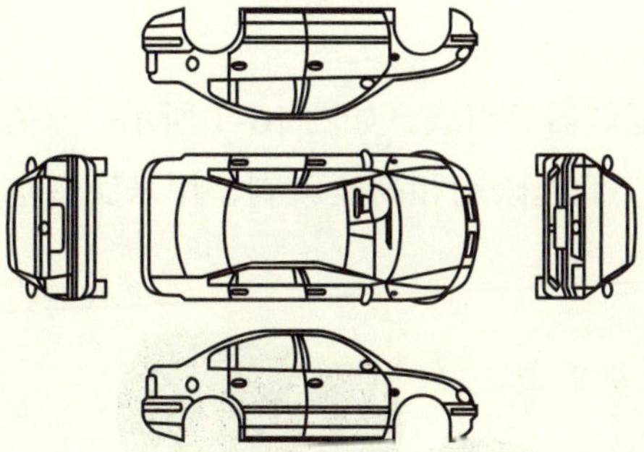</td><td>污渍 □
破损 □
色斑 □
变形 □</td><td>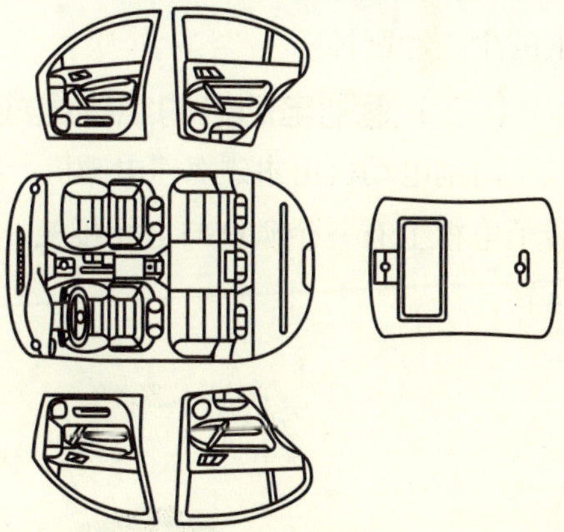</td></tr>
<tr><td>明确具体工作任务</td><td colspan="3"></td></tr>
</table>

任务目标

- 能够对汽车雨刮故障进行排查

任务内容

- 雨刮装置的作用、组成及工作原理
- 雨刮电动机的结构组成
- 雨刮装置的控制原理
- 雨刮的故障检查

续表

任务重点	● 雨刮电动机的结构组成 ● 雨刮装置的控制原理 ● 雨刮的故障检查
任务难点	● 雨刮电动机的结构组成 ● 雨刮装置的控制原理 ● 雨刮的故障检查

一、知识讲解

（一）雨刮装置的作用、组成及工作原理

1. 雨刮装置的作用

雨刮是安装在风窗上的重要附件，它的作用是扫除风窗玻璃上妨碍视线的雨雪和尘土，因此，它对于行车安全具有重要的作用。

2. 雨刮装置的组成

雨刮装置主要由雨刮电动机、雨刮联动机构、雨刮臂、雨刮片、风窗清洗泵、喷水泵等组成。雨刮电动机和喷水泵主要通过雨刮开关、雨刮继电器和导线等组成的控制电路驱动。

3. 雨刮装置的工作原理

雨刮装置是用电动机驱动的，电动机驱动减速机构旋转，并通过联动机构做往复运动，带动雨刮臂和雨刮片摆动，除去风窗玻璃上的雨雪和尘土。若是在大风天气，风窗玻璃上布满灰尘，则采用喷水装置，将喷水壶中的玻璃清洗液喷到风窗玻璃上，同时，启动雨刮电动机，带动雨刮片将风窗玻璃上的尘土冲刷掉。

（二）雨刮电动机的结构组成

雨刮电动机由永磁双速电动机、减速器和自动复位器等组成，如图 16-1 所示。永磁双速电动机的转子电枢上有三个碳刷与之相接触，分别是主碳刷、低速碳刷和高速碳刷，用来实现电动机的高低速运转。

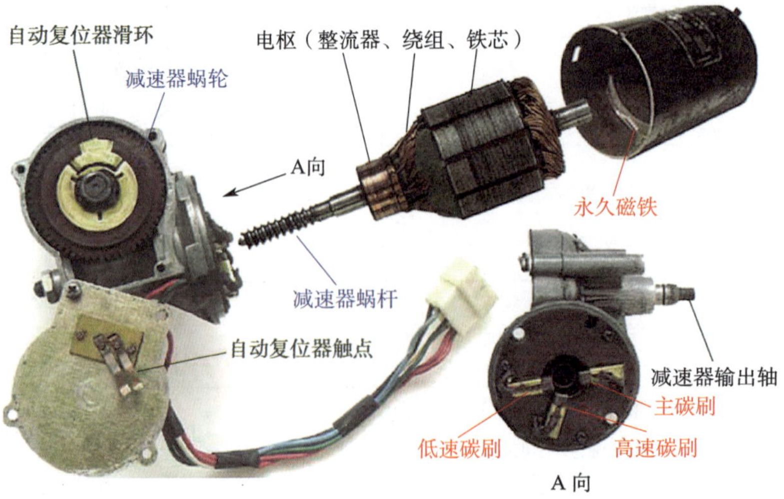

图 16-1　雨刮电动机的结构组成

在雨刮电动机的减速器上安装有自动复位器滑环，滑环与两个触点相接触，可以使雨刮开关在关闭后，依然能够让雨刮电动机回到初始位置。

（三）雨刮装置的控制原理（图 16-2）

1. 雨刮速度控制

将雨刮开关从关闭位置向下拨动一个位置，接通间歇挡，连接其插接器的 T5c/2 号端子和 T5c/5 号端子，从而向雨刮控制器 J31 的 1 号端子提供一个代表“间歇”信号的电源电压。控制器 J31 通过其 2 号端子向雨刮电动机的 1 号端子提供间歇脉冲式的电源电压，从而控制雨刮电动机间歇运转。

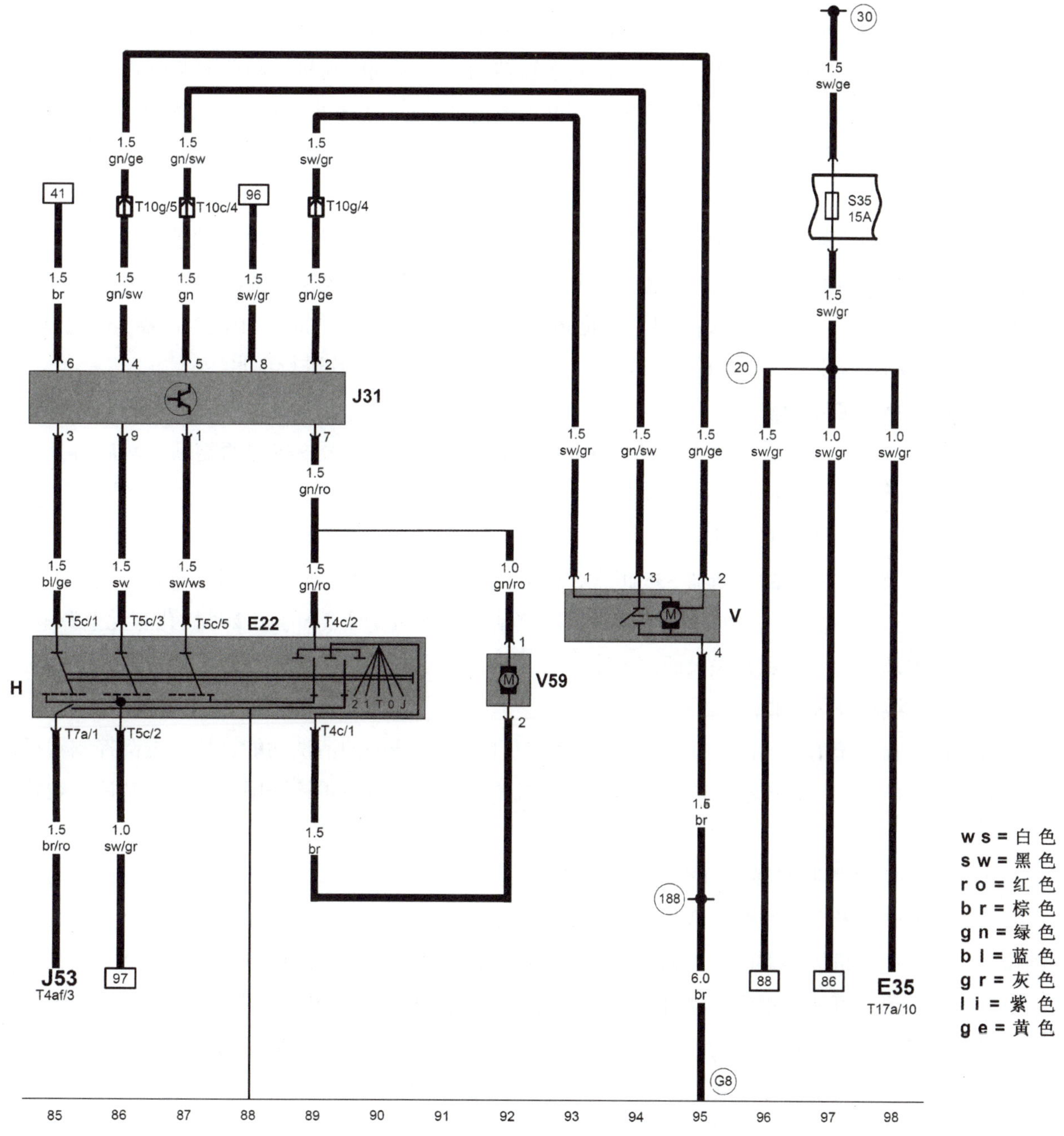

图 16-2 雨刮装置的控制原理

将雨刮开关从关闭位置向上拨动一个位置，接通低速挡，连通其插接器的 T5c/2 号端子和 T5c/3 号端子，从而向雨刮控制器 J31 的 9 号端子提供一个代表“低速”信号的电源电压。控制器 J31 依然通过其 2 号端子向雨刮电动机的 1 号端子提供连续的电源电压，使雨刮电动机开始低速运转。

将雨刮开关从关闭位置向上拨动两个位置，接通高速挡，连通其插接器的 T5c/2 号端子和 T5c/1 号端子，从而向雨刮控制器 J31 的 3 号端子提供一个代表“高速”信号的电源电压。控制器 J31 通过其 4 号端子向雨刮电动机的 2 号端子提供连续的电源电压，使雨刮电动机开始高速运转。

2. 雨刮自动回位

当关闭雨刮开关时，若雨刮片未回到其初始位置，则其内部的自动复位器滑环的两个触点处于接通状态，通过雨刮电动机的 3 号端子将控制器 J31 的 5 号端子与雨刮电动机的 4 号端子相连通并接地。此时控制器 J31 仍继续给雨刮电动机供电，使其继续转动。当雨刮电动机转动至初始位置时，其内部滑环的两个触点断开，控制器 J31 的 5 号端子不再接通搭铁，J31 也不再向雨刮电动机提供驱动电源，雨刮电动机停在初始位置。

3. 清洗控制

当沿转向盘转轴的轴向方向向上拨动雨刮开关时，其 T5c/2 号端子与 T4c/2 号端子接通，分别向雨刮控制器 J31 的 7 号端子和前风窗清洗电动机 V59 提供电源电压。前风窗清洗电动机 V59 通过雨刮开关的 T4c/1 号端子与搭铁接通，开始运转，并向风窗玻璃喷射清洗液。同时，雨刮控制器 J31 通过其 2 号端子向雨刮电动机提供低速转动的电源电压，雨刮电动机带动雨刮片进行刮水。

（四）雨刮的故障检查

若雨刮电动机出现故障，应首先检查雨刮开关及其控制器的熔断器 S35 是否熔断，然后再分别对雨刮开关、雨刮控制器和雨刮电路进行检查。

1. 雨刮开关及开关线路的检查

若雨刮开关及其控制器的熔断器 S35 正常，则应拔下雨刮控制器，然后使用万用表分别在雨刮开关处于间歇挡、低速挡及高速挡的情况下检查雨刮控制器插座的 5 号、9 号和 3 号插孔有无电源电压。若插孔有电源电压，说明雨刮开关及线路正常；若无电源电压，则应拔下雨刮开关插接器，分别对雨刮开关及其后方线路进行检查。

若只是前风窗玻璃清洗功能失效或不喷水，则应打开雨刮开关的清洗功能，检查雨刮控制器插座的 7 号插孔有无电源电压，或检查前风窗清洗电动机是否正常，然后再检查雨刮开关及其后方线路是否正常。

2. 雨刮控制器及控制器线路的检查

若检查雨刮开关及开关线路正常，则应将雨刮控制器装回，然后使用万用表检查雨刮开关处于不同挡位时，雨刮电动机插接器的 1 号和 2 号插孔是否有正常的电源电压或脉冲电源电压。若插孔有相关的电源电压，说明可能是雨刮电动机损坏；若无相关的电源电压，说明雨刮控制器或其后方线路损坏。可采用更换新的雨刮控制器的方法，判断雨刮控制器是否损坏。若更换新的雨刮控制器后仍无相关的电源电压，再对线路进行检查。

3. 雨刮电动机不能回位的检查

若雨刮电动机不能回位，可能是雨刮电动机损坏或雨刮控制器损坏，应先使用万用表检查雨刮电动机插接器的 3 号插孔与雨刮控制器插座的 5 号插孔之间的线路是否断路或短路，然后再通过更换新的雨刮控制器来判定雨刮控制器是否损坏。若更换新的雨刮控制器后仍不能回位，则说明可能是雨刮电动机损坏。

二、任务准备

在下列图片中勾选出完成本任务所需的工具、设备、资料等。

<table>
<tr><td></td><td>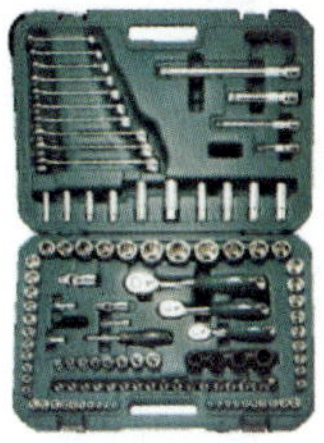</td><td>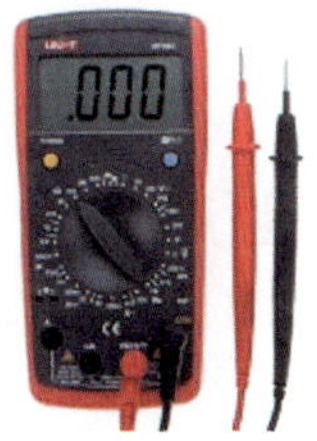</td><td>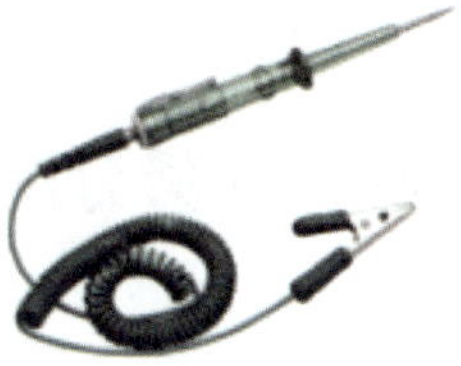</td></tr>
<tr><td>工具车</td><td>工具套件</td><td>万用表</td><td>测电笔</td></tr>
<tr><td></td><td></td><td></td><td></td></tr>
<tr><td colspan="2"></td><td colspan="2"></td></tr>
<tr><td colspan="2">熔断器</td><td colspan="2">实训整车</td></tr>
<tr><td colspan="2"></td><td colspan="2"></td></tr>
</table>

三、防护措施

（一）个人安全防护

1. 维修操作人员必须身穿工作服、工作鞋，戴工作帽、手套；工作服拉链及皮带扣应藏于衣服内侧，袖口、领口、裤脚扣紧；女生长发要盘起藏在工作帽内。

2. 维修操作人员在进入车间时不应戴手表、戒指、项链等金属饰品。

3. 维修操作人员在进行车辆维修时，应防止脚部被车轮轧伤，手部被车门夹伤或被热的发动机烫伤、被发动机传动带绞伤。

4. 在搬运重物及尖锐器物时应注意动作和姿势，防止扭伤腰部、砸伤脚部或划伤手部。

（二）车辆/台架等设备安全

1. 车辆进入车间内，应停放至指定地点，熄灭发动机，将变速器置于空挡位置，并拉紧驻车制动器，台架应将滑轮锁死或用木块固定。

2. 维修操作前，应铺设三件套。发动机启动前应确保其他无关人员远离车辆。

3. 操作电气设备时应注意用电安全。作业结束后，应及时切断一切用电设备的电源。

4. 操作前应熟读维修手册中的操作标准和台架、仪器、设备的使用标准，并做好日常维护工作。

（三）车间场地安全防护

1. 车间应配有干粉灭火器及相应的消防设施，易燃油品应存放在密封的金属罐中。

2. 应时刻注意将车间内的所有工具、零部件、设备、车辆等摆放整齐，工作结束后将其摆放于指定地点保管。

3. 车间内设备或车辆周围的人行道及工作区域必须保证足够的安全空间。

4. 操作过程中应做到油品、工具、配件三不落地，作业完毕应及时清理车间工作场地，做好现场 6 S 管理。

四、任务分配（见表 16-1）

表 16-1　任务分配表

职务	代码	姓名	工作内容
组长	A		
组员	B		
	C		
	D		
	E		
	F		

五、任务实施

（一）操作步骤

将表 16-2 中的工作内容补充完整。

表 16-2　操作步骤

步骤	项目	顺序	工作内容
1	准备工作	1	铺设三件套
		2	
2	验证故障现象		打开点火开关，拨动雨刮开关，雨刮在各个挡位均不工作
3	熔断器及其供电故障检查	1	拔下熔断器 S35，检查熔丝是否熔断。若熔断器熔丝熔断，则进行更换；若熔断器正常，则打开点火开关，使用万用表 20 V 挡或测电笔测量熔断器处有无 12 V 电压。若熔断器处有 12 V 电压，则插回熔断器，检查雨刮开关及用电器件；若无 12 V 电压，则检查卸荷继电器

续表

步骤	项目	顺序	工作内容
3	熔断器及其供电故障检查	2	拔下卸荷继电器，使用万用表 20 V 挡或测电笔测量继电器座 86 号端子有无 12 V 电压。若该端子有 12 V 电压，说明其正常；若无 12 V 电压，则检查点火开关。测量点火开关端子 30 有无 12 V 电压。若该端子有 12 V 电压，说明其正常；若无 12 V 电压，则检查蓄电池上方熔断器 S02 熔丝是否熔断，以及检查蓄电池正极柱安装是否牢固。使用万用表 200 Ω 挡测量继电器座 87 号端子与熔断器 S35 线束之间的阻值，正常应小于 0.1 Ω。若阻值过大或为无穷大，则应检修线束。使用万用表 200 Ω 挡测量继电器座 85 号端子与搭铁点 G3 线束之间的阻值，正常应小于 0.1 Ω。若阻值过大或为无穷大，则应检修线束
		3	
		4	
4	雨刮开关电路故障诊断与排除	1	测量熔断器 S35 处有无 12 V 电压。若熔断器 S35 处有 12 V 电压，则检查雨刮开关及用电器件。打开点火开关，使用万用表 20 V 挡或测电笔测量雨刮开关 T5c/2 号端子有无 12 V 电压。若 T5c/2 号端子有 12 V 电压，则进行下一步检查；若无 12 V 电压，则检修该端子线束
		2	
		3	
		4	
		5	
5	雨刮控制器 J31 电路故障诊断与排除	1	断开雨刮控制器 J31 的插接器，打开点火开关，使用万用表 20 V 挡或测电笔测量雨刮控制器 J31 的 8 号端子有无 12 V 电压。若该端子无 12 V 电压，则检修其线束；若有 12 V 电压，则使用万用表 200 Ω 挡测量其 6 号端子至搭铁点 G3 之间的阻值，正常应小于 0.1 Ω。若阻值过大或为无穷大，则应检修该端子线束及搭铁点 G3
		2	
		3	
		4	
		5	
		6	打开点火开关，将雨刮开关置于任意工作挡位，使用万用表 12 V 挡或测电笔测量雨刮控制器 J31 的 5 号端子有无 12 V 电压。若该端子无 12 V 电压，则可能是雨刮控制器 J31 损坏。将雨刮臂停放在工作位置，依次关闭点火开关和雨刮开关，测量雨刮控制器 J31 的 4 号端子和 5 号端子有无 12 V 电压。若两端子均无 12 V 电压，说明雨刮控制器 J31 损坏。关闭雨刮开关，将雨刮臂停放在初始位置，使用万用表 200 Ω 挡测量雨刮控制器 J31 的 5 号端子与任意搭铁点之间的阻值，正常应小于 0.5 Ω。若阻值过大或为无穷大，则可能是该端子线路、搭铁点或雨刮电动机内部损坏
6	雨刮电动机及前风窗清洗电动机电路故障诊断与排除	1	使用万用表 200 Ω 挡测量雨刮电动机 1 号端子和 4 号端子之间的阻值，正常应为 1 Ω。若阻值过大或为无穷大，说明雨刮电动机损坏
		2	
		3	
		4	
7	整理		整理工作现场

（二）实施记录

结合实施过程，对照表 16–3 和表 16–4 的检查项目，勾选或填写实际的检查结果。

表 16–3　实施记录 1

序号	检查项目	检查挡位	是否正常	备注
1	雨刮功能	间歇刮水	是 □　否 □	
		低速刮水	是 □　否 □	
		高速刮水	是 □　否 □	
		前风窗喷水 / 清洗	是 □　否 □	
2	雨刮装置	雨刮臂	是 □　否 □	
		雨刮片	是 □　否 □	

表 16–4　实施记录 2

序号	项目	检查结果	备注
1	测量蓄电池电压	电压值________V	
2	检查熔断器 S35	正常 □　熔断 □	
3	检查熔断器 S02	正常 □　熔断 □	
4	检查熔断器 S35 插脚是否有 12 V 电压	是 □　否 □	
5	检查熔断器 S02 插脚是否有 12 V 电压	是 □　否 □	
6	检查点火开关端子 30 是否有 12 V 电压	是 □　否 □	
7	检查卸荷继电器	正常 □　损坏 □	
8	检查雨刮开关	正常 □　损坏 □	
9	检查雨刮控制器	正常 □　损坏 □	
10	检查雨刮电动机及前风窗清洗电动机	正常 □　损坏 □	
11	检查电路线束	导通 □　断开 □	
12	检查搭铁点是否牢固	是 □　否 □	

六、检查

（一）自检

结合本组任务操作过程，对任务执行过程中的操作规范性进行检查，检查操作过程中是否存在以下问题，分析讨论应如何避免并总结规范的操作方法（见表 16–5）。

表 16-5 自检

检查项目	结果
车辆停放位置是否合适，是否将变速器置于空挡并拉紧驻车制动器	是□ 否□
是否使用三件套对车辆进行防护	是□ 否□
雨刮不工作及功能失效故障是否排除	是□ 否□
拆卸、诊断部位是否正确恢复	是□ 否□
搭铁点是否紧固牢固	是□ 否□
工作场地是否清洁，车辆是否复位，工具是否归还	是□ 否□

（二）互检

组与组之间相互进行任务操作过程及结果检查，并把检查结果填写在表 16-6 中。

表 16-6 互检

检查项目	结果
车辆停放位置是否合适，是否将变速器置于空挡并拉紧驻车制动器	是□ 否□
是否使用三件套对车辆进行防护	是□ 否□
雨刮不工作及功能失效故障是否排除	是□ 否□
拆卸、诊断部位是否正确恢复	是□ 否□
搭铁点是否紧固牢固	是□ 否□
工作场地是否清洁，车辆是否复位，工具是否归还	是□ 否□

七、课堂小结

任务十七　雨刮故障诊断与维修（二）

雨刮故障诊断与维修任务工单——雨刮控制电路检修			
客户信息	姓名		职业	

车辆信息	车型	VIN 码	行驶里程

客户描述

制动灯不亮 □	近光灯不亮 □	远光灯不亮 □	转向灯不亮 □
雾灯不亮 □	发动机加速无力 □	发动机无法启动 □	轮胎气压不足 □
制动跑偏 □	制动液液位偏低 □	蓄电池亏电 □	蓄电池充不上电 □
发电机不发电 □	基本电路故障 □	变光开关损坏 □	玻璃升降器不工作 □
雨刮不工作 □	充电指示灯异常点亮 □		

其他：

车辆外观检查		车辆内部检查	
凹凸 □	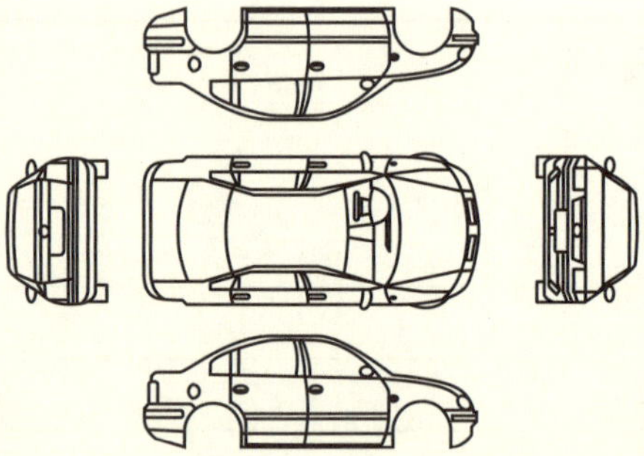	污渍 □	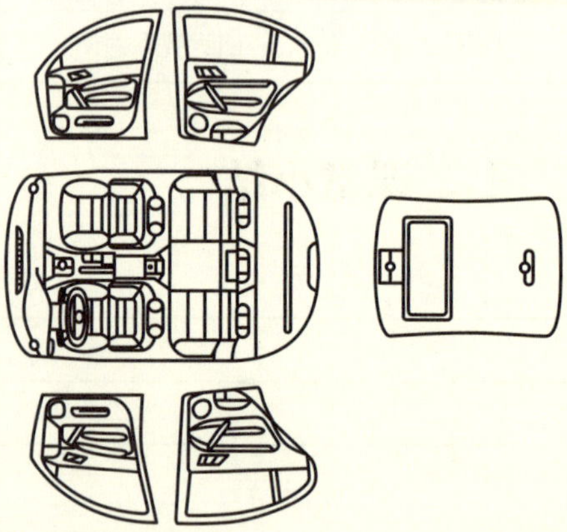
划痕 □		破损 □	
石击 □		色斑 □	
油漆 □		变形 □	

明确具体工作任务

任务目标

- 能够对汽车雨刮故障进行排查

任务内容

- 雨刮装置的作用、组成及工作原理
- 雨刮电动机的结构组成
- 雨刮装置的控制原理
- 雨刮的故障检查

续表

任务重点	● 雨刮电动机的结构组成 ● 雨刮装置的控制原理 ● 雨刮的故障检查
任务难点	● 雨刮电动机的结构组成 ● 雨刮装置的控制原理 ● 雨刮的故障检查

一、任务准备

在下列图片中勾选出完成本任务所需的工具、设备、资料等。

	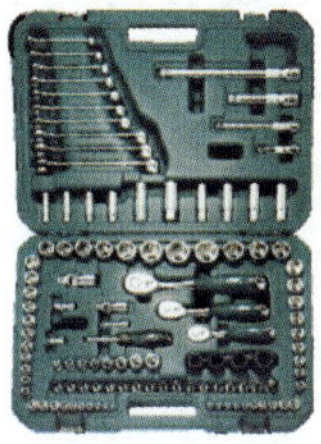	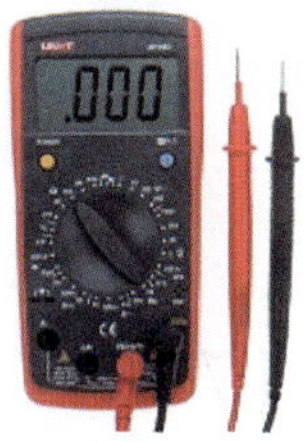	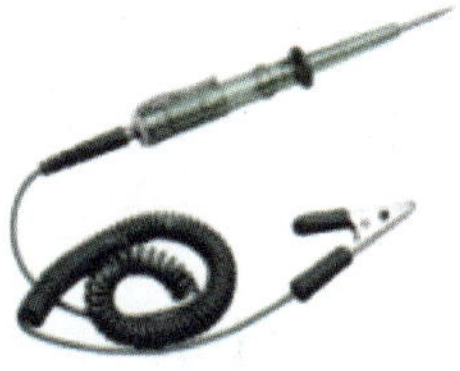
工具车	工具套件	万用表	测电笔

熔断器	实训整车

二、防护措施

（一）个人安全防护

1. 维修操作人员必须身穿工作服、工作鞋，戴工作帽、手套；工作服拉链及皮带扣应藏于衣服内侧，袖口、领口、裤脚扣紧；女生长发要盘起藏在工作帽内。

2. 维修操作人员在进入车间时不应戴手表、戒指、项链等金属饰品。

3. 维修操作人员在进行车辆维修时，应防止脚部被车轮轧伤，手部被车门夹伤或被热的发动机烫伤、被发动机传动带绞伤。

4. 在搬运重物及尖锐器物时应注意动作和姿势，防止扭伤腰部、砸伤脚部或划伤手部。

（二）车辆 / 台架等设备安全

1. 车辆进入车间内，应停放至指定地点，熄灭发动机，将变速器置于空挡位置，并拉紧驻车制动器，台架应将滑轮锁死或用木块固定。

2. 维修操作前，应铺设三件套。发动机启动前应确保其他无关人员远离车辆。

3. 操作电气设备时应注意用电安全。作业结束后，应及时切断一切用电设备的电源。

4. 操作前应熟读维修手册中的操作标准和台架、仪器、设备的使用标准，并做好日常维护工作。

（三）车间场地安全防护

1. 车间应配有干粉灭火器及相应的消防设施，易燃油品应存放在密封的金属罐中。

2. 应时刻注意将车间内的所有工具、零部件、设备、车辆等摆放整齐，工作结束后将其摆放于指定地点保管。

3. 车间内设备或车辆周围的人行道及工作区域必须保证足够的安全空间。

4. 操作过程中应做到油品、工具、配件三不落地，作业完毕应及时清理车间工作场地，做好现场 6 S 管理。

三、任务分配（见表 17-1）

表 17-1　任务分配表

职务	代码	姓名	工作内容
组长	A		
组员	B		
	C		
	D		
	E		
	F		

四、任务实施

（一）操作步骤

将表 17-2 中的工作内容补充完整。

表 17-2 操作步骤

步骤	项目	顺序	工作内容
1	准备工作	1	铺设三件套
		2	
2	验证故障现象		打开点火开关，拨动雨刮开关，雨刮在各个挡位均不工作
3	熔断器及其供电故障检查	1	拔下熔断器 S35，检查熔丝是否熔断。若熔断器熔丝熔断，则进行更换；若熔断器正常，则打开点火开关，使用万用表 20 V 挡或测电笔测量熔断器处有无 12 V 电压。若熔断器处有 12 V 电压，则插回熔断器，检查雨刮开关及用电器件；若无 12 V 电压，则检查卸荷继电器
		2	拔下卸荷继电器，使用万用表 20 V 挡或测电笔测量继电器座 86 号端子有无 12 V 电压。若该端子有 12 V 电压，说明其正常；若无 12 V 电压，则检查点火开关。测量点火开关端子 30 有无 12 V 电压。若该端子有 12 V 电压，说明其正常；若无 12 V 电压，则检查蓄电池上方熔断器 S02 熔丝是否熔断，以及检查蓄电池正极柱安装是否牢固。使用万用表 200 Ω 挡测量继电器座 87 号端子与熔断器 S35 线束之间的阻值，正常应小于 0.1 Ω。若阻值过大或为无穷大，则应检修线束。使用万用表 200 Ω 挡测量继电器座 85 号端子与搭铁点 G3 线束之间的阻值，正常应小于 0.1 Ω。若阻值过大或为无穷大，则应检修线束
		3	
		4	
4	雨刮开关电路故障诊断与排除	1	测量熔断器 S35 处有无 12 V 电压。若熔断器 S35 处有 12 V 电压，则检查雨刮开关及用电器件。打开点火开关，使用万用表 20 V 挡或测电笔测量雨刮开关 T5c/2 号端子有无 12 V 电压。若 T5c/2 号端子有 12 V 电压，则进行下一步检查；若无 12 V 电压，则检修该端子线束
		2	
		3	
		4	
		5	
5	雨刮控制器 J31 电路故障诊断与排除	1	断开雨刮控制器 J31 的插接器，打开点火开关，使用万用表 20 V 挡或测电笔测量雨刮控制器 J31 的 8 号端子有无 12 V 电压。若该端子无 12 V 电压，则检修其线束；若有 12 V 电压，则使用万用表 200 Ω 挡测量其 6 号端子至搭铁点 G3 之间的阻值，正常应小于 0.1 Ω。若阻值过大或为无穷大，则应检修该端子线束及搭铁点 G3
		2	
		3	
		4	
		5	

续表

步骤	项目	顺序	工作内容
5	雨刮控制器 J31 电路故障诊断与排除	6	打开点火开关，将雨刮开关置于任意工作挡位，使用万用表 12 V 挡或测电笔测量雨刮控制器 J31 的 5 号端子有无 12 V 电压。若该端子无 12 V 电压，则可能是雨刮控制器 J31 损坏。将雨刮臂停放在工作位置，依次关闭点火开关和雨刮开关，测量雨刮控制器 J31 的 4 号端子和 5 号端子有无 12 V 电压。若两端子均无 12 V 电压，说明雨刮控制器 J31 损坏。关闭雨刮开关，将雨刮臂停放在初始位置，使用万用表 200 Ω 挡测量雨刮控制器 J31 的 5 号端子与任意搭铁点之间的阻值，正常应小于 0.5 Ω。若阻值过大或为无穷大，则可能是该端子线路、搭铁点或雨刮电动机内部损坏
6	雨刮电动机及前风窗清洗电动机电路故障诊断与排除	1	使用万用表 200 Ω 挡测量雨刮电动机 1 号端子和 4 号端子之间的阻值，正常应为 1 Ω。若阻值过大或为无穷大，说明雨刮电动机损坏
		2	
		3	
		4	
7	整理		整理工作现场

（二）实施记录

结合实施过程，对照表 17-3 和表 17-4 的检查项目，勾选或填写实际的检查结果。

表 17-3　实施记录 1

序号	检查项目	检查挡位	是否正常	备注
1	雨刮功能	间歇刮水	是 □　否 □	
		低速刮水	是 □　否 □	
		高速刮水	是 □　否 □	
		前风窗喷水 / 清洗	是 □　否 □	
2	雨刮装置	雨刮臂	是 □　否 □	
		雨刮片	是 □　否 □	

表 17-4　实施记录 2

序号	项目	检查结果	备注
1	测量蓄电池电压	电压值________V	
2	检查熔断器 S35	正常 □　熔断 □	
3	检查熔断器 S02	正常 □　熔断 □	
4	检查熔断器 S35 插脚是否有 12 V 电压	是 □　否 □	
5	检查熔断器 S02 插脚是否有 12 V 电压	是 □　否 □	
6	检查点火开关端子 30 是否有 12 V 电压	是 □　否 □	

续表

序号	项目	检查结果	备注
7	检查卸荷继电器	正常 □ 损坏 □	
8	检查雨刮开关	正常 □ 损坏 □	
9	检查雨刮控制器	正常 □ 损坏 □	
10	检查雨刮电动机及前风窗清洗电动机	正常 □ 损坏 □	
11	检查电路线束	导通 □ 断开 □	
12	检查搭铁点是否牢固	是 □ 否 □	

五、检查

（一）自检

结合本组任务操作过程，对任务执行过程中的操作规范性进行检查，检查操作过程中是否存在以下问题，分析讨论应如何避免并总结规范的操作方法（见表 17–5）。

表 17–5 自检

检查项目	结果
车辆停放位置是否合适，是否将变速器置于空挡并拉紧驻车制动器	是 □ 否 □
是否使用三件套对车辆进行防护	是 □ 否 □
雨刮不工作及功能失效故障是否排除	是 □ 否 □
拆卸、诊断部位是否正确恢复	是 □ 否 □
搭铁点是否紧固牢固	是 □ 否 □
工作场地是否清洁，车辆是否复位，工具是否归还	是 □ 否 □

（二）互检

组与组之间相互进行任务操作过程及结果检查，并把检查结果填写在表 17–6 中。

表 17–6 互检

检查项目	结果
车辆停放位置是否合适，是否将变速器置于空挡并拉紧驻车制动器	是 □ 否 □
是否使用三件套对车辆进行防护	是 □ 否 □
雨刮不工作及功能失效故障是否排除	是 □ 否 □
拆卸、诊断部位是否正确恢复	是 □ 否 □
搭铁点是否紧固牢固	是 □ 否 □
工作场地是否清洁，车辆是否复位，工具是否归还	是 □ 否 □

六、课堂小结

情境四

电源系统故障检修

任务十八　蓄电池故障检查

蓄电池故障检查任务工单					
客户信息	姓名		职业		
车辆信息	车型		VIN 码		行驶里程
客户描述	制动灯不亮 □ 雾灯不亮 □ 制动跑偏 □ 发电机不发电 □ 雨刮不工作 □ 其他：	近光灯不亮 □ 发动机加速无力 □ 制动液液位偏低 □ 基本电路故障 □ 充电指示灯异常点亮 □	远光灯不亮 □ 发动机无法启动 □ 蓄电池亏电 □ 变光开关损坏 □	转向灯不亮 □ 轮胎气压不足 □ 蓄电池充不上电 □ 玻璃升降器不工作 □	
车辆外观检查			车辆内部检查		
凹凸 □ 划痕 □ 石击 □ 油漆 □	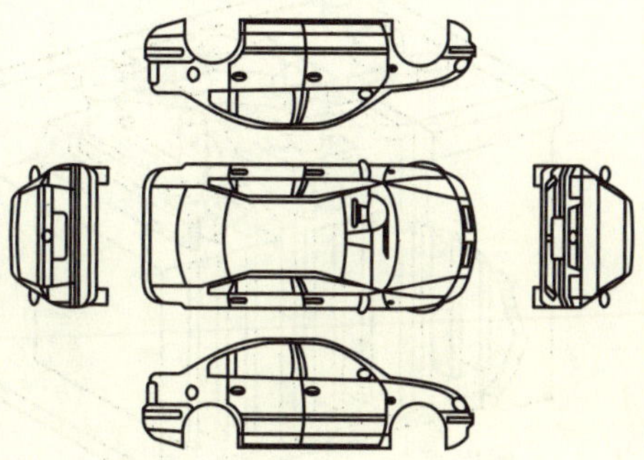		污渍 □ 破损 □ 色斑 □ 变形 □	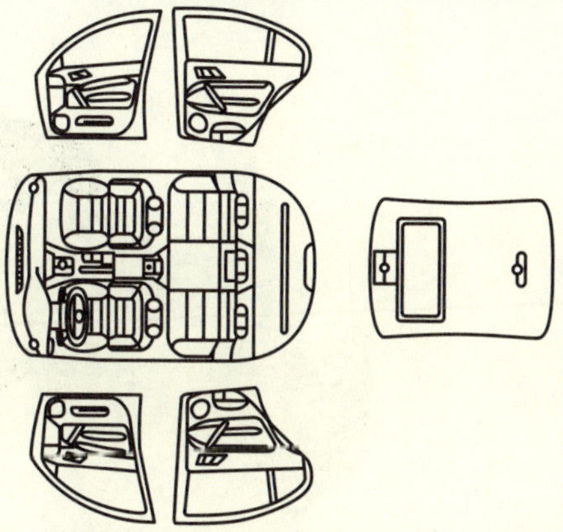	
明确具体工作任务					
任务目标	● 能够检测并判断蓄电池的性能 ● 能够对蓄电池进行充电维护 ● 能够对客户解释蓄电池故障的原因				
任务内容	● 蓄电池的作用及结构 ● 判断蓄电池亏电的方法 ● 蓄电池的检查与维护 ● 蓄电池的充电方法与更换方法				

续表

任务重点	● 蓄电池的检查与维护
任务难点	● 蓄电池的检查与维护

一、知识讲解

（一）蓄电池的作用

蓄电池的主要作用是在车辆停止时向全车用电器件供电，并负责在车辆启动时向起动机提供大电流供电，因此，当车辆因启动无力而无法启动时，则可能是由于蓄电池亏电造成的。

（二）蓄电池的结构

现代汽车采用的蓄电池多为铅酸蓄电池，主要由极板、隔板、电解液、外壳、连接条和极柱等组成。蓄电池的结构如图 18–1 所示。12 V 的蓄电池由 6 个单个的电池格串联而成，每个电池格的电压为 2 V。蓄电池中的极板分为正极板和负极板，极板主要由栅架和活性物质组成。正极板上的活性物质是二氧化铅（PbO_2），呈深棕色；负极板上的活性物质是纯铅（Pb），呈青灰色。正极板与负极板浸泡在浓度为 22% ~ 28% 的硫酸电解液中。

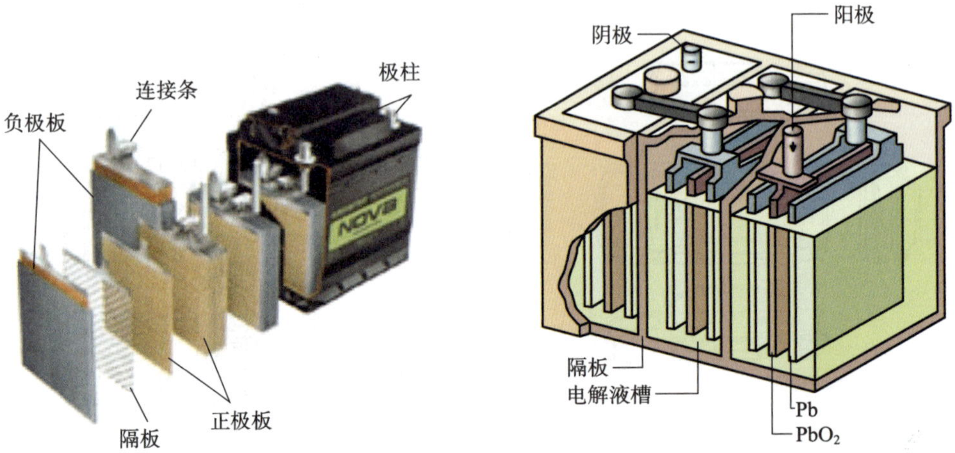

图 18–1　蓄电池的结构

蓄电池在放电时，负极板上的金属铅发生氧化反应，被氧化为硫酸铅；正极板上的二氧化铅发生还原反应，被还原为硫酸铅。蓄电池在用直流电充电时，两极分别生成铅和二氧化铅。

蓄电池亏电主要有两个原因：一是蓄电池长期使用导致极板老化、表面物质脱落，或蓄电池内部电解液因蒸发、泄漏等导致性能下降，储电量降低，从而引起亏电。二是车辆用电器件短路，使蓄电池长期处于放电状态，从而引起亏电。因此，应定期对蓄电池进行检查与维护。

（三）判断蓄电池亏电的方法

1. 使用高率放电计检查蓄电池的性能

蓄电池的性能可通过高率放电计进行检测。在测量前，应对亏电的蓄电池进行充足电操作，再进行检测。测量时将放电计触针抵牢蓄电池正、负极接线柱，保持 15 s。若蓄电池电压能保持在 9.6 V 以上，说明蓄电池性能良好；若电压稳定在 10.6 ~ 11.6 V，说明蓄电池存电充足；若在测试过程中电压迅速下降，则表示蓄电池已损坏。高率放电计及其使用方法如图 18–2 所示。

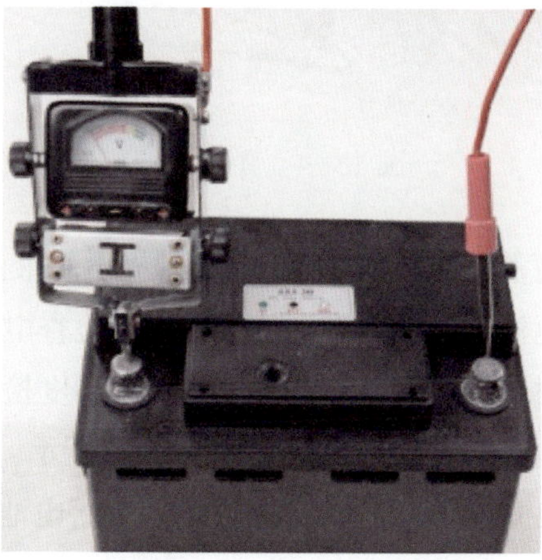

图 18–2　高率放电计及其使用方法

2. 使用万用表检查车辆静态电流

当关闭点火开关后，因电路短路造成某些用电器件无法停止工作，始终消耗蓄电池中的电量，从而导致下次启动时蓄电池亏电。遇到此类故障时，应及时检查并排除故障，防止因线路短路而导致车辆起火。

检查车辆静态电流时，应关闭车上的所有用电器件，并关闭点火开关 15 min 以上。拔下蓄电池负极连接线，然后将万用表拨至 20 A 挡，将两表笔一端连接蓄电池正极，另一端连接蓄电池负极，观察表中读数，如图 18–3 所示。其读数应为 0.02 ~ 0.05 A，否则说明车辆有断路或未关闭的用电器件。

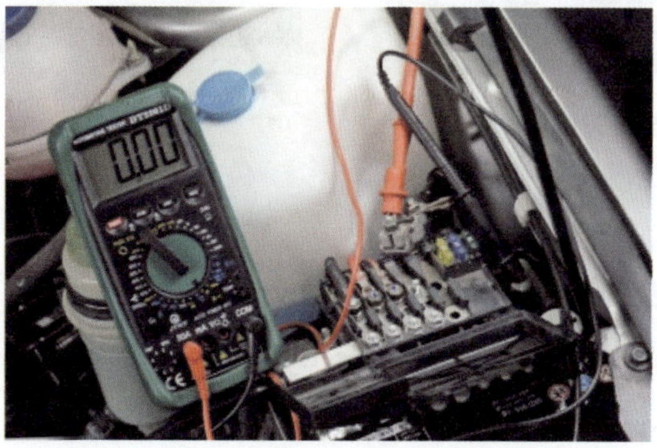

图 18–3　车辆静态电流测量方法

（四）蓄电池的检查与维护

铅酸蓄电池分为普通铅酸蓄电池和免维护蓄电池。

普通铅酸蓄电池（图 18–4）的电压稳定、价格便宜，但比能低，使用寿命短，日常维护频繁。

免维护蓄电池（图 18–5）电解液的消耗量非常小，在使用寿命内基本不需要补充蒸馏水，具有耐振、耐高温、体积小、自放电小、使用寿命长等特点。

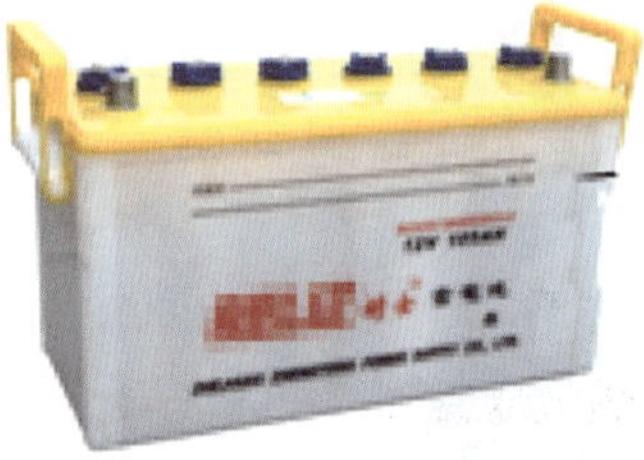

图 18–4　普通铅酸蓄电池

图 18–5　免维护蓄电池

普通铅酸蓄电池在使用中应定期检查电解液液位，及时对蓄电池的存电状况进行检查。除此之外，还应检查蓄电池外壳是否有裂纹、渗漏；检查电解液加注口塞是否损坏，如有损坏则进行更换。检查电解液液位时，通过蓄电池外壳上的液位刻度检查其是否符合规定，正常液位应处于最高刻度线与最低刻度线之间。电解液液位检查如图 18–6 所示。

对于免维护蓄电池，在检查时主要检查蓄电池表面有无裂纹，还应通过观察孔检查蓄电池电量及蓄电池是否损坏。

蓄电池观察孔上显示绿色，表示电量正常；显示黑色，表示电量小；显示白色，表示蓄电池已损坏，需更换蓄电池。免维护蓄电池观察孔检查如图 18–7 所示。

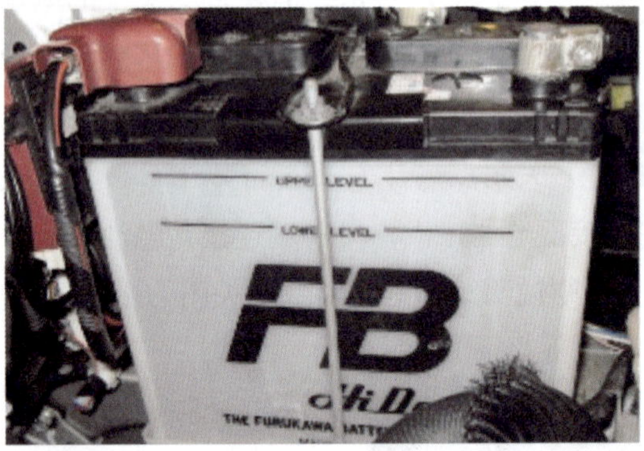

图 18–6　电解液液位检查

图 18–7　免维护蓄电池观察孔检查

（五）蓄电池的充电方法

目前，轿车使用的蓄电池多为免维护蓄电池，在车辆正常工作过程中，由发电机完成对蓄电池的充电。当蓄电池亏电时，可使用蓄电池充电机对蓄电池进行快速充电，以保证其能够正常工作。蓄电池的充电方法如图 18–8 所示。

在使用充电机对蓄电池进行充电时，应注意以下事项。

1. 应选择正确的充电电压，并将充电机的红色钳口夹在蓄电池正极上，黑色钳口夹在蓄电池负极上。

2. 充电时，应打开蓄电池电解液加注口塞，并保持室内通风良好，以免充电终了时释放大量的气体。

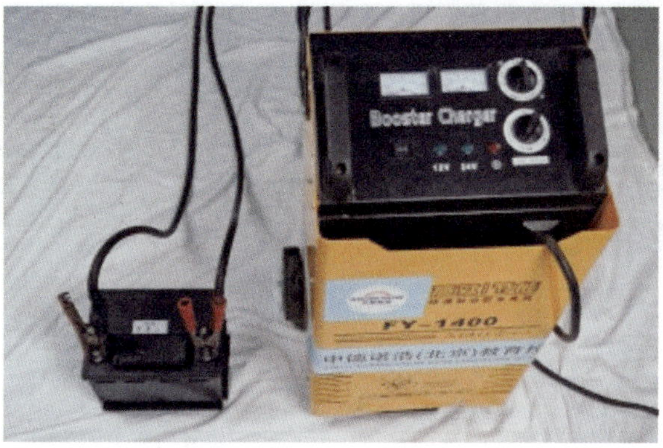

图 18-8 蓄电池的充电方法

3. 充电时，应严禁烟火，防止充电释放的气体燃烧。

4. 充电过程中，应随时检查蓄电池的温度，切勿过热。

5. 充电机应避免在阳光下直射或露天下雨时使用，避免在较大灰尘或腐蚀性气体的环境中工作。

（六）蓄电池的更换方法

蓄电池的更换方法如下。

1. 关闭点火开关并铺设翼子板布。

2. 先拆下蓄电池负极柱卡箍，然后拆下蓄电池正极柱卡箍（注意采用绝缘措施，防止其搭铁短路）。

3. 松开蓄电池固定卡具或固定螺栓并取下蓄电池。

4. 将蓄电池安装到车辆上并固定。

5. 取下蓄电池电极柱保护盖并清理蓄电池表面。

6. 先将蓄电池正极柱卡箍连接到蓄电池正极柱上，然后连接蓄电池负极柱卡箍并将正负极柱卡箍固定。

7. 将工具复位。

二、任务准备

在下列图片中勾选出完成本任务所需的工具、设备、资料等。

	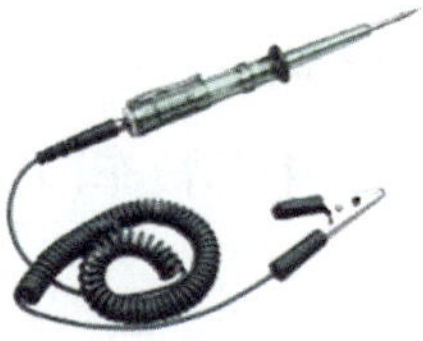		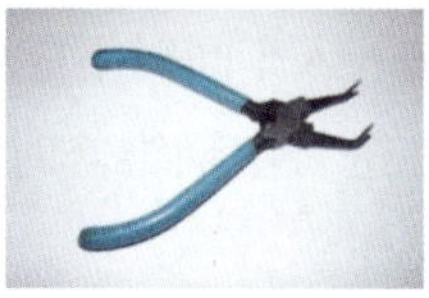	
工具车	测电笔	编程器	卡簧钳	手电筒

	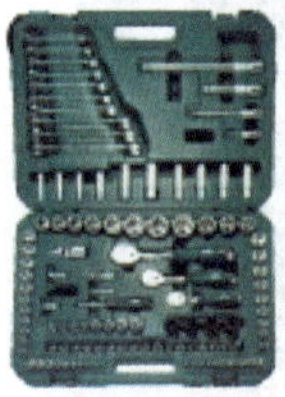	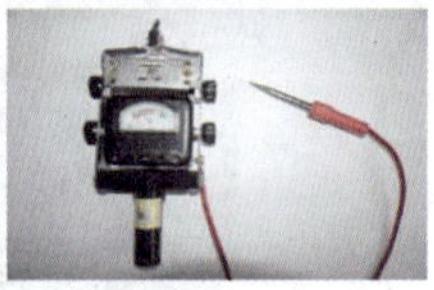	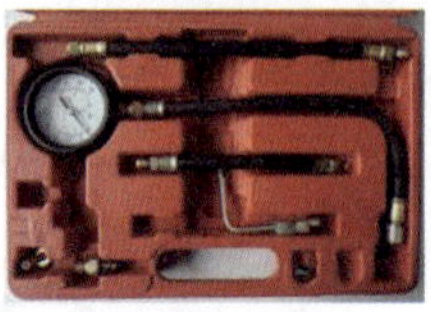	
万用表	常用工具套装	干荷式电池放电器	压力表	三件套
	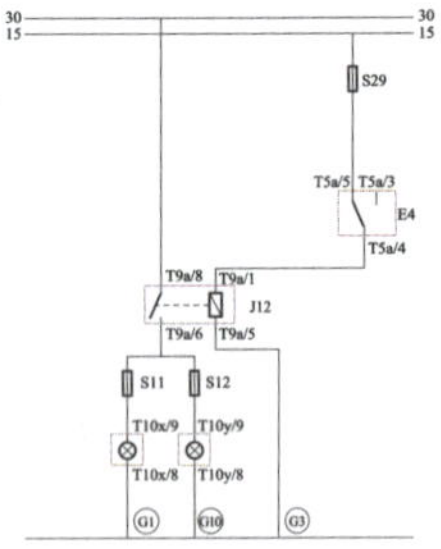	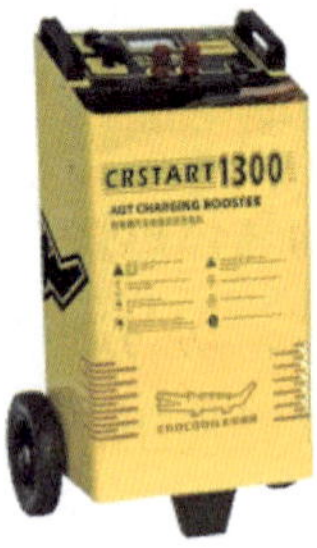		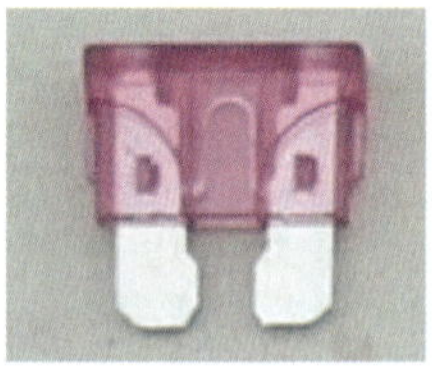
实训整车	拆画好的电路图	充电机	维修手册	熔断器

开关	蓄电池	灯泡	亏电的蓄电池	跨接线

三、防护措施

（一）个人安全防护

1. 维修操作人员必须身穿工作服、工作鞋，戴工作帽、手套；工作服拉链及皮带扣应藏于衣服内侧，袖口、领口、裤脚扣紧；女生长发要盘起藏在工作帽内。

2. 维修操作人员在进入车间时不应戴手表、戒指、项链等金属饰品。

3. 维修操作人员在进行车辆维修时，应防止脚部被车轮轧伤，手部被车门夹伤或被热的发动机烫伤、被发动机传动带绞伤。

4. 在搬运重物及尖锐器物时应注意动作和姿势，防止扭伤腰部、砸伤脚部或划伤手部。

（二）车辆 / 台架等设备安全

1. 车辆进入车间内，应停放至指定地点，熄灭发动机，将变速器置于空挡位置，并拉紧驻车制动器，台架应将滑轮锁死或用木块固定。

2. 维修操作前，应铺设三件套。发动机启动前应确保其他无关人员远离车辆。

3. 操作电气设备时应注意用电安全。作业结束后，应及时切断一切用电设备的电源。

4. 操作前应熟读维修手册中的操作标准和台架、仪器、设备的使用标准，并做好日常维护工作。

（三）车间场地安全防护

1. 车间应配有干粉灭火器及相应的消防设施，易燃油品应存放在密封的金属罐中。

2. 应时刻注意将车间内的所有工具、零部件、设备、车辆等摆放整齐，工作结束后将其摆放于指定地点保管。

3. 车间内设备或车辆周围的人行道及工作区域必须保证足够的安全空间。

4. 操作过程中应做到油品、工具、配件三不落地，作业完毕应及时清理车间工作场地，做好现场 6 S 管理。

四、任务分配（见表 18-1）

表 18-1 任务分配表

职务	代码	姓名	工作内容
组长	A		
组员	B		
	C		
	D		
	E		
	F		

五、任务实施

（一）操作步骤

将表 18-2 中的工作内容补充完整。

表 18-2 操作步骤

步骤	项目	顺序	工作内容
1	安全防护与工作准备	1	将车辆驶入工位停好，变速器置于空挡，熄火并拉紧驻车制动器
		2	铺设三件套
		3	
		4	
2	蓄电池的拆卸	1	使用 10 mm 套管拆卸蓄电池负极柱卡箍固定螺栓，并取下卡箍
		2	
		3	

续表

步骤	项目	顺序	工作内容
3	蓄电池的安装	1	
		2	
		3	安装蓄电池负极柱卡箍，并使用 10 mm 套管紧固固定螺栓
4	蓄电池安装后测试	1	启动发动机，测试发动机是否能够正常启动
		2	调整时间
		3	
5	车辆静态电流的测量	1	将万用表拨至 20 A 挡，红色表笔选择 20 A 工作孔
		2	
		3	
		4	
		5	车辆静态电流正常为 30 ~ 50 mA。该车用电器件全部停止工作后，测量该车辆静态电流值为 0 mA（车辆不同，测量数值不同）
		6	测量完毕，使用 10 mm 套管紧固蓄电池负极柱卡箍
6	蓄电池放电率的测量	1	
		2	
		3	
7	蓄电池充电	1	将充电机正极线接充电机背部 12 V 端子，负极线接充电端子
		2	
		3	
		4	

（二）实施记录

结合实施过程，对照表 18–3 的检查项目，勾选或填写实际的检查结果。

表 18–3　实施记录

序号	项目	检查结果	备注
1	测量蓄电池电压	电压值________V	
2	测量车辆静态电流	电流值________mA	
3	测量蓄电池放电率，观察放电计指针位置	绿色区域 □　黄色区域 □　红色区域 □	

六、检查

（一）自检

结合本组任务操作过程，对任务执行过程中的操作规范性进行检查，检查操作过程中是否存在以下问题，分析讨论应如何避免并总结规范的操作方法（见表 18–4）。

表 18–4 自检

检查项目	结果
车辆停放位置是否合适，是否将变速器置于空挡并拉紧驻车制动器	是 □ 否 □
是否使用三件套对车辆进行防护	是 □ 否 □
举升机是否按规范操作，是否注意人身安全	是 □ 否 □
蓄电池的拆卸方法是否正确	是 □ 否 □
蓄电池的安装方法是否正确	是 □ 否 □
蓄电池安装后的测试方法是否正确	是 □ 否 □
车辆静态电流测量方法是否正确	是 □ 否 □
蓄电池放电率测量方法是否正确	是 □ 否 □
充电机挡位（12 V/24 V）选择是否正确	是 □ 否 □
充电机充电夹连接方法是否正确	是 □ 否 □

（二）互检

组与组之间相互进行任务操作过程及结果检查，并把检查结果填写在表 18–5 中。

表 18–5 互检

检查项目	结果
车辆停放位置是否合适，是否将变速器置于空挡并拉紧驻车制动器	是 □ 否 □
是否使用三件套对车辆进行防护	是 □ 否 □
举升机是否按规范操作，是否注意人身安全	是 □ 否 □
蓄电池的拆卸方法是否正确	是 □ 否 □
蓄电池的安装方法是否正确	是 □ 否 □
蓄电池安装后的测试方法是否正确	是 □ 否 □
车辆静态电流测量方法是否正确	是 □ 否 □
蓄电池放电率测量方法是否正确	是 □ 否 □
充电机挡位（12 V/24 V）选择是否正确	是 □ 否 □
充电机充电夹连接方法是否正确	是 □ 否 □

七、课堂小结

任务十九　发电机拆装与分解

发电机拆装与分解任务工单				
客户信息	姓名		职业	
车辆信息	车型	VIN 码	行驶里程	

客户描述				
	制动灯不亮 □	近光灯不亮 □	远光灯不亮 □	转向灯不亮 □
	雾灯不亮 □	发动机加速无力 □	发动机无法启动 □	轮胎气压不足 □
	制动跑偏 □	制动液液位偏低 □	蓄电池亏电 □	蓄电池充不上电 □
	发电机不发电 □	基本电路故障 □	变光开关损坏 □	玻璃升降器不工作 □
	雨刮不工作 □	充电指示灯异常点亮 □		
	其他：			

车辆外观检查		车辆内部检查	
凹凸 □	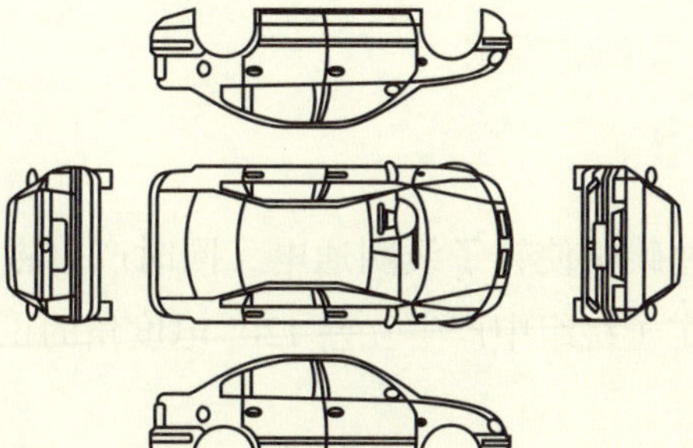	污渍 □	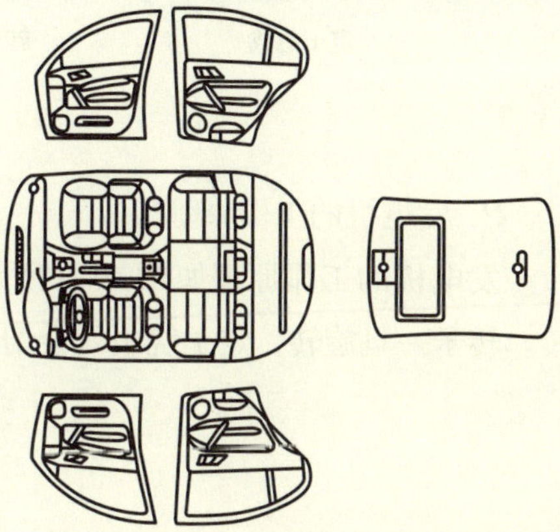
划痕 □		破损 □	
石击 □		色斑 □	
油漆 □		变形 □	

明确具体工作任务	

任务目标

- 能够正确使用工具对发电机进行分解检查
- 能够根据发电机的检查结果判断其损坏原因
- 能够向客户解释发电机故障的原因

任务内容

- 发电机的作用及安装位置
- 发电机的组成与工作原理
- 发电机拆装操作步骤
- 发电机的检查方法

续表

任务重点	● 发电机的工作原理
任务难点	● 发电机的拆装与检查

一、知识讲解

（一）发电机的作用及安装位置

发电机是汽车的主要电源，其作用是在发动机正常运转时（怠速以上）向所有用电设备（起动机除外）供电，同时向蓄电池充电。汽车上所用的发电机大多为三相交流发电机。发电机安装在发动机前方的发电机支架上，由曲轴通过发电机传动带带动运转。

（二）发电机的组成与工作原理

1. 发电机的组成

发电机通常由定子总成、转子总成、整流器总成、端盖等部件组成，如图 19–1 所示。

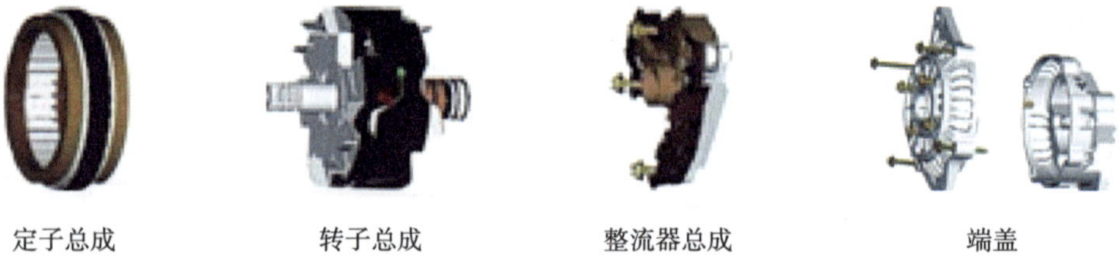

图 19–1　发电机的组成

2. 发电机的工作原理

发电机的工作原理如图 19–2 所示。外电路通过碳刷使转子线圈通电，同时产生磁场，使转子旋转。转子一旦旋转，定子绕组就会切割磁力线，在定子绕组中产生互差 120° 电度角的正弦电动势，即

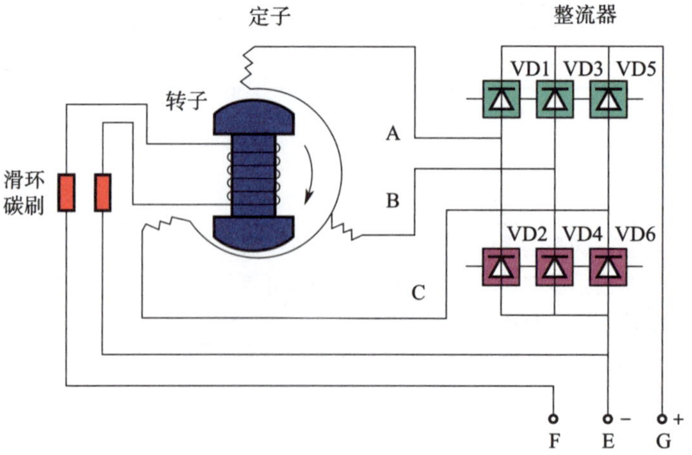

图 19–2　发电机的工作原理

三相交流电，再经由二极管组成的整流器变为直流电输出。

（三）发电机拆装操作步骤

发电机拆装操作步骤如下。

1. 拆下蓄电池负极连接导线。
2. 拔下发电机插接器插头。
3. 拆下发电机正极柱螺母并拆下正极连接线。
4. 松开发电机张紧器并拆下发电机传动带。
5. 拆下发电机固定螺栓，取下发电机。
6. 按与拆卸相反的顺序进行安装。

（四）发电机的检查方法

1. 发电机转子线圈的检查方法

（1）检查发电机转子滑环表面是否有烧蚀、点蚀现象，并清理两滑环之间的异物和炭屑。

（2）检查转子铁芯表面有无偏磨、扫膛现象。

（3）使用万用表最大欧姆挡检查滑环与转子铁芯之间的阻值，应为∞。

（4）使用万用表检查滑环之间的阻值，应符合规定值。

2. 发电机定子线圈的检查方法

（1）使用万用表欧姆挡检查发电机定子线圈三个接线柱之间的阻值，两两检查，其阻值应相同。

（2）使用万用表最大欧姆挡检查定子线圈任意接线柱与定子铁芯之间的阻值，应为∞。

（3）检查定子线圈内壁有无磨损、扫膛现象。

3. 发电机整流器的检查方法

（1）使用万用表二极管挡检查发电机正、负极整流板上的二极管是否正常。

（2）使用万用表最大欧姆挡检查正、负极整流板之间的阻值，应为∞。

4. 其他项目的检查方法

（1）检查发电机碳刷长度是否正常，碳刷弹簧弹力是否良好。

（2）检查发电机前后轴承是否运转自如，轴承有无卡滞、松旷现象。

二、任务准备

在下列图片中勾选出完成本任务所需的工具、设备、资料等。

		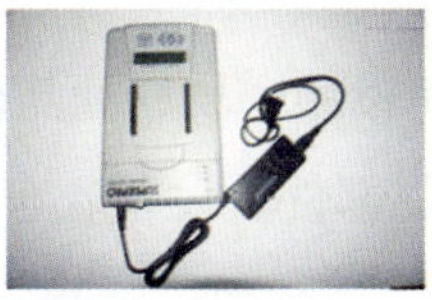	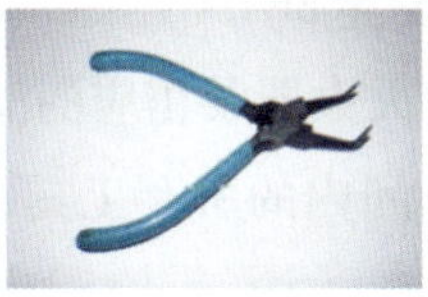	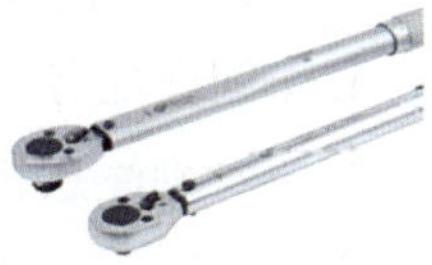
工具车	测电笔	编程器	卡簧钳	力矩扳手

		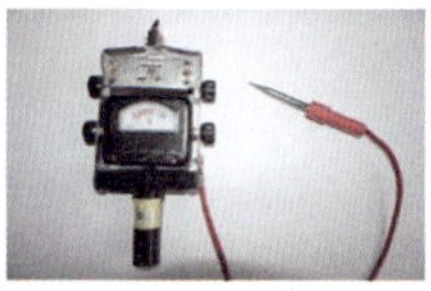	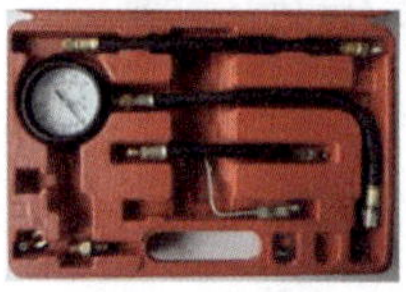	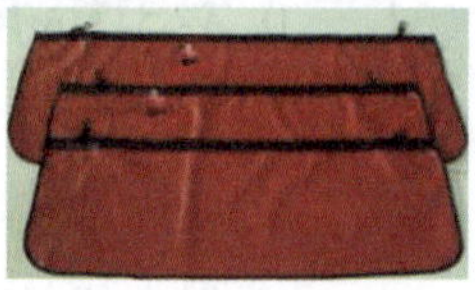
万用表	手电筒	干荷式电池放电器	压力表	三件套
	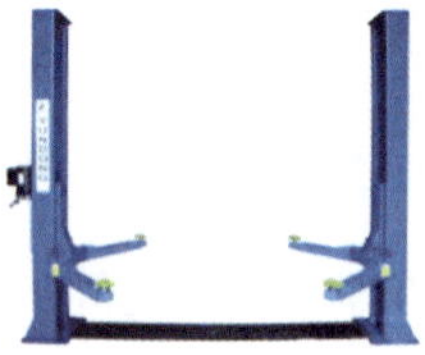		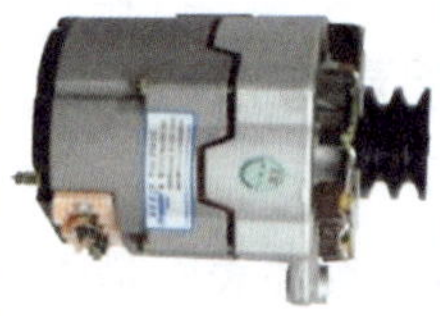	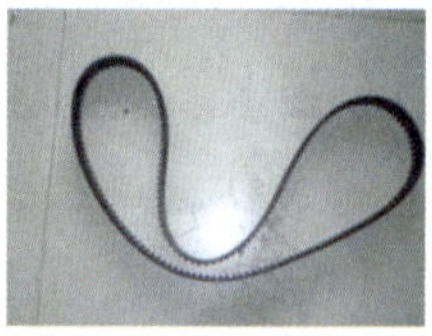
实训整车	举升机	维修手册	发电机	发电机传动带

三、防护措施

（一）个人安全防护

1. 维修操作人员必须身穿工作服、工作鞋，戴工作帽、手套；工作服拉链及皮带扣应藏于衣服内侧，袖口、领口、裤脚扣紧；女生长发要盘起藏在工作帽内。

2. 维修操作人员在进入车间时不应戴手表、戒指、项链等金属饰品。

3. 维修操作人员在进行车辆维修时，应防止脚部被车轮轧伤，手部被车门夹伤或被热的发动机烫伤、被发动机传动带绞伤。

4. 在搬运重物及尖锐器物时应注意动作和姿势，防止扭伤腰部、砸伤脚部或划伤手部。

（二）车辆 / 台架等设备安全

1. 车辆进入车间内，应停放至指定地点，熄灭发动机，将变速器置于空挡位置，并拉紧驻车制动器，台架应将滑轮锁死或用木块固定。

2. 维修操作前，应铺设三件套。发动机启动前应确保其他无关人员远离车辆。

3. 操作电气设备时应注意用电安全。作业结束后，应及时切断一切用电设备的电源。

4. 操作前应熟读维修手册中的操作标准和台架、仪器、设备的使用标准，并做好日常维护工作。

（三）车间场地安全防护

1. 车间应配有干粉灭火器及相应的消防设施，易燃油品应存放在密封的金属罐中。

2. 应时刻注意将车间内的所有工具、零部件、设备、车辆等摆放整齐，工作结束后将其摆放于指定地点保管。

3. 车间内设备或车辆周围的人行道及工作区域必须保证足够的安全空间。

4. 操作过程中应做到油品、工具、配件三不落地，作业完毕应及时清理车间工作场地，做好现场 6 S 管理。

四、任务分配（见表 19-1）

表 19-1 任务分配表

职务	代码	姓名	工作内容
组长	A		
组员	B		
	C		
	D		
	E		
	F		

五、任务实施

（一）操作步骤

1. 分解发电机并完成表 19–2 的填写。

表 19–2 操作步骤

步骤	项目	顺序	工作内容
1	拆卸底部护盖	1	使用 4 mm 套管拆卸发电机底部塑料护盖
		2	取下护盖
2	拆卸整流器与碳刷架	1	使用 8 mm 套管拆卸碳刷架上的接线柱螺母，同时用 4 mm 套管拆卸碳刷架上的固定螺栓并将其取下
		2	
		3	
3	拆卸传动带盘	1	
		2	
4	拆卸前后端盖	1	
		2	
		3	分离前后端盖

2. 检查发电机并完成表 19–3 的填写。

表 19–3 操作步骤

步骤	项目	顺序	工作内容
1	检查转子	1	用数字式万用表的 200 Ω 挡检测两滑环之间的阻值，应符合技术标准。若阻值为∞，说明两滑环断路；若阻值过小，说明其短路。一般阻值为 3.5～6 Ω
		2	
		3	

续表

步骤	项目	顺序	工作内容
2	检查定子	1	检查定子绕组是否短路或断路。用数字式万用表 200 Ω 挡检测定子绕组三个接线柱之间的阻值，两两检查。正常时三个绕组线圈的阻值小于 1 Ω 且阻值相等；若阻值为∞，说明其断路；若阻值为 0，说明其短路
		2	
3	检查整流器	1	用数字式万用表的欧姆挡检查整流器。用黑色表笔接整流器输出端子，用红色表笔分别接整流器各接线柱，数字式万用表均应导通，否则说明该二极管断路
		2	
		3	
		4	
4	检查碳刷及碳刷架	1	
		2	检查碳刷弹力

3. 组装发电机并完成表 19–4 的填写。

表 19–4 操作步骤

步骤	项目	顺序	工作内容
1	组装前后端盖	1	将定子安装在后端盖上
		2	将前后端盖按位置组合上
		3	
2	安装传动带盘	1	
		2	
3	安装整流器及碳刷架	1	使用 4 mm 套管安装整流器并紧固螺栓
		2	
		3	
4	安装底部护盖	1	
		2	使用 4 mm 套管安装并紧固固定螺栓

4. 拆装发电机并完成表 19–5 的填写。

表 19–5 操作步骤

步骤	项目	顺序	工作内容
1	安全防护与工作准备	1	将车辆驶入工位停好，变速器置于空挡，熄火并拉紧驻车制动器
		2	铺设三件套
		3	
2	拆卸发电机前的工作	1	
		2	使用 10 mm 套管松开蓄电池负极柱紧固螺母，并取下负极柱卡箍

续表

步骤	项目	顺序	工作内容
3	拆卸发电机	1	
		2	
		3	
		4	拔下发电机后部插接器，使用撬板撬动发电机，将其轻轻取下
		5	
4	安装发电机	1	用台虎钳卡住发电机，装入固定螺栓。使用轻铁锤和铜棒敲击螺栓，使发电机固定铁箍移位（使发电机安装时更易入位）
		2	
		3	
		4	
		5	将发电机传动带按原位置缠绕各传动带盘；使用 15 mm 呆扳手扳住张紧器上方凸起，向下压释放张紧器压力；将传动带放置到张紧轮下方压住后松开张紧器
		6	安装空气滤清器壳，并用专用卡簧钳固定空气滤清器壳进气管
5	测量发电量	1	
		2	
		3	
		4	调节时钟
6	整理	1	
		2	
7	正确安装发电机传动带	1	
		2	
		3	将助力泵传动带盘上部传动带自下而上套住空调压缩机传动带盘内部
		4	
		5	

（二）实施记录

结合实施过程，对照表 19–6 的检查项目，勾选或填写实际的检查结果。

表 19–6 实施记录

序号	项目	检查结果	备注
1	用数字式万用表欧姆挡检测转子两滑环之间的阻值	测量阻值________ Ω	标准阻值________ Ω
2	用数字式万用表欧姆挡检测转子两滑环与铁芯（或转子轴）之间的导通情况	导通 □ 不导通 □	

续表

序号	项目	检查结果	备注
3	用数字式万用表欧姆挡检测定子绕组三个接线柱之间的阻值，两两检查	接线端 1/2 阻值________ Ω	
		接线端 1/3 阻值________ Ω	
		接线端 2/3 阻值________ Ω	
4	检查整流器二极管	正常 □　损坏 □	
5	检查碳刷	正常 □　损坏 □	
6	检查碳刷架	正常 □　损坏 □	

六、检查

（一）自检

结合本组任务操作过程，对任务执行过程中的操作规范性进行检查，检查操作过程中是否存在以下问题，分析讨论应如何避免并总结规范的操作方法（见表 19–7）。

表 19–7　自检

检查项目	结果
车辆停放位置是否合适，是否将变速器置于空挡并拉紧驻车制动器	是 □　否 □
是否使用三件套对车辆进行防护	是 □　否 □
举升机是否按规范操作，是否注意人身安全	是 □　否 □
转子检查方法是否正确	是 □　否 □
定子检查方法是否正确	是 □　否 □
整流器检查方法是否正确	是 □　否 □
碳刷及碳刷架检查方法是否正确	是 □　否 □
发电机传动带安装方法是否正确	是 □　否 □

（二）互检

组与组之间相互进行任务操作过程及结果检查，并把检查结果填写在表 19–8 中。

表 19–8　互检

检查项目	结果
车辆停放位置是否合适，是否将变速器置于空挡并拉紧驻车制动器	是 □　否 □
是否使用三件套对车辆进行防护	是 □　否 □
举升机是否按规范操作，是否注意人身安全	是 □　否 □
转子检查方法是否正确	是 □　否 □
定子检查方法是否正确	是 □　否 □
整流器检查方法是否正确	是 □　否 □
碳刷及碳刷架检查方法是否正确	是 □　否 □
发电机传动带安装方法是否正确	是 □　否 □

七、课堂小结

任务二十　发电机电路故障检查（一）

发电机电路故障检查任务工单——发电机发电量检查				
客户信息	姓名		职业	
车辆信息	车型	VIN 码	行驶里程	

客户描述

制动灯不亮 □	近光灯不亮 □	远光灯不亮 □	转向灯不亮 □
雾灯不亮 □	发动机加速无力 □	发动机无法启动 □	轮胎气压不足 □
制动跑偏 □	制动液液位偏低 □	蓄电池亏电 □	蓄电池充不上电 □
发电机不发电 □	基本电路故障 □	变光开关损坏 □	玻璃升降器不工作 □
雨刮不工作 □	充电指示灯异常点亮 □		

其他：

车辆外观检查

凹凸 □

划痕 □

石击 □

油漆 □

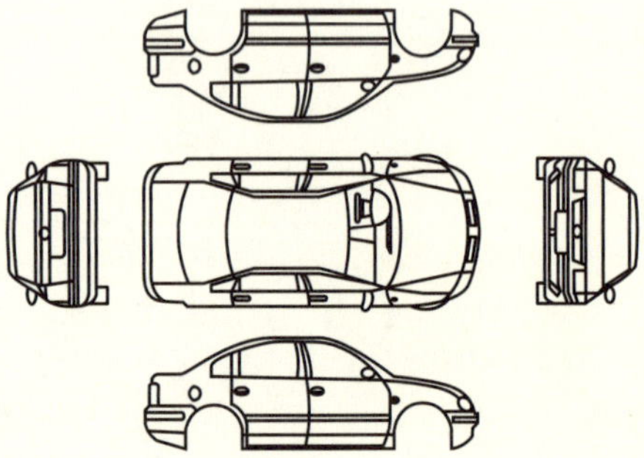

车辆内部检查

污渍 □

破损 □

色斑 □

变形 □

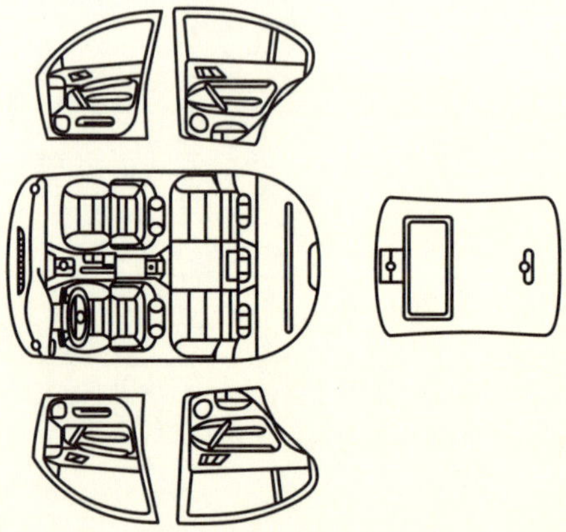

明确具体工作任务

任务目标

- 能够对发电机充电电路、励磁及指示灯电路进行检查
- 能够根据检查结果判定故障原因并排除故障
- 能够向客户解释发电机电路故障的原因

任务内容

- 蓄电池充电指示灯的作用
- 发电机电路的控制方法
- 发电机电路的检查方法

续表

任务重点	● 发电机电路的检查方法
任务难点	● 发电机发电量就车检查

一、知识讲解

（一）蓄电池充电指示灯的作用

蓄电池充电指示灯（图 20–1）的主要作用是在行车时检测发电机的发电量，一旦发现发电机发电量低于蓄电池电压或不发电，则蓄电池充电指示灯点亮。

图 20–1　蓄电池充电指示灯

（二）发电机电路的控制方法

发电机电路的控制示意图如图 20–2 所示。

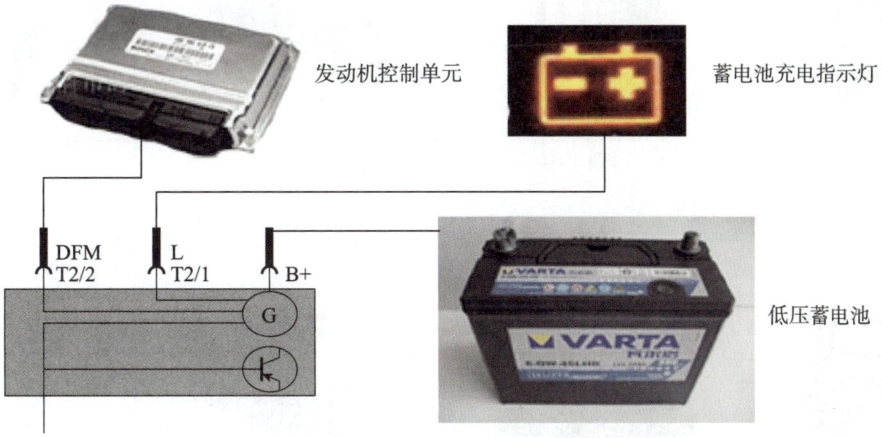

图 20–2　发电机电路的控制示意图

当打开点火开关时，仪表控制单元通过蓄电池充电指示灯后向发电机插接器插头 T2/1 号端子提供电源电压，给发电机转子绕组通电，并通过电压调节器后方电路搭铁。此时发电机转子绕组通电产生磁场，蓄电池充电指示灯亮。

当发动机开始运转，发电机开始发电，此时发电机转子绕组由开始时的蓄电池励磁改为发电机自身励磁。此时加载到蓄电池充电指示灯两端的电压相等（都为蓄电池电压），蓄电池充电指示灯熄灭。

（三）发电机电路的检查方法

1. 励磁电路的检查方法

打开点火开关，拔下发电机后方插接器，检查相应端子有无电源电压。若插接器 1 号端子有电源电压，说明可能是内部励磁电路断路或调节器损坏。若插接器 1 号端子无电源电压，说明仪表到发电机之间线路存在断路或短路，此时应观察指示灯。若指示灯熄灭，说明仪表到发电机之间线路断路；若指示灯常亮，说明仪表到发电机之间线路短路。

2. 发电量的检查方法

使用引出线将插接器 1 号端子接线引出，启动发动机，检查 1 号端子电压，应大于 14 V（与发电机 B+ 端子电压相等）。若 1 号端子电压低于 B+ 端子电压，说明电压调节器损坏。

二、任务准备

在下列图片中勾选出完成本任务所需的工具、设备、资料等。

	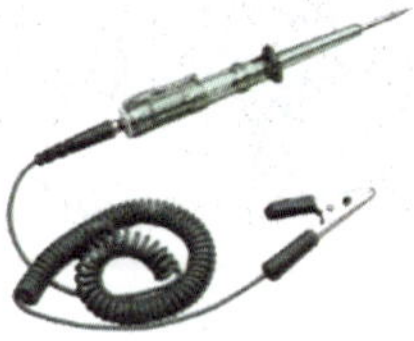	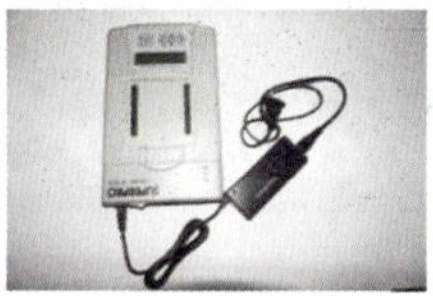	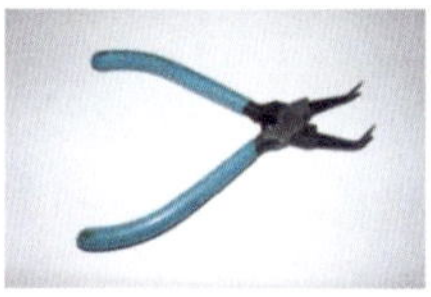
工具车	测电笔	编程器	卡簧钳
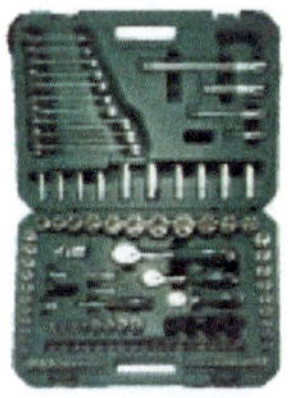			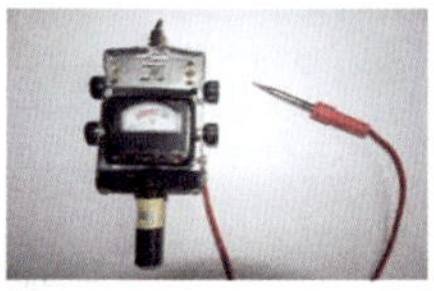
常用工具套装	万用表	手电筒	干荷式电池放电器
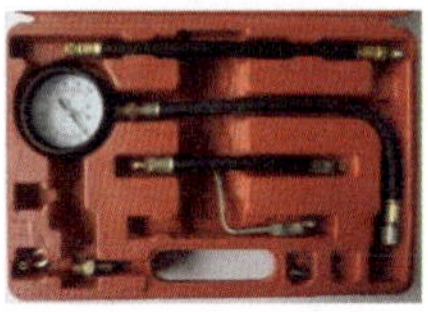	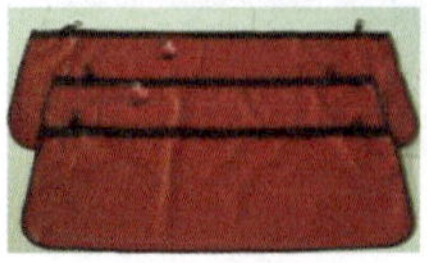		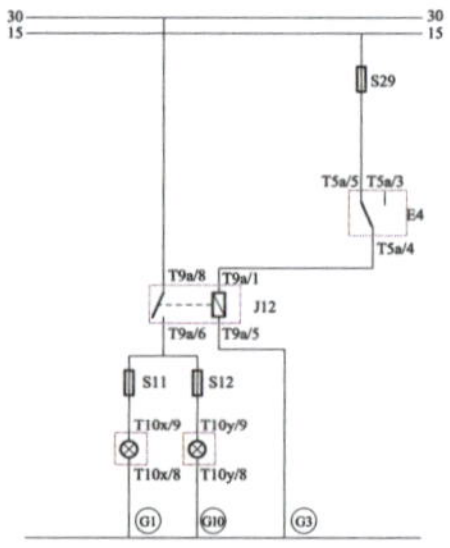
压力表	三件套	实训整车	拆画好的电路图

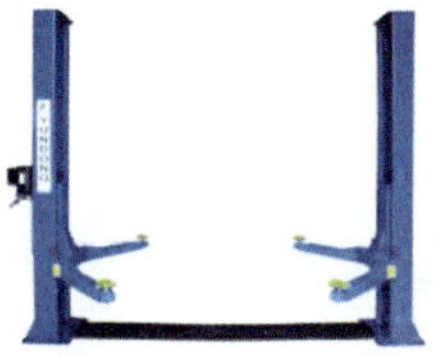	维 修 手 册 		
举升机	维修手册	发电机	跨接线

三、防护措施

（一）个人安全防护

1. 维修操作人员必须身穿工作服、工作鞋，戴工作帽、手套；工作服拉链及皮带扣应藏于衣服内侧，袖口、领口、裤脚扣紧；女生长发要盘起藏在工作帽内。

2. 维修操作人员在进入车间时不应戴手表、戒指、项链等金属饰品。

3. 维修操作人员在进行车辆维修时，应防止脚部被车轮轧伤，手部被车门夹伤或被热的发动机烫伤、被发动机传动带绞伤。

4. 在搬运重物及尖锐器物时应注意动作和姿势，防止扭伤腰部、砸伤脚部或划伤手部。

（二）车辆 / 台架等设备安全

1. 车辆进入车间内，应停放至指定地点，熄灭发动机，将变速器置于空挡位置，并拉紧驻车制动器，台架应将滑轮锁死或用木块固定。

2. 维修操作前，应铺设三件套。发动机启动前应确保其他无关人员远离车辆。

3. 操作电气设备时应注意用电安全。作业结束后，应及时切断一切用电设备的电源。

4. 操作前应熟读维修手册中的操作标准和台架、仪器、设备的使用标准，并做好日常维护工作。

（三）车间场地安全防护

1. 车间应配有干粉灭火器及相应的消防设施，易燃油品应存放在密封的金属罐中。

2. 应时刻注意将车间内的所有工具、零部件、设备、车辆等摆放整齐，工作结束后将其摆放于指定地点保管。

3. 车间内设备或车辆周围的人行道及工作区域必须保证足够的安全空间。

4. 操作过程中应做到油品、工具、配件三不落地，作业完毕应及时清理车间工作场地，做好现场 6 S 管理。

四、任务分配（见表 20-1）

表 20-1　任务分配表

职务	代码	姓名	工作内容
组长	A		
组员	B		
	C		
	D		
	E		
	F		

五、任务实施

（一）操作步骤

将表 20-2 中的工作内容补充完整。

表 20-2　操作步骤

步骤	项目	顺序	工作内容
1	安全防护与工作准备	1	将车辆驶入工位停好，变速器置于空挡，熄火并拉紧驻车制动器
		2	铺设三件套
		3	
		4	
		5	
2	发电机充电电路检查	1	启动发动机，使用万用表 20 V 挡，并用红色和黑色表笔分别连接蓄电池正负极接线柱，测量发电机发电量，正常约为 14.5 V。若发电量符合标准，测量结束；若不发电或发电量不足，则进行下一步检查
		2	
		3	
		4	发电机不发电，检查蓄电池上部熔断器 S01。若熔丝熔断，应进行更换；若熔丝正常，则进行下一步检查
3	发电机励磁及指示灯电路检查	1	发电机不发电，观察蓄电池充电指示灯是否点亮。若指示灯点亮，应拔下发电机插接器，使用万用表蜂鸣挡测量 1 号端子与任意搭铁点是否导通。若两者导通，说明该线路对地短路；若不导通，说明发电机损坏。若发电机不发电、指示灯也不点亮，则进行下一步检查
		2	

续表

步骤	项目	顺序	工作内容
3	发电机励磁及指示灯电路检查	3	
		4	
		5	
		6	
		7	将仪表放置回原位置，并安装仪表固定螺钉；将仪表罩盖放置回原位置，扣紧卡扣并安装固定螺钉；安装转向管柱上护罩，并与转向管柱下护罩卡扣扣紧
		8	
4	整理	1	
		2	
		3	清理地面卫生

（二）实施记录

结合实施过程，对照表 20–3 的检查项目，勾选或填写实际的检查结果。

表 20–3 实施记录

序号	项目	检查结果	备注
1	观察蓄电池充电指示灯是否点亮	点亮 □ 不亮 □	
2	测量蓄电池电压	电压值________V	
3	测量发电机发电量	电压值________V	
4	使用万用表 20 V 挡测量发电机 3 号端子至蓄电池负极电压	电压值________V	
5	用万用表 200 Ω 挡检查发电机 3 号端子至熔断器 S01 上方线路阻值	阻值________Ω	
6	检查蓄电池正极接线柱	正常 □ 腐蚀 □ 氧化 □ 松动 □	
7	检查熔断器 S01	正常 □ 熔断 □	
8	检查发电机励磁线路	正常 □ 短路 □ 断路 □	

六、检查

（一）自检

结合本组任务操作过程，对任务执行过程中的操作规范性进行检查，检查操作过程中是否存在以下问题，分析讨论应如何避免并总结规范的操作方法（见表 20–4）。

表 20-4 自检

检查项目	结果
车辆停放位置是否合适，是否将变速器置于空挡并拉紧驻车制动器	是 □ 否 □
是否使用三件套对车辆进行防护	是 □ 否 □
举升机是否按规范操作，是否注意人身安全	是 □ 否 □
发电机充电电路检查方法是否正确	是 □ 否 □
发电机励磁及指示灯电路检查方法是否正确	是 □ 否 □

（二）互检

组与组之间相互进行任务操作过程及结果检查，并把检查结果填写在表 20-5 中。

表 20-5 互检

检查项目	结果
车辆停放位置是否合适，是否将变速器置于空挡并拉紧驻车制动器	是 □ 否 □
是否使用三件套对车辆进行防护	是 □ 否 □
举升机是否按规范操作，是否注意人身安全	是 □ 否 □
发电机充电电路检查方法是否正确	是 □ 否 □
发电机励磁及指示灯电路检查方法是否正确	是 □ 否 □

七、课堂小结

任务二十一 发电机电路故障检查（二）

发电机电路故障检查任务工单——发电机励磁电路检查					
客户信息	姓名		职业		
车辆信息	车型	VIN 码		行驶里程	

客户描述

制动灯不亮 □	近光灯不亮 □	远光灯不亮 □	转向灯不亮 □
雾灯不亮 □	发动机加速无力 □	发动机无法启动 □	轮胎气压不足 □
制动跑偏 □	制动液液位偏低 □	蓄电池亏电 □	蓄电池充不上电 □
发电机不发电 □	基本电路故障 □	变光开关损坏 □	玻璃升降器不工作 □
雨刮不工作 □	充电指示灯异常点亮 □		

其他：

车辆外观检查		车辆内部检查	
凹凸 □	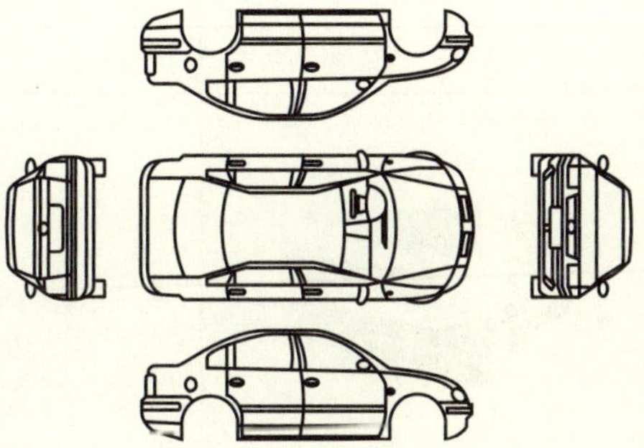	污渍 □	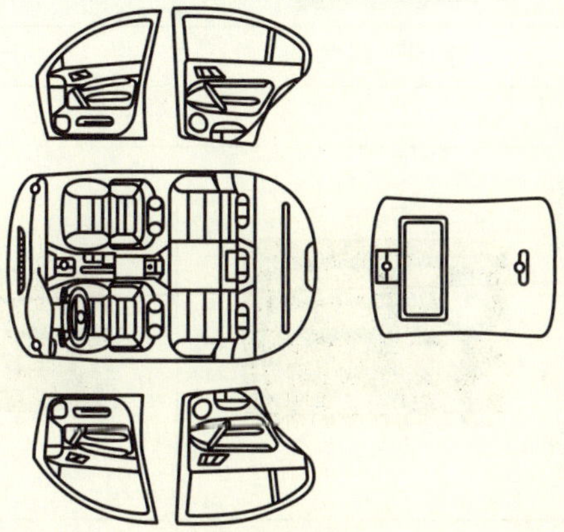
划痕 □		破损 □	
石击 □		色斑 □	
油漆 □		变形 □	

明确具体工作任务

任务目标

- 能够对发电机充电电路、励磁及指示灯电路进行检查
- 能够根据检查结果判定故障原因并排除故障
- 能够向客户解释发电机电路故障的原因

任务内容

- 蓄电池充电指示灯的作用
- 发电机电路的控制方法
- 发电机电路的检查方法

续表

任务重点	● 发电机电路的检查方法
任务难点	● 发电机发电量就车检查

一、任务准备

在下列图片中勾选出完成本任务所需的工具、设备、资料等。

	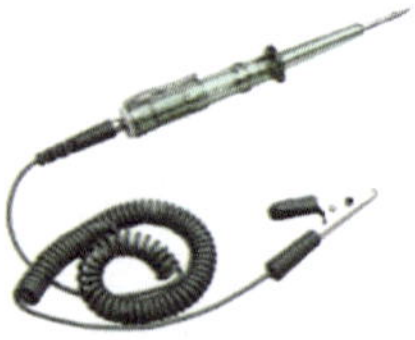	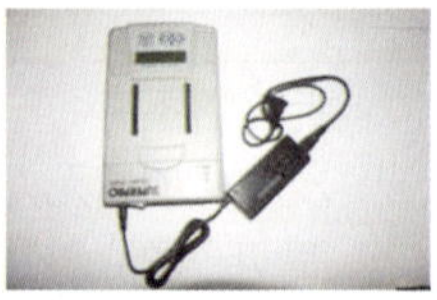	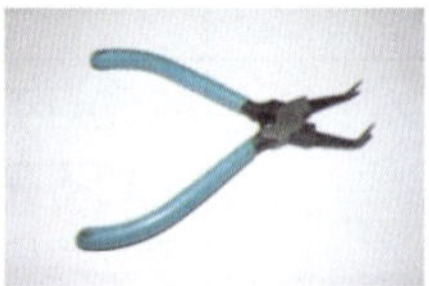
工具车	测电笔	编程器	卡簧钳
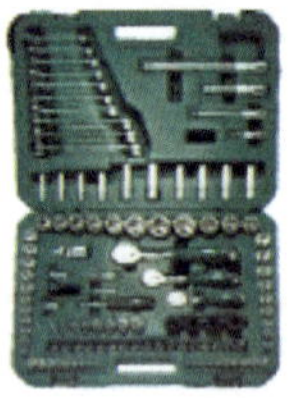			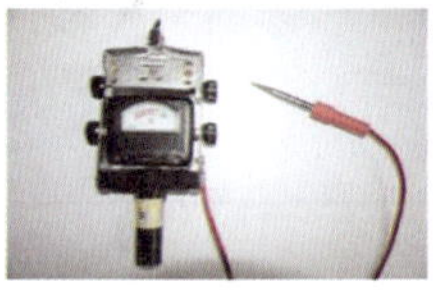
常用工具套装	万用表	手电筒	干荷式电池放电器
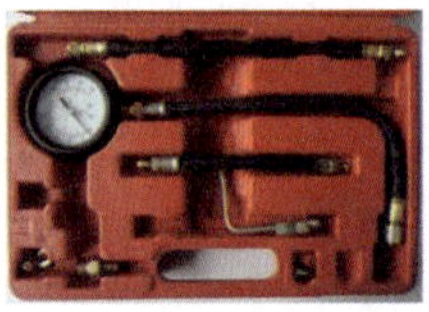			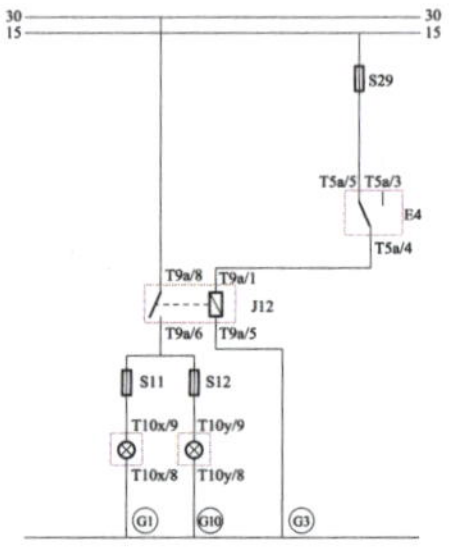
压力表	三件套	实训整车	拆画好的电路图
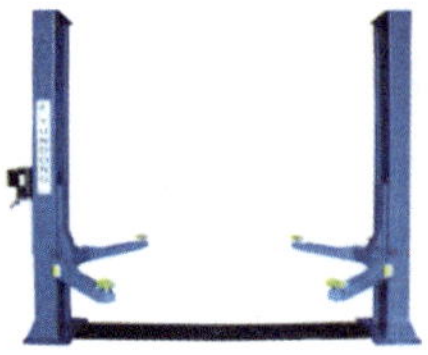			
举升机	维修手册	发电机	跨接线

二、防护措施

（一）个人安全防护

1. 维修操作人员必须身穿工作服、工作鞋，戴工作帽、手套；工作服拉链及皮带扣应藏于衣服内侧，袖口、领口、裤脚扣紧；女生长发要盘起藏在工作帽内。

2. 维修操作人员在进入车间时不应戴手表、戒指、项链等金属饰品。

3. 维修操作人员在进行车辆维修时，应防止脚部被车轮轧伤，手部被车门夹伤或被热的发动机烫伤、被发动机传动带绞伤。

4. 在搬运重物及尖锐器物时应注意动作和姿势，防止扭伤腰部、砸伤脚部或划伤手部。

（二）车辆 / 台架等设备安全

1. 车辆进入车间内，应停放至指定地点，熄灭发动机，将变速器置于空挡位置，并拉紧驻车制动器，台架应将滑轮锁死或用木块固定。

2. 维修操作前，应铺设三件套。发动机启动前应确保其他无关人员远离车辆。

3. 操作电气设备时应注意用电安全。作业结束后，应及时切断一切用电设备的电源。

4. 操作前应熟读维修手册中的操作标准和台架、仪器、设备的使用标准，并做好日常维护工作。

（三）车间场地安全防护

1. 车间应配有干粉灭火器及相应的消防设施，易燃油品应存放在密封的金属罐中。

2. 应时刻注意将车间内的所有工具、零部件、设备、车辆等摆放整齐，工作结束后将其摆放于指定地点保管。

3. 车间内设备或车辆周围的人行道及工作区域必须保证足够的安全空间。

4. 操作过程中应做到油品、工具、配件三不落地，作业完毕应及时清理车间工作场地，做好现场6 S管理。

三、任务分配（见表 21-1）

表 21-1　任务分配表

职务	代码	姓名	工作内容
组长	A		
组员	B		
	C		
	D		
	E		
	F		

四、任务实施

（一）操作步骤

将表 21–2 中的工作内容补充完整。

表 21–2 操作步骤

步骤	项目	顺序	工作内容
1	安全防护与工作准备	1	将车辆驶入工位停好，变速器置于空挡，熄火并拉紧驻车制动器
		2	铺设三件套
		3	
		4	
		5	
2	发电机充电电路检查	1	使用万用表 20 V 挡，并用红色和黑色表笔分别连接蓄电池正负极接线柱，测量发电机发电量，正常约为 14.5 V。若发电量符合标准，测量结束；若不发电或发电量不足，则进行下一步检查
		2	
		3	
		4	发电机不发电，检查蓄电池上部熔断器 S01。若熔丝熔断，应进行更换；若熔丝正常，则进行下一步检查
3	发电机励磁及指示灯电路检查	1	发电机不发电，观察蓄电池充电指示灯是否点亮。若指示灯点亮，应拔下发电机插接器，使用万用表蜂鸣挡测量 1 号端子与任意搭铁点是否导通。若两者导通，说明该线路对地短路；若不导通，说明发电机损坏。若发电机不发电、指示灯也不点亮，则进行下一步检查
		2	
		3	
		4	
		5	
		6	
		7	将仪表按原位置装回，安装仪表外框下方螺钉外盖，使用十字旋具分别安装上部和下部的固定螺钉。用相同的方法安装另一侧的螺钉，装好外框和转向盘套
		8	
4	整理	1	
		2	
		3	清理地面卫生

（二）实施记录

结合实施过程，对照表 21–3 的检查项目，勾选或填写实际的检查结果。

表 21-3　实施记录

序号	项目	检查结果	备注
1	观察蓄电池充电指示灯是否点亮	点亮 □　不亮 □	
2	测量蓄电池电压	电压值________V	
3	测量发电机发电量	电压值________V	
4	使用万用表 20 V 挡测量发电机 3 号端子至蓄电池负极电压	电压值________V	
5	用万用表 200 Ω 挡检查发电机 3 号端子至熔断器 S01 上方线路阻值	阻值________Ω	
6	检查蓄电池正极接线柱	正常 □　腐蚀 □　氧化 □　松动 □	
7	检查熔断器 S01	正常 □　熔断 □	
8	检查发电机励磁线路	正常 □　短路 □　断路 □	

五、检查

（一）自检

结合本组任务操作过程，对任务执行过程中的操作规范性进行检查，检查操作过程中是否存在以下问题，分析讨论应如何避免并总结规范的操作方法（见表 21-4）。

表 21-4　自检

检查项目	结果
车辆停放位置是否合适，是否将变速器置于空挡并拉紧驻车制动器	是 □　否 □
是否使用三件套对车辆进行防护	是 □　否 □
举升机是否按规范操作，是否注意人身安全	是 □　否 □
发电机充电电路检查方法是否正确	是 □　否 □
发电机励磁及指示灯电路检查方法是否正确	是 □　否 □

（二）互检

组与组之间相互进行任务操作过程及结果检查，并把检查结果填写在表 21-5 中。

表 21-5　互检

检查项目	结果
车辆停放位置是否合适，是否将变速器置于空挡并拉紧驻车制动器	是 □　否 □
是否使用三件套对车辆进行防护	是 □　否 □
举升机是否按规范操作，是否注意人身安全	是 □　否 □
发电机充电电路检查方法是否正确	是 □　否 □
发电机励磁及指示灯电路检查方法是否正确	是 □　否 □

六、课堂小结

情境五

起动系统故障检修

任务二十二　起动机拆卸与检查

起动机拆卸与检查任务工单

客户信息	姓名		职业	

车辆信息	车型	VIN 码	行驶里程

客户描述

制动灯不亮	□	近光灯不亮	□	远光灯不亮	□	转向灯不亮	□
雾灯不亮	□	发动机加速无力	□	发动机无法启动	□	轮胎气压不足	□
制动跑偏	□	制动液液位偏低	□	蓄电池亏电	□	蓄电池充不上电	□
发电机不发电	□	基本电路故障	□	变光开关损坏	□	玻璃升降器不工作	□
雨刮不工作	□	充电指示灯异常点亮	□				

其他：

____

____

车辆外观检查

凹凸 □

划痕 □

石击 □

油漆 □

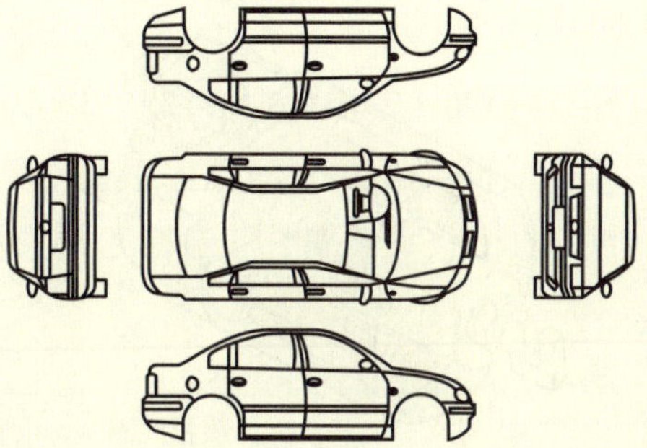

车辆内部检查

污渍 □

破损 □

色斑 □

变形 □

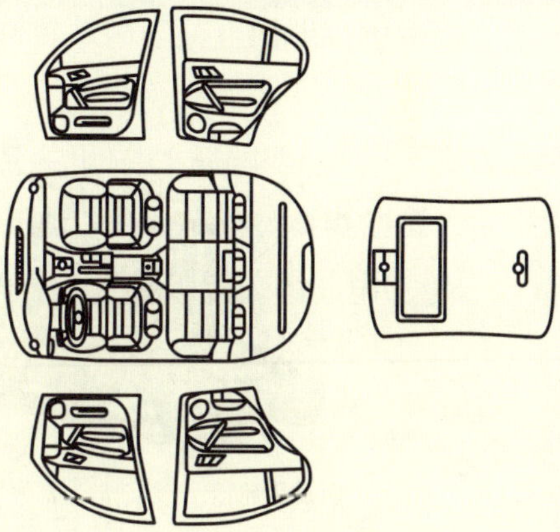

明确具体工作任务

____

____

任务目标

- 能够掌握检查起动机各组件的方法
- 能够向客户解释起动机故障的原因

任务内容

- 起动机的安装位置及作用、组成
- 起动机的工作原理
- 拆装与分解起动机
- 检查与组装起动机

续表

任务重点	● 起动机的检修方法
任务难点	● 起动机各组件的检查方法

一、知识讲解

（一）起动机的安装位置及作用

起动机一般安装在发动机与变速器连接处。起动机在工作时，通过起动机上的驱动齿轮带动发动机飞轮上的齿圈，给发动机一个初始动力，使发动机中的气缸完成一个工作循环后，通过“点火”做功行程产生推动力，以便顺利启动。

（二）起动机的组成

起动机主要由带驱动齿轮的直流电动机、拨叉和电磁离合器等组成，如图 22–1 所示。

（三）起动机的工作原理

电磁离合器的主要作用是接通直流电动机的电路，使起动机运转，同时还带动驱动齿轮的拨叉使驱动齿轮进入啮合状态。电磁离合器主要由活动铁芯、吸拉线圈、保持线圈、开关接触片等组成，如图 22–2 所示。

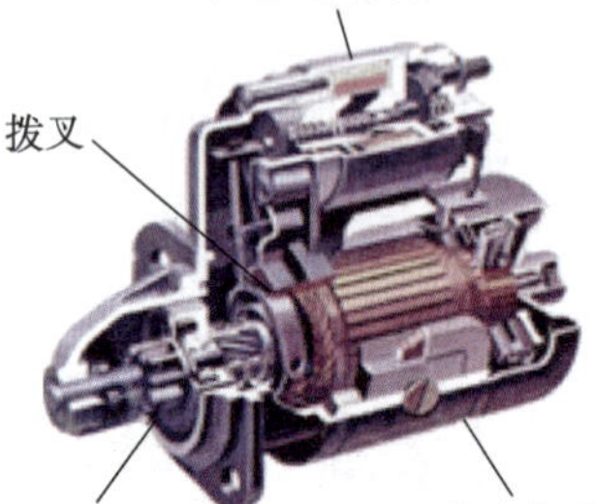

图 22–1　起动机的组成

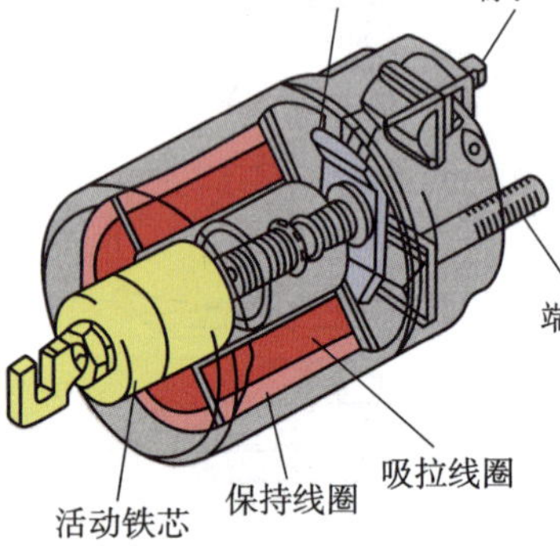

图 22–2　电磁离合器的组成

当点火开关打到启动挡时，电磁离合器中的保持线圈和吸拉线圈同时工作，带动活动铁芯移动，使开关接触片将端子 30 与端子 C 接合，来自蓄电池的大电流作用到起动机上，带动起动机运转。

电磁离合器中的吸拉线圈与直流电动机的电磁线圈串联在一起，当电磁离合器还未将端子 30 和端子 C 闭合时，流经吸拉线圈的电流经过直流电动机的电磁线圈搭铁，同时以较小电流带动直流电动机转动一个角度，方便直流电动机前方的齿轮进入啮合。

当电磁离合器闭合后，流经吸拉线圈的电流被开关短路，吸拉线圈退出工作，电磁离合器只依靠保持线圈中产生的电磁场将活动铁芯保持在启动位置，如图 22–3 所示。

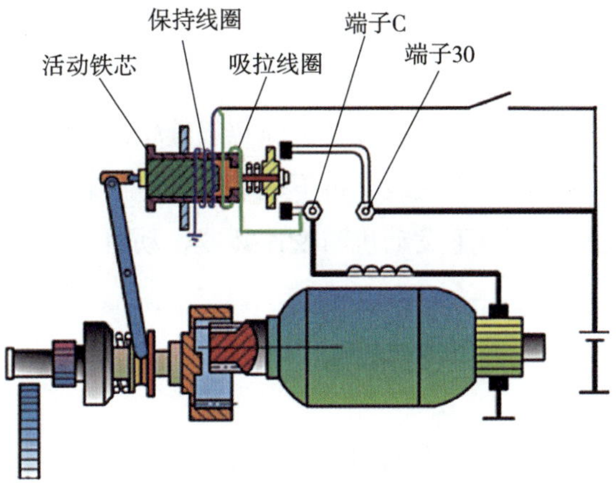

图 22-3 电磁离合器的工作原理

起动机传动机构主要由驱动齿轮、单向离合器和拨叉等组成。当电磁离合器工作时，活动铁芯带动拨叉将驱动齿轮拨到与发动机齿圈相啮合的位置，从而使驱动齿轮带动齿圈运转；停止工作时，驱动齿轮应即刻回到初始位置，防止发动机带动起动机高速运转损坏电动机。

驱动齿轮通过带单向离合器的花键套与直流电动机的转子连接在一起。单向离合器可以实现扭力的单向传递，其内圈通过花键与转子相连，外圈则与驱动齿轮连接在一起。当起动机运转时，单向离合器内圈带动离合器内部滚柱克服弹簧力向外圈楔槽小端靠拢并被内外圈卡紧，靠摩擦力带动外圈转动，实现力矩传递。

当发动机启动着车后，若驱动齿轮不回位，则发动机带动起动机驱动齿轮顺时针旋转。此时，单向离合器外圈的转动方向和滚柱弹簧迫使离合器滚柱滚向楔槽大端，中断单向离合器外圈向内圈的动力传递，从而防止直流电动机高速运转损坏起动机。

车辆启动时，出现的“咔咔”声响是由起动机的电磁离合器发出的。当车辆启动时，起动机电磁离合器中的电磁线圈通电，使得后方的开关闭合，接通起动机运转电路，同时向后拉动拨叉，拨动驱动齿轮向前移动与发动机齿圈相啮合，如图 22-4 所示。

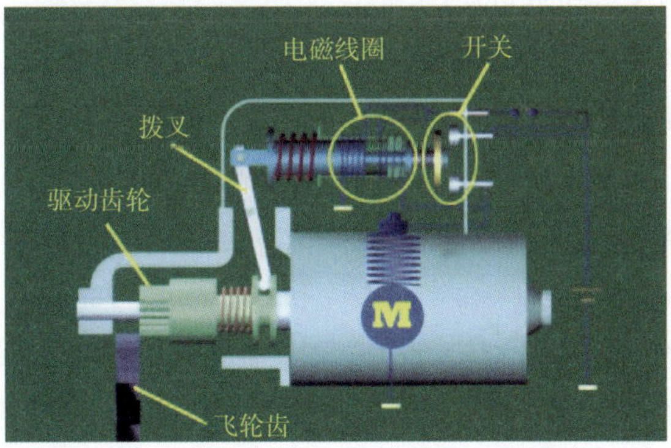

图 22-4 起动机的基本原理

若车辆启动时，起动机因内部损坏或蓄电池亏电，造成直流电动机中的实际电流达不到工作电流，直流电动机便会停止运转，但仍能听到电磁离合器闭合时产生的“咔咔”声。

（四）拆装起动机

拆装起动机的步骤如下。

1. 更换起动机前应关闭点火开关，然后断开蓄电池负极连接线。
2. 举升车辆，拔下起动机后方启动连接线并拆下起动机电磁离合器端子 30 的正极连接线。
3. 使用发动机吊架固定发动机，拆下发动机与变速器或发动机之间的连接螺栓。
4. 取下起动机。
5. 安装时，按照相反操作步骤进行安装。

（五）分解起动机

结合图 22–5，进行起动机的分解，具体操作步骤如下。

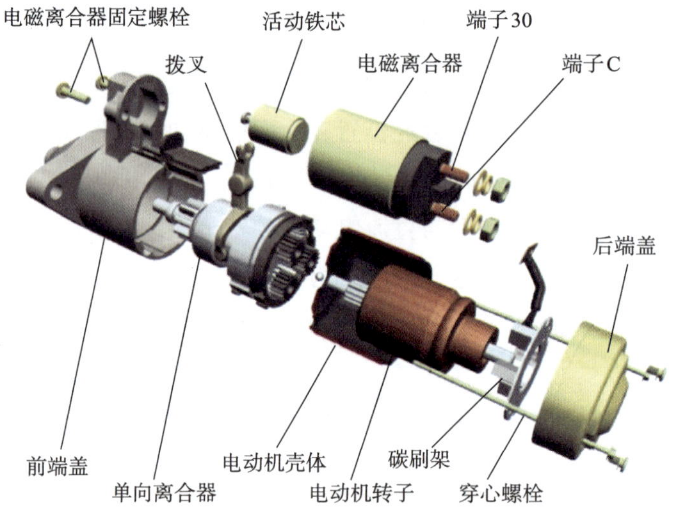

图 22–5　起动机的组成

1. 拆下电磁离合器并断开电磁离合器与直流电动机和拨叉之间的连接。
2. 拆开起动机的穿心螺栓。
3. 将起动机前端盖连同拨叉等一并取出。
4. 拆开起动机电动机壳体与后端盖的连接，取下直流电动机碳刷架。
5. 将电动机转子从壳体中抽出。

（六）检查起动机

检查起动机时，主要检查电磁离合器、直流电动机和起动机传动机构等。

1. 检查电磁离合器

在对电磁离合器进行检查时，应分别检查电磁离合器的吸拉线圈和保持线圈阻值是否正常，同时还应检查开关接触片和两端子的接触表面有无烧蚀现象，并使用细砂纸打磨其接触面。

2. 检查起动机传动机构

在对起动机传动机构进行检查时，应检查拨叉有无变形，驱动齿轮有无缺齿、裂纹等现象，还应检查单向离合器工作是否正常。单向离合器的结构如图 22–6 所示。

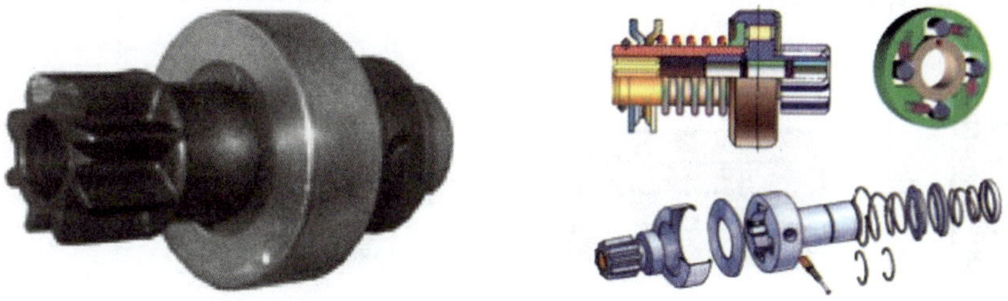

图 22-6 单向离合器的结构

3. 检查直流电动机

起动机的直流电动机主要由转子、定子和换向器等组成。

在对直流电动机进行检查时，主要检查转子上的换向器表面有无烧蚀、磨损，转子铁芯表面和电动机壳体内壁有无磨损，换向器碳刷长度及弹簧弹力，以及起动机轴承有无损坏或卡滞现象。

（七）组装起动机

组装起动机的步骤如下。

1. 将碳刷架与电动机转子的换向器安装在一起，再将碳刷架安装在起动机后端盖内并固定。
2. 将电动机转子连同后端盖一起装入电动机壳体内并将电动机壳体与后端盖固定。
3. 将电动机与拨叉一起装入起动机前端盖，使用穿心螺栓将后端盖与前端盖连接并固定。
4. 安装活动铁芯到拨叉上，将铁芯安装在电磁离合器内。
5. 使用螺钉将电磁离合器与前端盖固定，连接起动机接线柱到电磁离合器上。

二、任务准备

在下列图片中勾选出完成本任务所需的工具、设备、资料等。

	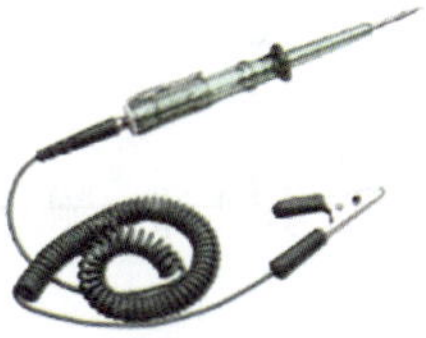	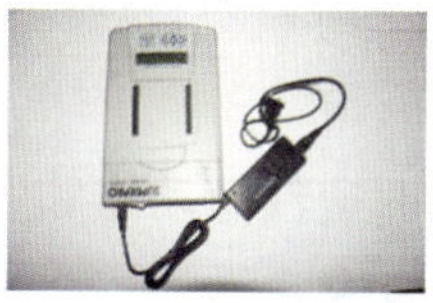	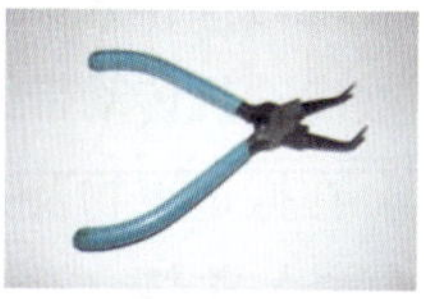
工具车	测电笔	编程器	卡簧钳
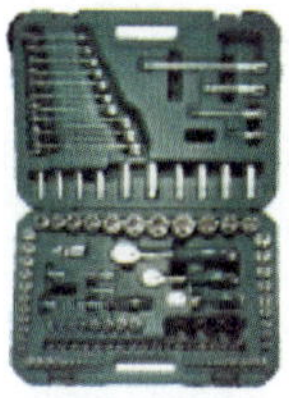			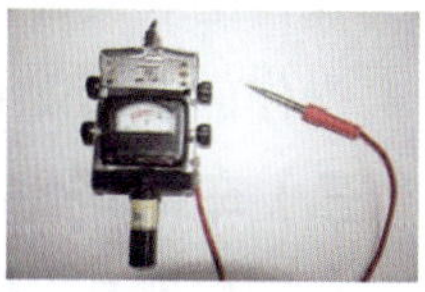
常用工具套装	万用表	手电筒	干荷式电池放电器

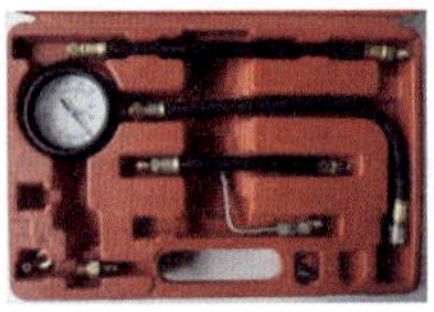			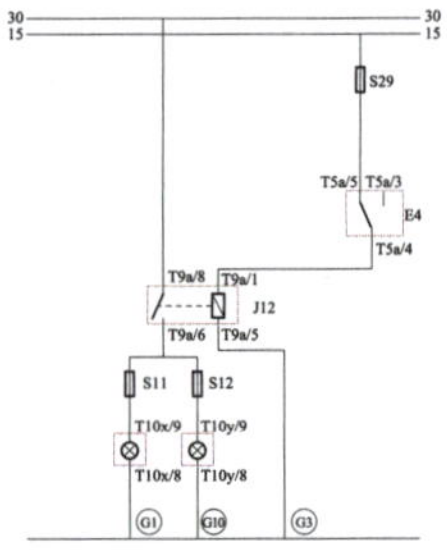
压力表	三件套	实训整车	拆画好的电路图
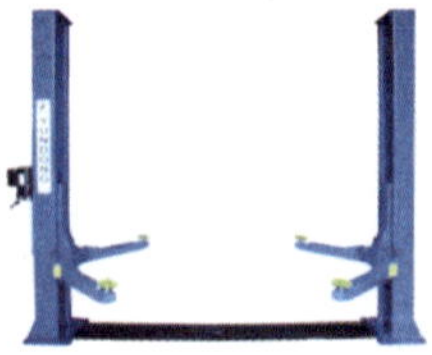	维 修 手 册 		
举升机	维修手册	起动机	跨接线

三、防护措施

（一）个人安全防护

1. 维修操作人员必须身穿工作服、工作鞋，戴工作帽、手套；工作服拉链及皮带扣应藏于衣服内侧，袖口、领口、裤脚扣紧；女生长发要盘起藏在工作帽内。

2. 维修操作人员在进入车间时不应戴手表、戒指、项链等金属饰品。

3. 维修操作人员在进行车辆维修时，应防止脚部被车轮轧伤，手部被车门夹伤或被热的发动机烫伤、被发动机传动带绞伤。

4. 在搬运重物及尖锐器物时应注意动作和姿势，防止扭伤腰部、砸伤脚部或划伤手部。

（二）车辆 / 台架等设备安全

1. 车辆进入车间内，应停放至指定地点，熄灭发动机，将变速器置于空挡位置，并拉紧驻车制动器，台架应将滑轮锁死或用木块固定。

2. 维修操作前，应铺设三件套。发动机启动前应确保其他无关人员远离车辆。

3. 操作电气设备时应注意用电安全。作业结束后，应及时切断一切用电设备的电源。

4. 操作前应熟读维修手册中的操作标准和台架、仪器、设备的使用标准，并做好日常维护工作。

（三）车间场地安全防护

1. 车间应配有干粉灭火器及相应的消防设施，易燃油品应存放在密封的金属罐中。

2. 应时刻注意将车间内的所有工具、零部件、设备、车辆等摆放整齐，工作结束后将其摆放于指定地点保管。

3. 车间内设备或车辆周围的人行道及工作区域必须保证足够的安全空间。

4. 操作过程中应做到油品、工具、配件三不落地，作业完毕应及时清理车间工作场地，做好现场 6 S 管理。

四、任务分配（见表 22-1）

表 22-1 任务分配表

职务	代码	姓名	工作内容
组长	A		
组员	B		
	C		
	D		
	E		
	F		

五、任务实施

（一）操作步骤

1. 分解起动机，并完成表 22-2 的填写。

表 22-2 操作步骤

步骤	项目	顺序	工作内容
1	拆卸电磁离合器	1	使用 13 mm 套管拆卸电磁离合器尾部线路连接螺母
		2	
		3	
2	分解起动机	1	使用 8 mm 套管拆卸起动机尾部穿心螺栓
		2	
		3	
		4	取下拨叉、单向离合器等

2. 检查起动机，并完成表 22-3 的填写。

表 22-3 操作步骤

步骤	工作内容
1	检查定子永久磁铁的固定情况，有无损坏、松动
2	

续表

步骤	工作内容
3	
4	
5	
6	检查碳刷高度。碳刷高度一般不小于 10 mm；碳刷在碳刷架内应活动自如，无卡滞现象；碳刷与换向器接触面积应不小于 80%

3. 组装起动机，并完成表 22–4 的填写。

表 22–4　操作步骤

步骤	项目	顺序	工作内容
1	组装起动机组件（不含电磁离合器）	1	安装单向离合器及拨叉，并放入挡块
		2	
		3	
		4	
2	安装电磁离合器	1	安装回位弹簧
		2	
		3	

4. 测试起动机，并完成表 22–5 的填写。

表 22–5　操作步骤

步骤	项目	顺序	工作内容
1	测试电磁离合器	1	将起动机放置在台钳上并锁死
		2	用正极搭线一端夹住蓄电池正极，另一端夹住电磁离合器控制端子
		3	
2	测试起动机电动机	1	断开蓄电池负极连接线，将电磁离合器端子上的正极连接线取下，接在起动机供电端子上
		2	
		3	
3	整理	1	将跨接线整理好，放置在工作台上
		2	
		3	
		4	将起动机从台钳上取下，放置在工作台上

5. 更换起动机，并完成表 22-6 的填写。

表 22-6 操作步骤

步骤	项目	顺序	工作内容
1	安全防护与工作准备	1	将车辆驶入工位停好，变速器置于空挡，熄火并拉紧驻车制动器
		2	铺设三件套
		3	
		4	
2	举升车辆	1	
		2	
3	拆卸起动机前的工作		
4	拆卸起动机	1	拆卸起动机供电端子保护盖，使用 13 mm 套管拆卸供电端子固定螺栓，取下供电线，并拔下尾部插接器
		2	
		3	
		4	
		5	
		6	
5	安装起动机	1	将起动机安装到固定位置，使用 16 mm 和 17 mm 套管紧固起动机下部螺栓（紧固力矩：65 N · m）
		2	
		3	
		4	安装发动机前支架固定螺栓，使用 15 mm 套管将其紧固（紧固力矩：65 N · m），并拆卸发动机吊件
		5	安装起动机上部固定螺栓，使用 16 mm 套管将其紧固（紧固力矩：65 N · m）；将起动机上部线束固定架安装到固定位置，使用 13 mm 套管将其紧固（紧固力矩：25 N · m）
		6	
6	测试起动机	1	
		2	
		3	
7	整理	1	将车辆降至地面并撤去举升臂及三件套
		2	整理工具，打扫现场卫生

（二）实施记录

结合实施过程，对照表 22-7 的检查项目，勾选或填写实际的检查结果。

表 22-7　实施记录

序号	项目	检查结果	备注
1	检查定子永久磁铁的固定情况	正常 □　损坏 □　松动 □	
2	检查转子（电枢）绕组阻值	无穷大 □　零 □	
3	检查电磁离合器吸拉线圈阻值	测量阻值________Ω	标准阻值________Ω
4	检查电磁离合器保持线圈阻值	测量阻值________Ω	标准阻值________Ω
5	检查单向离合器	正常 □　损坏 □	
6	检查驱动齿轮	正常 □　磨损 □　损坏 □	
7	检查碳刷	正常 □　卡滞 □　磨损 □	

六、检查

（一）自检

结合本组任务操作过程，对任务执行过程中的操作规范性进行检查，检查操作过程中是否存在以下问题，分析讨论应如何避免并总结规范的操作方法（见表 22-8）。

表 22-8　自检

检查项目	结果
车辆停放位置是否合适，是否将变速器置于空挡并拉紧驻车制动器	是 □　否 □
是否使用三件套对车辆进行防护	是 □　否 □
举升机是否按规范操作，是否注意人身安全	是 □　否 □
起动机定子永久磁铁检查方法是否正确	是 □　否 □
起动机转子检查方法是否正确	是 □　否 □
起动机电磁离合器检查方法是否正确	是 □　否 □
起动机单向离合器检查方法是否正确	是 □　否 □
起动机驱动齿轮检查方法是否正确	是 □　否 □
起动机碳刷检查方法是否正确	是 □　否 □

（二）互检

组与组之间相互进行任务操作过程及结果检查，并把检查结果填写在表 22-9 中。

表 22-9 互检

检查项目	结果
车辆停放位置是否合适，是否将变速器置于空挡并拉紧驻车制动器	是 □ 否 □
是否使用三件套对车辆进行防护	是 □ 否 □
举升机是否按规范操作，是否注意人身安全	是 □ 否 □
起动机定子永久磁铁检查方法是否正确	是 □ 否 □
起动机转子检查方法是否正确	是 □ 否 □
起动机电磁离合器检查方法是否正确	是 □ 否 □
起动机单向离合器检查方法是否正确	是 □ 否 □
起动机驱动齿轮检查方法是否正确	是 □ 否 □
起动机碳刷检查方法是否正确	是 □ 否 □

七、课堂小结

任务二十三　起动机电路故障检查（一）

<table>
<tr><th colspan="7">起动机电路故障检查任务工单——点火开关电路检查</th></tr>
<tr><td>客户信息</td><td>姓名</td><td colspan="2"></td><td>职业</td><td colspan="2"></td></tr>
<tr><td rowspan="2">车辆信息</td><td colspan="2">车型</td><td colspan="2">VIN 码</td><td colspan="2">行驶里程</td></tr>
<tr><td colspan="2"></td><td colspan="2"></td><td colspan="2"></td></tr>
<tr><td>客户描述</td><td colspan="6">制动灯不亮 □　近光灯不亮 □　远光灯不亮 □　转向灯不亮 □
雾灯不亮 □　发动机加速无力 □　发动机无法启动 □　轮胎气压不足 □
制动跑偏 □　制动液液位偏低 □　蓄电池亏电 □　蓄电池充不上电 □
发电机不发电 □　基本电路故障 □　变光开关损坏 □　玻璃升降器不工作 □
雨刮不工作 □　充电指示灯异常点亮 □
其他：</td></tr>
<tr><th colspan="3">车辆外观检查</th><th colspan="4">车辆内部检查</th></tr>
<tr><td>凹凸 □
划痕 □
石击 □
油漆 □</td><td colspan="2">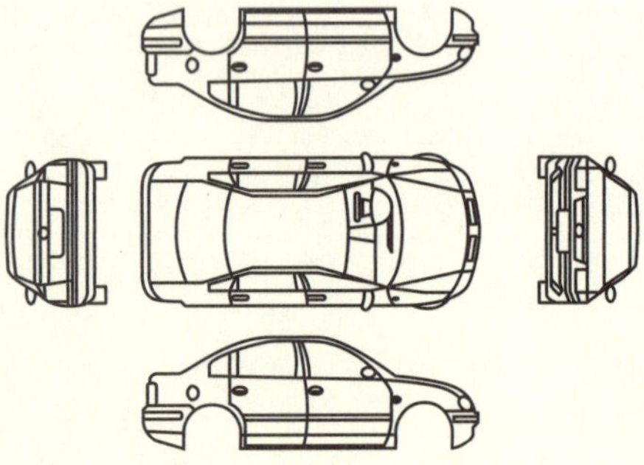</td><td>污渍 □
破损 □
色斑 □
变形 □</td><td colspan="3">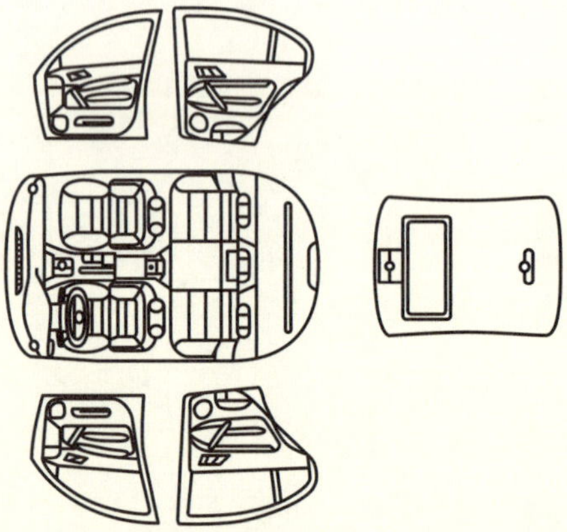</td></tr>
<tr><td>明确具体工作任务</td><td colspan="6"></td></tr>
<tr><td>任务目标</td><td colspan="6">● 能够根据起动机电路对车辆起动系统进行检查并排除故障</td></tr>
<tr><td>任务内容</td><td colspan="6">● 起动机电路的组成及控制方式
● 起动机电路的检查方法</td></tr>
</table>

续表

任务重点	● 起动机电路的组成
任务难点	● 起动机电路的检查方法

一、知识讲解

（一）起动机电路的组成及控制方式

起动机电路主要由起动机、蓄电池和点火开关、继电器等组成。

启动车辆时，将点火开关旋至启动挡，电流经蓄电池正极流出，经启动开关端子 30 进入点火开关，后经点火开关端子 50 流出，到达起动机电磁离合器。此时电磁离合器闭合，由蓄电池正极连接线流出的大电流经电磁离合器接通起动机内部的励磁绕组，产生磁场，使起动机旋转。

（二）起动机电路的检查方法

1. 点火开关

（1）拔下点火开关插接器，将点火开关旋至启动挡，检查点火开关后方端子 30 与端子 50 之间是否导通。若两端子不导通，说明点火开关损坏。

（2）拔下点火开关插接器，检查端子 30 有无电源电压。若端子 30 无电源电压，说明点火开关与蓄电池正极连接线存在断路或蓄电池正极连接线未固定好。

2. 电磁离合器

（1）拔下电磁离合器后方端子 50 的插头，将点火开关旋至启动挡，检查端子 50 有无电源电压。若端子 50 无电源电压，说明点火开关损坏或点火线路存在断路故障。

（2）使用万用表欧姆挡检查电磁离合器端子 50 与蓄电池负极之间的阻值，应符合要求。若阻值小于规定值，说明电磁离合器内部存在短路；若大于规定值，说明电磁离合器内部存在断路或变速器与车身搭铁点存在虚接等情况。

二、任务准备

在下列图片中勾选出完成本任务所需的工具、设备、资料等。

	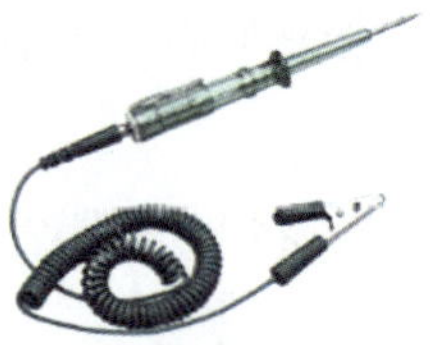	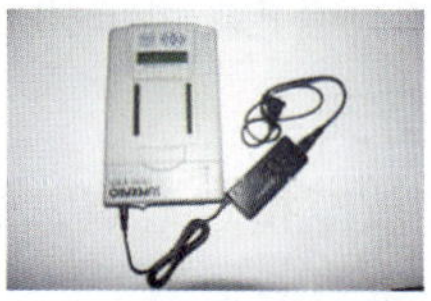	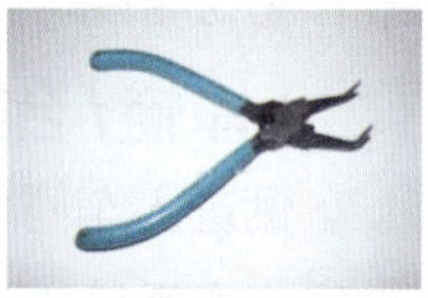
工具车	测电笔	编程器	卡簧钳

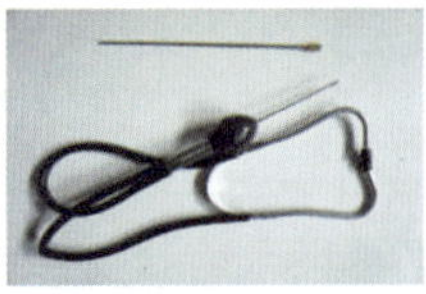			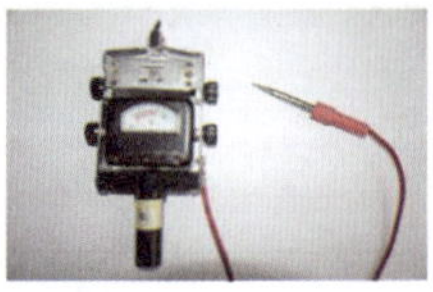
听诊器	万用表	手电筒	干荷式电池放电器
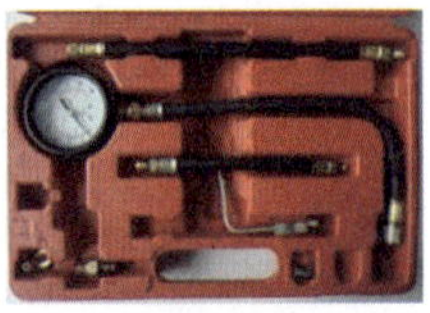	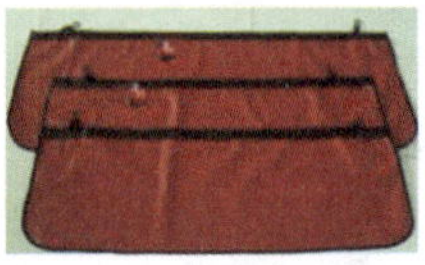		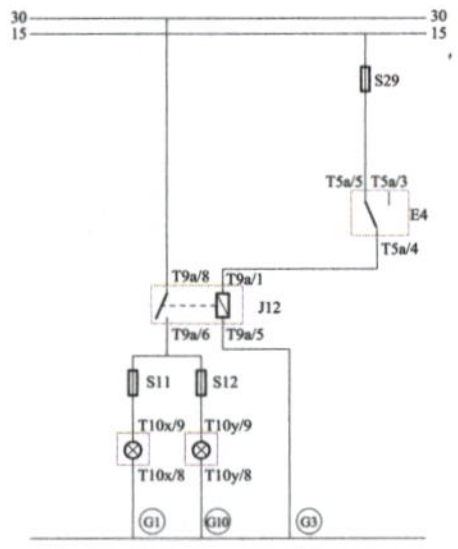
压力表	三件套	实训整车	拆画好的电路图
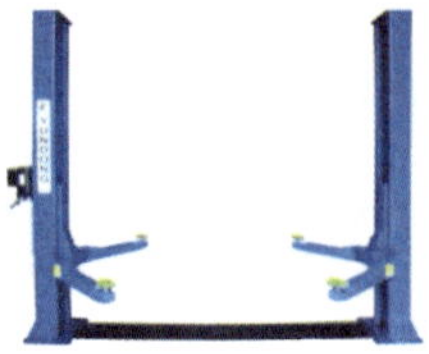			
举升机	维修手册	起动机	跨接线

三、防护措施

（一）个人安全防护

1. 维修操作人员必须身穿工作服、工作鞋，戴工作帽、手套；工作服拉链及皮带扣应藏于衣服内侧，袖口、领口、裤脚扣紧；女生长发要盘起藏在工作帽内。

2. 维修操作人员在进入车间时不应戴手表、戒指、项链等金属饰品。

3. 维修操作人员在进行车辆维修时，应防止脚部被车轮轧伤，手部被车门夹伤或被热的发动机烫伤、被发动机传动带绞伤。

4. 在搬运重物及尖锐器物时应注意动作和姿势，防止扭伤腰部、砸伤脚部或划伤手部。

（二）车辆 / 台架等设备安全

1. 车辆进入车间内，应停放至指定地点，熄灭发动机，将变速器置于空挡位置，并拉紧驻车制动器，台架应将滑轮锁死或用木块固定。

2. 维修操作前，应铺设三件套。发动机启动前应确保其他无关人员远离车辆。

3. 操作电气设备时应注意用电安全。作业结束后，应及时切断一切用电设备的电源。

4. 操作前应熟读维修手册中的操作标准和台架、仪器、设备的使用标准，并做好日常维护工作。

（三）车间场地安全防护

1. 车间应配有干粉灭火器及相应的消防设施，易燃油品应存放在密封的金属罐中。

2. 应时刻注意将车间内的所有工具、零部件、设备、车辆等摆放整齐，工作结束后将其摆放于指定地点保管。

3. 车间内设备或车辆周围的人行道及工作区域必须保证足够的安全空间。

4. 操作过程中应做到油品、工具、配件三不落地，作业完毕应及时清理车间工作场地，做好现场 6 S 管理。

四、任务分配（见表 23-1）

表 23-1 任务分配表

职务	代码	姓名	工作内容
组长	A		
组员	B		
	C		
	D		
	E		
	F		

五、任务实施

（一）操作步骤

将表 23-2 中的工作内容补充完整。

表 23-2 操作步骤

步骤	项目	顺序	工作内容
1	安全防护与工作准备	1	打开发动机舱盖，铺设三件套
		2	
		3	
2	起动机电路检查	1	拆卸起动机供电端子保护盖，使用万用表 20 V 挡或测电笔检查起动机供电线路是否有 12 V 电压。若起动机供电线路有 12 V 电压，应进行下一步检查；若无 12 V 电压，应检查起动机供电线路是否断路，固定螺栓是否松脱、腐蚀，蓄电池正极柱是否松动、腐蚀
		2	
		3	

续表

步骤	项目	顺序	工作内容
3	检查点火开关线路	1	拔下起动机电磁离合器后部插接器，将点火开关旋至启动挡，使用万用表 20 V 挡或测电笔检查端子 30 有无 12 V 电压
		2	
		3	
		4	
		5	用跨接线连接电磁离合器插接器，用万用表蜂鸣挡测量端子 50 至电磁离合器插接器线路是否导通。若万用表无反应，说明该线路断路（若以上检查均正常，说明起动机损坏，应更换起动机）
4	整理	1	将工具和设备整理归位
		2	将车辆复位
		3	清理地面卫生

（二）实施记录

结合实施过程，对照表 23–3 的检查项目，勾选实际的检查结果。

表 23–3　实施记录

序号	项目	检查结果	备注
1	拔下点火开关插接器，检查端子 30 有无 12 V 电压	有 □　无 □	
2	拔下点火开关插接器，将点火开关旋至启动挡，检查点火开关后方端子 30 与端子 50 是否导通	导通 □　不导通 □	
3	检查起动机电磁离合器	正常 □　无法吸合 □	
4	检查起动机电动机	正常 □　损坏 □	

六、检查

（一）自检

结合本组任务操作过程，对任务执行过程中的操作规范性进行检查，检查操作过程中是否存在以下问题，分析讨论应如何避免并总结规范的操作方法（见表 23–4）。

表 23–4　自检

检查项目	结果
车辆停放位置是否合适，是否将变速器置于空挡并拉紧驻车制动器	是 □　否 □
是否使用三件套对车辆进行防护	是 □　否 □
点火开关检查方法是否正确	是 □　否 □
起动机电磁离合器检查方法是否正确	是 □　否 □
起动机电动机检查方法是否正确	是 □　否 □

（二）互检

组与组之间相互进行任务操作过程及结果检查，并把检查结果填写在表 23-5 中。

表 23-5 互检

检查项目	结果
车辆停放位置是否合适，是否将变速器置于空挡并拉紧驻车制动器	是☐ 否☐
是否使用三件套对车辆进行防护	是☐ 否☐
点火开关检查方法是否正确	是☐ 否☐
起动机电磁离合器检查方法是否正确	是☐ 否☐
起动机电动机检查方法是否正确	是☐ 否☐

七、课堂小结

任务二十四　起动机电路故障检查（二）

起动机电路故障检查任务工单——电磁离合器及电动机检查			
客户信息	姓名		职业
车辆信息	车型	VIN 码	行驶里程
客户描述	制动灯不亮 ☐ 雾灯不亮 ☐ 制动跑偏 ☐ 发电机不发电 ☐ 雨刮不工作 ☐	近光灯不亮 ☐ 发动机加速无力 ☐ 制动液液位偏低 ☐ 基本电路故障 ☐ 充电指示灯异常点亮 ☐	远光灯不亮 ☐ 发动机无法启动 ☐ 蓄电池亏电 ☐ 变光开关损坏 ☐
	转向灯不亮 ☐ 轮胎气压不足 ☐ 蓄电池充不上电 ☐ 玻璃升降器不工作 ☐		
	其他：		

车辆外观检查		车辆内部检查	
凹凸 ☐ 划痕 ☐ 石击 ☐ 油漆 ☐	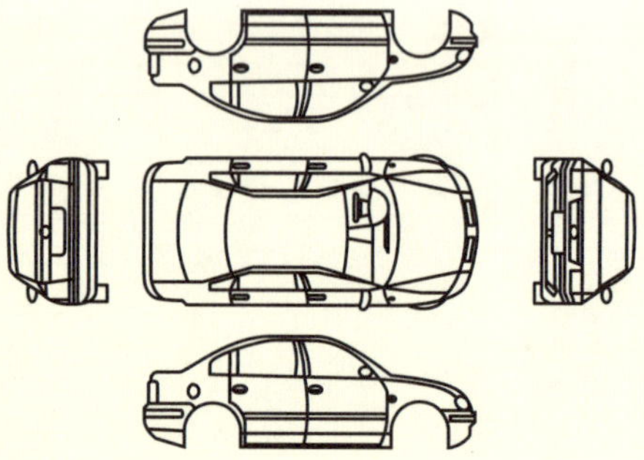	污渍 ☐ 破损 ☐ 色斑 ☐ 变形 ☐	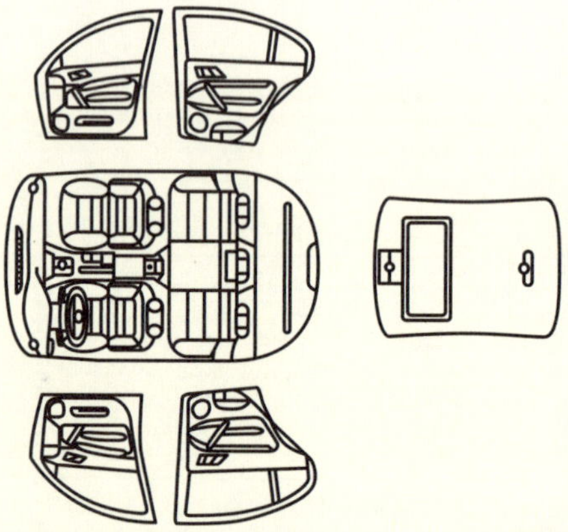

明确具体工作任务	

任务目标

- 能够根据起动机电路对车辆起动系统进行检查并排除故障

任务内容

- 起动机电路的组成及控制方式
- 起动机电路的检查方法

续表

任务重点	● 起动机电路的组成
任务难点	● 起动机电路的检查方法

一、任务准备

在下列图片中勾选出完成本任务所需的工具、设备、资料等。

	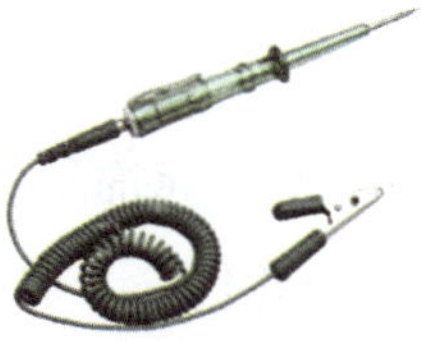	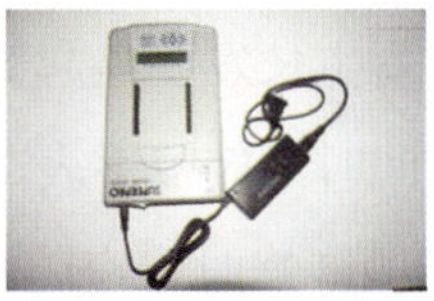	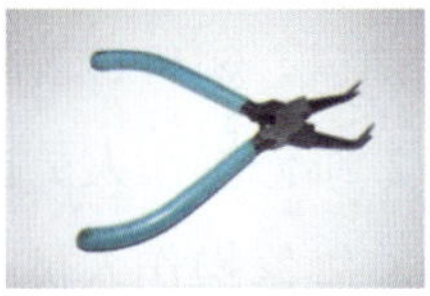
工具车	测电笔	编程器	卡簧钳
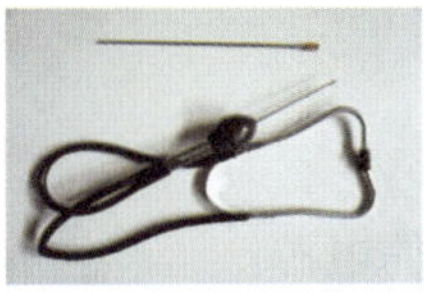		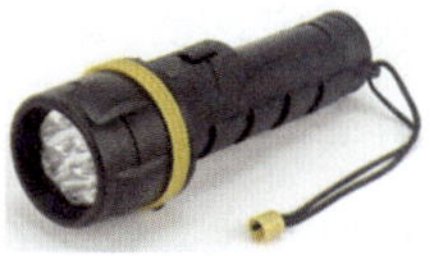	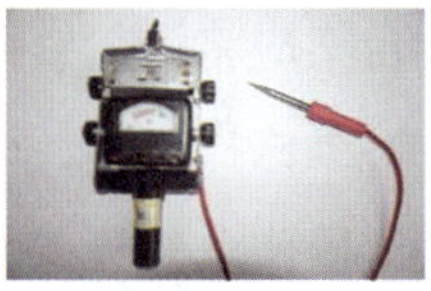
听诊器	万用表	手电筒	干荷式电池放电器
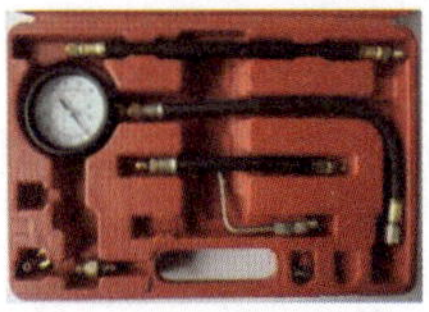	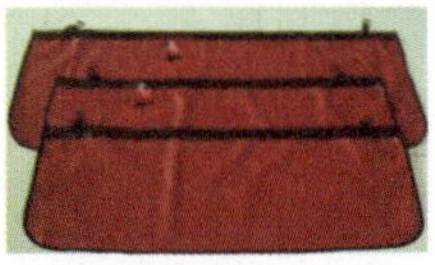		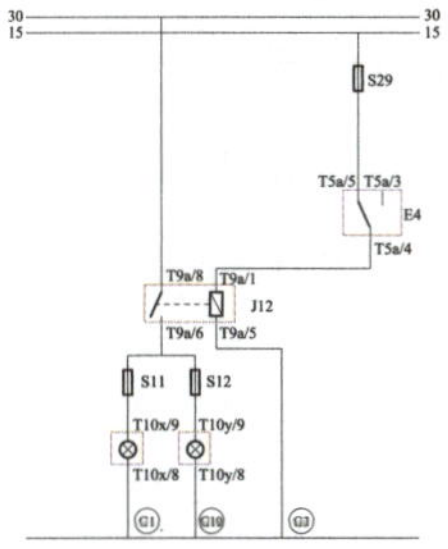
压力表	三件套	实训整车	拆画好的电路图

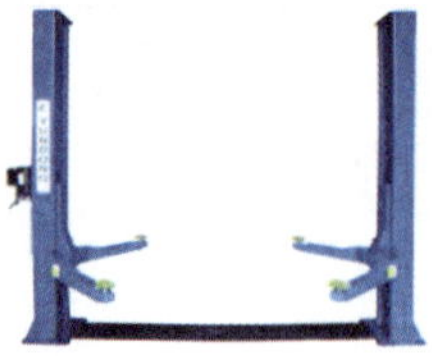			
举升机	维修手册	起动机	跨接线

二、防护措施

（一）个人安全防护

1. 维修操作人员必须身穿工作服、工作鞋，戴工作帽、手套；工作服拉链及皮带扣应藏于衣服内侧，袖口、领口、裤脚扣紧；女生长发要盘起藏在工作帽内。

2. 维修操作人员在进入车间时不应戴手表、戒指、项链等金属饰品。

3. 维修操作人员在进行车辆维修时，应防止脚部被车轮轧伤，手部被车门夹伤或被热的发动机烫伤、被发动机传动带绞伤。

4. 在搬运重物及尖锐器物时应注意动作和姿势，防止扭伤腰部、砸伤脚部或划伤手部。

（二）车辆 / 台架等设备安全

1. 车辆进入车间内，应停放至指定地点，熄灭发动机，将变速器置于空挡位置，并拉紧驻车制动器，台架应将滑轮锁死或用木块固定。

2. 维修操作前，应铺设三件套。发动机启动前应确保其他无关人员远离车辆。

3. 操作电气设备时应注意用电安全。作业结束后，应及时切断一切用电设备的电源。

4. 操作前应熟读维修手册中的操作标准和台架、仪器、设备的使用标准，并做好日常维护工作。

（三）车间场地安全防护

1. 车间应配有干粉灭火器及相应的消防设施，易燃油品应存放在密封的金属罐中。

2. 应时刻注意将车间内的所有工具、零部件、设备、车辆等摆放整齐，工作结束后将其摆放于指定地点保管。

3. 车间内设备或车辆周围的人行道及工作区域必须保证足够的安全空间。

4. 操作过程中应做到油品、工具、配件三不落地，作业完毕应及时清理车间工作场地，做好现场 6 S 管理。

三、任务分配（见表 24-1）

表 24-1 任务分配表

职务	代码	姓名	工作内容
组长	A		
组员	B		
	C		
	D		
	E		
	F		

四、任务实施

（一）操作步骤

将表 24-2 中的工作内容补充完整。

表 24-2 操作步骤

步骤	项目	顺序	工作内容
1	安全防护与工作准备	1	打开发动机舱盖，铺设三件套
		2	
		3	
2	起动机电路检查	1	拆卸起动机供电端子保护盖，使用万用表 20 V 挡或测电笔检查起动机供电线路是否有 12 V 电压。若起动机供电线路有 12 V 电压，应进行下一步检查；若无 12 V 电压，应检查起动机供电线路是否断路，固定螺栓是否松脱、腐蚀，蓄电池正极柱是否松动、腐蚀
		2	
		3	
3	检查点火开关线路	1	拔下起动机电磁离合器后部插接器，将点火开关旋至启动挡，使用万用表 20 V 挡或测电笔检查端子 30 有无 12 V 电压
		2	
		3	
		4	
		5	用跨接线连接电磁离合器插接器，用万用表蜂鸣挡测量端子 50 至电磁离合器插接器线路是否导通。若万用表无反应，说明该线路断路（若以上检查均正常，说明起动机损坏，应更换起动机）

续表

步骤	项目	顺序	工作内容
4	整理	1	将工具和设备整理归位
		2	将车辆复位
		3	清理地面卫生

（二）实施记录

结合实施过程，对照表 24-3 的检查项目，勾选实际的检查结果。

表 24-3 实施记录

序号	项目	检查结果	备注
1	拔下点火开关插接器，检查端子 30 有无 12 V 电压	有☐ 无☐	
2	拔下点火开关插接器，将点火开关旋至启动挡，检查点火开关后方端子 30 与端子 50 之间是否导通	导通☐ 不导通☐	
3	检查起动机电磁离合器	正常☐ 无法吸合☐	
4	检查起动机电动机	正常☐ 损坏☐	

五、检查

（一）自检

结合本组任务操作过程，对任务执行过程中的操作规范性进行检查，检查操作过程中是否存在以下问题，分析讨论应如何避免并总结规范的操作方法（见表 24-4）。

表 24-4 自检

检查项目	结果
车辆停放位置是否合适，是否将变速器置于空挡并拉紧驻车制动器	是☐ 否☐
是否使用三件套对车辆进行防护	是☐ 否☐
点火开关检查方法是否正确	是☐ 否☐
起动机电磁离合器检查方法是否正确	是☐ 否☐
起动机电动机检查方法是否正确	是☐ 否☐

（二）互检

组与组之间相互进行任务操作过程及结果检查，并把检查结果填写在表 24-5 中。

表 24-5 互检

检查项目	结果
车辆停放位置是否合适，是否将变速器置于空挡并拉紧驻车制动器	是 □ 否 □
是否使用三件套对车辆进行防护	是 □ 否 □
点火开关检查方法是否正确	是 □ 否 □
起动机电磁离合器检查方法是否正确	是 □ 否 □
起动机电动机检查方法是否正确	是 □ 否 □

六、课堂小结